经济学科导论

第二版

JINGJI XUEKE DAOLUN
DIERBAN

主　编　郑少智
副主编　王春超

暨南大学出版社
JINAN UNIVERSITY PRESS

中国·广州

图书在版编目（CIP）数据

经济学科导论／郑少智主编；王春超副主编．—2版．—广州：暨南大学出版社，2019.11
（2024.7重印）
ISBN 978－7－5668－2631－2

Ⅰ.①经…　Ⅱ.①郑…②王…　Ⅲ.①经济学—高等学校—教材　Ⅳ.①F0

中国版本图书馆CIP数据核字（2019）第124850号

经济学科导论（第二版）
JINGJI XUEKE DAOLUN（DI-ER BAN）
主　编：郑少智　副主编：王春超

出 版 人：阳　翼
责任编辑：周玉宏　陈俞潼
责任校对：王燕丽
责任印制：周一丹　郑玉婷

出版发行：暨南大学出版社（511434）
电　　话：总编室（8620）31105261
营销部（8620）37331682　37331689
传　　真：（8620）31105289（办公室）　37331684（营销部）
网　　址：http://www.jnupress.com
排　　版：广州市新晨文化发展有限公司
印　　刷：广东虎彩云印刷有限公司
开　　本：787mm×1092mm　1/16
印　　张：11.5
字　　数：280千
版　　次：2012年8月第1版　2019年11月第2版
印　　次：2024年7月第4次
定　　价：38.00元

第二版前言

这是一本专门为准备学习经济学及相关专业学生而编写的入门级教科书，当然它也适合有兴趣了解经济学科基础知识的读者阅读。

本书的编委会从一开始就确定它的阅读定位和写作风格。首先，它不是一般词典类的书籍，因此它并不对经济学科有关名词逐条给予解释；其次，它也不是经济学专业课教材，因此不会就相关理论及指标做深入阐述和演算。本书写作的主要目的是为初学者在真正踏入经济学科专业大门之前，提供一次粗略但又较为全面地通览经济学科知识的机会。

根据上述要求，本书编者主要围绕为何要学以及如何去学经济学科各专业知识而展开编写。本着通俗易懂的原则，本书尽量避免涉及太多难懂的概念和公式，尽量用读者身边常见的实例来说明相关的范畴。另外，在本书中编者用“补充阅读”“拓展阅读”等形式尽量拓宽读者获取知识的渠道，同时也给不同专题的讲授人预留讲演空间。

需要特别指出的是，本书主体六大部分是按照教育部对经济学科专业分类的标准，即以经济学、金融学、投资学、国际经济与贸易、财政（含税收）学、统计学为线索，再考虑暨南大学经济学院专业和方向设置现状加以精心安排，大体上反映了目前我国经济学科专业设置的特点。

本书的编写分工如下：第一章由王兵、王春超编写，第二章由李艳虹编写，第三章由张维佳编写，第四章由徐林清编写，第五章由陆超云编写，第六章由伍业锋编写。全书由郑少智教授确立编写思路和风格，并负责对各部分进行适当修改和最终定稿。王春超、张维佳协助主编完成本书的统稿工作。

本次再版主要由王春超教授和肖艾平对第一章的内容进行必要增补，完善了本书内容体系。

本书编写时间仓促，错漏难免，编委会委员将在本书讲授过程中不断收集学生和同行的意见，进行修改和完善，欢迎大家批评指正。

《经济学科导论》编委会

2019 年 10 月

目　录

1 经济学：社会科学皇冠上的明珠

1.1 为什么学习经济学

在人类发展史上，曾有四种“显学”主宰过人类知识思想，其一为原始巫术，其二为中世纪神学，其三为近代哲学，其四就是现代的经济学。有学者说，骑士时代已经过去，随之而来的是智者、经济学家和计算机天才的世界。作为目前唯一被授予诺贝尔奖的社会科学学科，经济学被誉为“社会科学皇冠上那颗最为璀璨的明珠”。

经济学，无疑是当今时代的显学，甚至有“经济学帝国主义”的说法。意思是经济学研究涉足的范围超过了经济问题本身，而侵占了其他学科的领地。经济学成为显学不是没有缘由的。说到底，是因为经济学要解决的问题，是人类最基本、最重大的问题，也就是：人类怎样才能更快乐、更幸福？

在大学里，经济类专业通常是最热门的，非高分者不能进。如果大学期间没有机会读经济学，研究生阶段再也不能错过，于是跨专业报考经济学研究生成为大学的一道风景。作为一名大学生，为什么要学习经济学呢？

学习经济学的原因可以归纳为以下三个：

第一，经济学将使你更好地做出决策。当你是学生时，期末考试复习时你要决定花费多少时间在经济学上，多少时间在英语上；当你面临毕业时，你要决定是直接找工作还是继续攻读研究生；当你参加了工作，你要决定把多少收入用于支出，多少收入用于储蓄或者投资。假若有一天你管理一家小企业或一个大公司，这时你要决定生产多少产品、你的产品在市场定价多少等问题。可以说，学习经济学本身不会使你富有，但它将给你一些有助于你努力致富的工具。在表1－1中，经济学专业的毕业生就业率连续三年处于前三名。

第二，经济学将使你更好地理解经济政策。当今世界经济发展迅猛，经济全球化的趋势使各国经济相互依存、相互影响，为适应时代发展，更好增进经济福利，我国制定了一系列经济政策。那么，我们应如何理解和看待这些问题呢？如资本利得税减少会使股票市场上涨吗？中国人民银行应该降低还是提高利率？影响与其他国家自由贸易的因素是什么？提高关税会增加消费者的福利吗？保护环境的最好方法是什么？预算赤字如何影响经济？诸如此类的问题虽是决策者需要思考的问题，但其实对我们每个普通人都有重要的影响，学习经济学能使我们更好地理解这些问题。

表 1－1　2015—2017 届本科各专业大类毕业半年后的就业率

单位：%

专业大类	2017 届	2016 届	2015 届
工学	93.5	93.5	93.6
管理学	93.2	93.6	94.0
经济学	91.5	91.7	92.3
医学	91.3	90.8	91.5
教育学	91.0	91.2	90.5
农学	90.9	91.0	91.0
理学	90.5	90.9	90.7
文学	90.2	90.1	90.4
艺术学	88.1	88.8	89.9
历史学	86.3	86.1	86.4
法学	85.3	84.9	86.9
全国本科	91.6	91.8	92.2

资料来源：麦可思，中国 2015—2017 届本科各专业大类毕业半年后的就业率调查，http://www.mycos.com.cn。

补充阅读

怎么救通胀

加息抑制通胀、抑制资产品价格需要前提，就是毫不犹豫地、恶狠狠地进行连续加息。短期加息不可能抑制资产品价格，以往的经验显示，只有连续数次加息，才有可能打压资产品价格，与实体经济的回落同步。但连续加息将造成实体经济回落，非到万不得已不能大规模加息。

以往加息幅度小、不对称。所谓不对称加息即单独提升存款或者贷款利率。单向度提升存款利率，可以减少银行净息差，却不能降低资产品价格与信贷数量；单向度提升贷款利率，将增加银行的净息差收入，使银行更加好逸恶劳，对中国利率形成机制的市场化改革不利。

与美国不同，我国的利率形成机制远未市场化，主要由行政调控。美国通过联邦基金利率调节市场货币松紧，银行根据头寸的松紧调节存贷款利率，并不是直接由美联储操纵市场利率。我国利率完全由行政主导，有关部门紧盯着投资数据与 CPI 数据进行调节，利率是宏观调控的工具，既要考虑贷款企业与地方政府的负担、银行的承受力，又要考虑未来全球与国内宏观经济的走势，永远处于左右为难的地步。在中国不完全市场化的特殊背景下，收紧流动性，加息不如提高存款准备金率。

利率政策要起作用，必须践行以下两条原则：一是纸币的信用不能破产，资本市场杠杆率不能太高；二是利率实行市场调控。

上述两条原则在格林斯潘时代都受到了挑战。格林斯潘时代最无信用的货币、长期的低息，酝酿了史上最疯狂的资产泡沫。

从美国到日本、中国，纸币的发行量越来越大，为了拉动经济动辄实行量化宽松的货币政策，表外资产可以达到数百万亿美元，货币信用处于绝对的失控状态，相当于在资本货币市场安放了一枚随时可能爆炸的核弹头。中国也是如此，货币信用受到破坏。从2003年至2009年，央行资产从5万亿元涨到24万亿元，广义货币从18万亿元涨到67万亿元（超过美国的8.8万亿美元，成为全球第一，而中国的GDP只有美国的1/3），中国银行业的资产从23万亿元涨到88万亿元，同期实体财富增长所能解释的是多少呢？名义GDP只涨了1.83倍。

利率市场色彩急剧褪色，各国在大多数时间里维持低利率政策，美国由此经历了历史上最长的经济振兴期，享受了120个月高增长、低通胀的美妙时光，该时期被称为金发女孩经济时代。格林斯潘时代的联邦基金率成为市场的诱饵，市场人士在联邦基金利率的驱使下形成条件反射，根据基金率高低调节资产品价格高低。当联邦基金率成为市场的神经中枢，悲剧也就接踵而至，市场利率失去了作用，人们都看着格林斯潘那只上帝之手。事实上，美国之所以发生金融危机，就是利率非市场化、利率成为宏观调控的工具造成的恶果。

——摘自：叶檀，价值中国网，http：//yetan. chinavalue. net。

第三，经济学可以帮助你更好地理解生活的世界。在我们的生活中，有许多经济问题会激起你的好奇心。如：为什么很多咖啡厅会提供免费续杯的服务？房地产中介会将你的房子卖到最高价吗？同一个航班为什么大家的机票价格不同？为什么姚明得到的报酬如此之高？加长刑期会减少犯罪吗？离婚变得容易会提高女性地位吗？高价（意味着销售量较低）战略会比低价战略给企业带来更多利润吗？为什么许多非洲国家的生活水平如此之低？为什么一些国家通货膨胀率高，而另一些国家物价稳定？为什么在一些年份找工作容易，而在另一些年份找工作困难？这些恰恰是经济学课程可以帮助你回答的问题。

补充阅读

停车产生的灵感

许多人都知道，加里·贝克尔在寻找停车位时，产生了研究犯罪经济学的灵感。

那天，这位年轻的教授贝克尔要迟到了，一个考生在等着他。在纽约市里找一个停车位并不容易，而哥伦比亚大学当时没有为员工保留车位。所以他必须做出决定，而且要快。要么就非法停车，要么就找一个停车位，这就是他面临的选择。贝克尔大致盘算了一下，停在非法停车点不花钱，而选择数个街区以外的停车场，要走很远的路，还有一笔停车费。他接下来思考，自己有多大可能会被抓住。在走到考场的10分钟里，他意识到，如果警察是理性的，一定也在思考同样的问题，即抓住违法停车者的概率。他们不想把每一分钟都用在巡视上，他们也会做点概率分析。可以说，警察正在与违规者展开一场思维较量。这个有趣的课题，点燃了贝克尔的犯罪经济学思想火花。在他眼中，犯罪不是社会压迫的后果，犯罪者也不是社会状况的牺牲品。犯罪者一样希望把自己的利益最大化。当一个人从犯罪中得到的利益，如盗窃得到的赃物比做其他事情，如开出租车或炒股票所获得的利益更大时，他就可能犯罪。而在社会这边，犯罪的社会成本是由跟踪、逮捕、审判以及随之产生的惩罚构成的。

于是，贝克尔建立了一个犯罪者的模型，一个社会的模型，把两者放到一起，这样就能算出有多少犯罪事件。这个想法具有政策含义，对国家来说，是否应该使用更有力的惩罚措施用以威胁，或安排更多的警察，以提高惩罚犯罪者的可能性，贝克尔可以给你算出结果来。更神奇的是，这个工具可以检验各种法律的效果。比如环境法是否应该对环境污染、逃税或政治献金进行惩罚，以经济学的观点可以给出一个理想的惩罚方式和惩罚标准。贝克尔甚至认为，把毒品合法化，让毒品价格由市场供求原则来决定，毒品增加，贩毒无利可图，这种非法活动和犯罪就会减少。

——摘自：加里·S. 贝克尔：《我喜欢“经济学帝国主义”》，《经济观察报》，2005年6月11日。

总之，经济学能教会你如何思考，并且能让你更聪明，因为没有一个学科能像经济学那样充分解释如此广泛的人类行为。经济学就像一张指路图，它设想了现实中的许多细节，使你更清楚自己要去的地方。生活在21世纪，如果不懂一点经济学，不知道需求、供给、GDP、CPI、股票指数、个人所得税，你就会觉得自己仿佛置身于世外，简直是寸步难行。正如凯恩斯说的那样：经济学家的想法，无论正确与否，其作用比我们想象的还要重要。的确，有什么能像经济学那样对我们的社会产生重大的影响？那些相信自己不受学识支配的实干家通常是一些已故经济学家的奴隶。

1.2 经济学是什么

在经济学的历史上，有许多不同的关于经济学的精彩表述：

经济学是一门“沉闷、忧郁的科学”。（卡莱尔）

经济学是一门研究人类一般生活事务的学问。（马歇尔）

经济学是快乐与痛苦的微积分。（杰文斯）

经济学是一门使人生幸福的艺术。（萧伯纳）

经济学不是教条，而是一种方法、一种智力工具、一种思维技巧，有助于拥有它的人得出正确的结论。（凯恩斯）

身为经济学家，是我生命中喜悦与满足的源泉。经济学是一门迷人的科学。最令人着迷的是，其基本原理如此简单，一张纸就可以写完，任何人都可以理解；然而，真正理解

的人又是如此之少。(弗里德曼)

上面的表述并没有告诉我们经济学是什么。那么，经济学到底是什么呢？一些经典教科书给出了它的定义：

经济学（economics）是一门科学，它把人类行为作为目的与可以有其他用途的稀缺资源之间的关系来研究。(罗宾逊)

经济学研究的是一个社会如何利用稀缺的资源生产有价值的商品，并将它们在不同的人中间进行分配。(萨缪尔森)

经济学研究社会如何管理自己的稀缺资源。(曼昆)

经济学研究我们社会中的个人、厂商、政府和其他组织如何进行选择，以及这些选择如何决定社会资源的使用。(斯蒂格利茨)

经济学就是研究在资源稀缺的给定条件下，消费者、企业管理者和政府官员为实现各自的目标而进行的选择。(哈伯德)

经济学是研究选择的社会科学。(帕金)

如果将所有这些定义加以提炼的话，我们就会发现资源的稀缺性是经济学产生的前提，选择是经济学的核心，有效地配置和利用社会资源是经济学的目标。

1.2.1 经济学产生的前提：资源的稀缺性

所谓资源是指用于生产其他商品的一切东西。经济中的资源通常应包括：土地、劳动（工人可提供的劳动时间）、资本（机器设备、厂房和其他制造用生产设备）和人力资本（教育程度和工人劳动技能）。当资源的数量不能最大限度地满足所有生产性需要时，资源就是稀缺的。稀缺性（scarcity）是指社会拥有的资源是有限的，因此不能生产人们希望拥有的所有物品与劳务。稀缺资源有多种，其中包括：自然资源，这是来自物质环境上的资源，如矿物资源、森林资源和原油；劳动、技能和智力等人力资源的数量也是有限的；在一个人口迅速增加、经济增长的世界中，甚至水和空气也是稀缺资源。由于资源稀缺，社会资源的管理就显得尤为重要。因此，我们就需要一门学问来帮助我们管理有限的社会资源。

如果有一个不存在资源稀缺的社会，能无限量地生产出各种物品，或者如果人类的欲望能够完全得到满足，那么会产生什么样的后果呢？既然人们拥有了自己想要拥有的一切东西，当然也就不必再担心花光其目前有限的收入；而企业也不必为劳动成本和医疗保健问题犯愁；政府则不用再为税收、支出和环境污染等问题而大伤脑筋，因为谁都不再会在乎这些问题。此外，既然我们所有的人都能够随心所欲地得到自己所想要的东西，那么，也就没有任何人会去关心不同的人或不同阶层之间的收入分配（是否公平）问题。在这个丰裕而理想的“伊甸园”里，所有的物品仿佛是沙漠中的沙子和海滩边的海水，都是免费的。所有的价格也都因此变成了“零”，市场也因此而变得可有可无。如果是这样，那么经济学当然也就不再是一个有用的学科。

当然，我们会不会在未来社会解决资源稀缺性问题呢？由于资源的稀缺性是相对人类的欲望而言的，而人们的欲望是无穷的，所以资源稀缺性问题不会消失。比如比尔·盖茨是世界上最有钱的人之一，但是他也有资源稀缺性问题。跟我们普通人一样，他一天也是 24 个小时，所以，对他来说，时间这个资源就是稀缺的。因此，稀缺不是就资源和物品的绝对数量而言，而是就有限的资源和物品相对于人类的欲望而言，所以它是相对的。从这个意义上讲，稀缺性存在于人类的任何地方和任何时期，稀缺性问题是人类普遍存在的永恒性问题。

补充阅读

中国能源的缺口

我国 GDP 在 2010 年第二季度时首次超越日本，位居世界第二，但能源消耗量也是世界排名数一数二的，拉闸限电现象此起彼伏，煤炭净进口扶摇直上，钢材、铁矿石进口量也屡创历史新高，世界大宗商品价格连连被推涨。我国单位 GDP 的煤消耗量是日本的 15 倍，是美国的 8.7 倍，而我国的煤炭使用量占总能源消耗量的七成。照此速度下去，我国能源缺口从哪补充？近年来，每逢进入冬夏两次用煤的旺季，我国不少地区的煤炭供给缺口近 30%。2010 年上半年，我国煤炭进出口延续了去年以来的净进口态势，上半年月进口量一直保持在 1 000 万吨以上，上半年净进口量同比几乎翻倍。1993 年起中国第一次成为石油净进口国。中国继美国之后成为全球第二大石油消费国。目前我国石油对外依存度已达到 55%。据估计，到 2015 年，中国所需石油的 2/3 将依靠进口。

——摘自：《中国变煤炭净进口国　拉闸限电现象此起彼伏》，《广州日报》，2010 年 8 月 20 日。

补充阅读

德国人一生时间的分配

据德国联邦统计局截至 2015 年 1 月的统计，德国男性的平均寿命为 77 岁零 9 个月，女性为 82 岁零 10 个月。在一个德国人的一生中，会有加起来大约 33 年的时间被用于使用手机、电视和网络等电子媒介获取和发布信息。而一个德国人一生大概有 24 年零 5 个月的时间是用来睡觉的。也就是说，德国人一生中和电子媒介待在一起的时间，比躺在床上的时间还要多。一个德国人平均只会花费大约 7 年的时间用于工作。按花费时间由多到少，排在第四位的是吃饭，德国人平均花费 5 年时间吃饭。一个男人做家务的时间不多，有 9 个月左右，可在路上堵车的时间高达 6 个月。在一生中人们与上帝祷告的时间是 2 个星期。

——摘自：《德国人一生大部分时间在玩电子产品?》，《中国日报》，2015 年 7 月 8 日。

1.2.2 经济学的核心：选择（资源配置和利用）

由于资源是稀缺的，我们就必须做出选择，从而配置和充分利用稀缺的资源。围绕资源的配置和利用，经济学有两大分支：微观经济学与宏观经济学。微观经济学的研究对象主要是稀缺资源的配置问题，而宏观经济学侧重于研究资源是否被充分利用的问题。

1.2.2.1 微观经济学与资源配置问题

微观经济学要解决的是资源配置问题。资源相对于人的欲望而言，永远是稀缺的，因此一个人必须做出选择：今年是到迪士尼度假还是买一辆好车？是在一个市中心的小房子中居住，还是选一个地价便宜但需要花费更长时间驾车的地方居住？一个家庭必须决定：谁做晚饭？谁洗衣服？谁在晚餐时多得到一块甜点？谁有权选择看什么电视节目？一个社会必须决定：谁来种粮食？谁来做衣服？谁来设计电脑软件？谁将吃鱼子酱而谁将吃土豆？谁将开保时捷跑车而谁将坐公共汽车？

资源配置涉及三个基本问题：生产什么、如何生产和为谁生产。

（1）生产什么。

生活中有许多例子，比如：明天就要考试，不及格就不能毕业，而心爱的女朋友非要去看《阿凡达》，不去的话，“女友很生气，后果很严重”。今晚的时间是一定的，不能两样都做，选择一个意味着放弃另一个，你必须做出选择，究竟用这个时间做什么，看书还是看电影？

一个社会必须决定，在诸多可能的物品和劳务之中，每一种应该生产多少以及何时生产。今天，我们应当生产比萨饼还是衬衫？生产少量的优质衬衫还是大量的普通衬衫？我们应当利用有限的资源生产更多的消费品（如比萨饼），还是生产较少的消费品和较多的投资品（如生产比萨饼的机器），从而让明天有更多的产出和消费？当然，关于生产什么的选择和决定会随着时间而改变。70 年前，25% 的美国人从事农业，而今天这个数字下降到了 3%；70 年前只有 45% 的人口从事服务业，而今天在服务业领域工作的人口超过了 80%。

资源是有限的，不能兼顾（如果能，资源就不稀缺），只能选其一，“生产什么”是人类面临的第一个问题。

（2）如何生产。

一个社会必须决定谁来生产，使用何种资源，以及采用何种生产技术。比如，谁来种田，谁来教书？用石油发电还是用煤炭发电，或是用太阳能发电？设备是由人还是由机器人来操作？

农民种粮，既可以用机器，也可以用人工。收割机当然比人工快，可是如果只有一亩地，还是人工好，因为机器太贵，不值得。如果是大面积耕作，当然是机器划算。所以，中国农村至今主要用人工进行耕作，美国的农场则用大型机械，否则赔钱。

比亚迪的老总王传福（2009 年中国福布斯排行榜第一名）去日本学习手机电池生产，发现日本用机器人生产电池，因为日本的人工太贵，用机器可以节约成本。他手里只有几十万元，日本人的方法学不了。回来后，他决定用人工生产，中国的人工便宜，他把日本机器人的那些分解动作，全部改造为人工操作，结果比亚迪成功了。现在比亚迪手机电池市场占有率位居世界第一。

中国邮政为什么连年亏损？居然是因为技术太先进了。引进大量的信件分拣机，导致工人下岗。信件就那么多，用机器和用人工的效果一样，可是用人工便宜，机器贵，弃人工不用，当然就亏损了。

有人很迷信技术，觉得手段越先进越好，其实，这是误解。技术不是我们追求的，我们追求的，应该是经济效率，也就是利润最大。技术只是实物形式的效率，和利润是两回事，利润是货币形式的效率。

生产（也包括消费）的方式有多种，不同方式的后果不同，这是第二个问题，即如何生产。

（3）为谁生产。

谁来享用经济活动的成果呢？收入和财富的分配是公平合理的吗？社会产品如何在不同的居民之间进行分配呢？我们的社会是否会成为一个富人很少而穷人很多的社会？教师、运动员、汽车工人、互联网企业家，谁应当得到高的收入？社会应该给穷人提供最低消费，还是严格地遵循不劳动者不得食的原则？

生产并不是目的，消费才是。产品只有到达消费者手里，才算完成了它的使命。产品到个人手里的过程，叫作分配。如何分配，即“为谁生产”，是非常重要的。

历史上曾经出现过平均主义分配原则，卖力干活的和偷懒怠工的，最后的报酬完全一样。平均主义制度的假设是，大家都会努力工作，没人偷懒。开始时，大家可能积极劳动。可是，热情作为动力总是暂时的，利益才是最可靠的激励手段。总有一天，那些努力工作的人会发现，自己被偷懒的人剥削了。谁也不比谁傻多少，结果就是大家都偷懒。在平均主义体制下，最聪明的做法就是偷懒，占别人便宜。制度存在缺陷，好人也只能“做坏事”。

三个问题合起来，就是微观经济学中著名的“资源配置”。

补充阅读

市场如何解决三大经济问题

生产什么商品和劳务取决于消费者的货币选票——并不是每2年或每4年到选举场所去投票，而是每天都在做购买决策。他们支付给企业收款机的货币最终构成了工资、租金和红利，这些款项再由消费者以劳工的身份收回作为其收入。

从厂商方面看，企业会受利润最大化愿望的驱使。利润，即净收益，等于总销售额和总成本之间的差额。企业会因为利润低而离开亏损的行业，同样也会受高利润的吸引转而生产需求较多的物品。当今一些利润最高的活动是生产和销售药品——抗抑郁药、抗躁狂药、抗虚弱药和抗其他脆弱症状的药品。受高利润引诱，企业会在其研究开发方面投入数以十亿元的资金，以赶上药品发展所需的速度。

如何生产取决于不同生产者之间的竞争。为了应对价格竞争和取得最大利润，生产者的最佳方法便是采用效率最高的生产技术，以便将成本降到最低。有些时候，技术改进只是渐进的，往往是改善机器性能或调整投入组合以获得较大的成本优势，这在竞争中当然非常重要。而在另一些时候，技术可能会发生巨大的变革。例如，蒸汽机由于获得每单位有用功的成本更低，因而能够取代马匹；又如，飞机取代火车成了效率最高的长途运输工具。今天我们正处于一个科学技术日新月异的转型时期，无论是在收银台上还是在教室里，计算机革命都随处可见。

为谁生产主要取决于生产要素市场上的供给与需求。要素市场（即生产要素市场）决定了工资、地租、利息和利润的水平，这些价格被称为要素价格。一个人可能分别从工作、股票、存款、财产上获得工资、红利、利息和租金。把要素取得的所有收益加总在一起，我们可以计算出他的市场收入。因此，收入在消费者之间的分配取决于他们所拥有的要素的数量（人、小时、英亩等）和价格（工资率、地租等）。

——摘自：保罗·萨缪尔森、威廉·诺德豪斯著，萧琛主译：《经济学》（第18版），北京：人民邮电出版社，2008年，第24页。

1.2.2.2 宏观经济学与资源利用问题

微观经济学关注的是个人、企业等经济个体如何进行选择，以及每一种选择所带来的后果。而宏观经济学研究的是将所有这些经济个体综合在一起的相互影响，以及如何决定整体的经济绩效，其主要解决的是资源利用问题。所谓资源利用，是指人类如何更好地利用现有的稀缺资源，生产出更多物品。资源利用也涉及三大基本问题：经济增长与波动、失业问题、通货膨胀问题。

（1）经济增长与波动。

经济增长实质上体现的是一个国家国民财富的增长。随着时间的推移，国民财富总量会不断变化，这种变化就是经济增长，变化率就是经济增长率。经济增长率增加表明该国产出水平要高于前一个对比期，如果下降则表示产出的东西要少于前期，而衡量一国产出水平的指标被称为国内生产总值（GDP）。GDP是许多媒体上频繁出现的一个重要经济概念，指一定时期内，一个国家（或经济体）在其领土范围内所生产的全部最终产品和劳务的市场价值总和。经济增长除了用一国GDP总量来表示外，还可以用人均GDP或人均国民总收入水平来表现。

补充阅读

生产力的提高是中国经济增长的重要贡献因素

1978—2008年，中国这30年的增长确实不仅仅是要素投入的结果，经济效率的提高也是一个重要的因素。世界上很多经济学家经常说，我们没有效率改进，就是投入，就是劳动力便宜，就是靠着资本积累等。分析表明我们过去平均每年9%到10%的增长速度中，要素投入当然还是主要的部分。在全部的增长速度当中，要素投入在1979—1988年占6.7%、1989—1998年占5.16%、1999—2005年占5.36%，要素投入还是主要的部分，占增长速度60%左右。但是，生产力的提高确实是另一个重要的贡献因素。扣除投入的贡献之后的“全要素生产力”的提高幅度就是度量效率改进、生产力改进所导致的增长的指标，20世纪90年代中国全要素生产力贡献率大概有4.4%，到了1999年以后仍然有3.7%左右。应该说生产力的提高是一个相当大的贡献，所以说我们经济的增长也是效率改进的结果。

美国布鲁金斯基金会曾有一个关于中国全要素生产力的研究，研究对象不是整个GDP的增长，而是制造业的增长。结论是过去20年中国全要素生产力每年的增长速度是6%。

——摘自：樊纲：《中国经济增长的要素因素分析与展望》，《资本市场》，2008年第4期。

补充阅读

我们有哪些地方错怪了GDP呢

不知何时起，GDP成了各大媒体、经济学家、老百姓批判的对象。他们认为GDP会掩盖贫穷与社会动荡的事实，也无法衡量人们的生活质量。中国GDP总量早在2010年就超越日本，仅次于美国，位居世界第二。然而，在GDP增长的同时，大气污染也日益严重，雾霾问题严重影响到了国人的生活质量，成了中国人的痛点。这些真的都是GDP的罪过吗？

第一，GDP在创立之初，本来就没有被赋予除了衡量经济水平之外的任何功能。想拿专门用来衡量经济的GDP，去衡量人们的生活质量，本来就是不可取的。就好比你抓了一条鱼，希望它当着你的面发出猫的叫声，可是它本来就不是猫啊。我们需要从历史由来看看GDP的“本职工作”。

GDP的概念诞生于20世纪30年代美国经济大萧条期间。1932年至1933年美国经历了最严峻的经济大萧条，联邦政府处于一片混乱之中。他们迫切地想知道怎样才能推动经济、创造就业，想要创造就业，政府就要知道当前的就业人数；想要提升生活水准，就需要明白人们的薪资水平。可当时并没有这样的数据，于是美国政府找到了经济学家库兹涅茨，希望他能找到数据。

从1933年1月起，库兹涅茨便着手搜集国民经济核算信息，也就是GDP的雏形，终于在1934年将最终报告提交给了参议院。报告显示1929年至1932年期间，美国国民收入几乎减半，所有行业都受到了经济危机的影响。只有政府的收入不仅保持了相对稳定，而且还出现了小小增幅。

到了20世纪30年代末期，第二次世界大战的战火越烧越近，欧美国家领导人认识到与德国开战是迟早的事。为了做好“二战”前的准备，他们必须了解政府有多少资金可以投入到战争中。而这一点是“库兹涅茨版GDP”的短板，他并不认可将政府支出纳入GDP。库兹涅茨若将政府支出涵盖到国民收入总额中才更耐人寻味。这是因为，库兹涅茨在职业生涯多半时期一直都反对将政府支出纳入GDP。并且，联邦政府若按库兹涅茨的经济衡量方式，不但国家财政无立足之地，而且会导致战时经济的规模进一步缩小。于是，联邦政府便找到了凯恩斯。后来的事实也证明凯恩斯没有辜负美国政府的期望，将政府支出成功地纳入了GDP。

1946年，凯恩斯离开了人世。在这之前不久，他曾经说服剑桥大学当权人士创建了应用经济学系。凯恩斯还插手了系主任人选的确定，并确保该职位为“终身制”。斯通是第一任系主任。从此，剑桥大学的应用经济学系与哈佛大学的发展咨询服务部共同成为世界上领先的宏观经济学思考、教学、研究与政策建议中心。这里孕育了GDP的第一批理念，并将它推广到了全世界。

第二，在衡量一个国家和地区经济增长方面，GDP无疑是最好的方式，除了GDP我们别无选择。就好比一个垂死的病人，重要的是让其获得生命，医生没有时间和精力在这个节骨眼上，去考虑抢救的方式是否野蛮。

对于巴基斯坦而言，GDP就是让其起死回生的医生。在很长一段时间内，巴基斯坦都无疑是GDP的忠实追随者。在巴基斯坦的第二个五年规划期间，即从1960年到1965年，规划团队的方法奏效了，因为GDP增长了大约6%，其中制造业增长幅度超过平均增长率的2倍多。于是，那些年轻的经济学家享受着名誉的光环，紧接着又被要求制订第三个五年计划，基本上还是按照前两个计划路线，只不过这次要将较大份额的支出分配给社会服务。

经济学家帕帕内克回忆说，在世人眼里，巴基斯坦的发展被看作一种经济模型，因此值得像德怀特·艾森豪威尔总统级别的人士参观访问。美国帮助巴基斯坦为许多难民解决了住房，但是帕帕内克回忆说，当艾森豪威尔1959年飞往卡拉奇进行国事访问时，对方建议他不要太靠近难民安置点。“于是，总统乘坐的飞机选择了低空飞行。我总在想，他在飞机上能否意识到下面那些人生活得多悲惨。”

第三，人类发展指数等其他尺度在衡量国家的经济表现、反映国力与财富方面都不及GDP。尝试在全球范围内用“人类发展指数”作为国力风向标的人没有取得成功。毕竟，美国不可能买“人类发展指数”的账。通过巴基斯坦的案例，渐渐地，意识到GDP不是万能的人多了起来。

如果用我们现在的标准去看待GDP的话，那么，它只是一个单维度的指数。GDP原本就没有衡量生活质量的功能，如果我们想要用GDP来衡量生活，就必须改变GDP。至于怎么改变，未来GDP会变成什么样，或许是萨科齐在《误测人生》中所说的“综合指标”，或许人类会发明出新的用以衡量人类经济与生活水平的指标。但是，不管未来如何发展，我们都不能忘记一点，那就是经济基础决定上层建筑，我们不可能脱俗到不考虑经济。

——摘编自：伊桑·马苏德著，钱锋译：《GDP简史：从国家奖牌榜到众矢之的》，北京：东方出版社，2016年。

一国生产力水平时高时低，经济增长率就不可避免地或上或下，呈现波动变化形态，我们把这种现象称为经济波动。短期的经济波动通常称为经济周期，经济周期是经济运行中存在的自然现象。在任何一个国家，经济的增长程度和发展速度，并不会一直匀速保持下去，而是有张有收、有扩有缩，正是这种经济增长中的扩张和收缩的交替作用，构成了经济波动的实在内容。

一般说来，经济周期可分为两个阶段：经济衰退和经济扩张。对应的两个转折点是：增长波峰和衰退谷底。不同的国家对经济衰退有不同的定义，目前大多数国家对经济衰退的界定通常采用的标准是：实际 GDP 增长连续 6 个月出现下降，或者出现负增长。

经济增长的波动及长期的累积效果，导致了各国生活水平和生活质量的巨大差异。当你在世界各国旅行时，这种生活水平的差异会让你有深刻感触。如在美国、日本或德国这样的富国，人均收入是印度、印度尼西亚这样的穷国的十几倍。富国有更多的汽车、电话、电视机，更好的营养，更安全的住房，更好的医疗以及更长的预期寿命。即使在一个国家内，生活水平也随着时间推移发生了翻天覆地的变化。如我国从 1978 年到 2012 年，全国城镇居民人均可支配收入由一年 343 元增加到一年 24 565 元，比 1978 年增长 71 倍，年均增长 13.4%；农村居民人均纯收入 7 917 元，增长 58 倍，年均增长 12.8%。美国从 20 世纪以来，按人均实际 GDP 衡量的平均收入每年增长 2% 左右。虽然 2% 看来并不大，但这种增长率意味着平均收入每 35 年翻一番。由于这种增长，今天美国人的平均收入是 20 世纪的 8 倍左右。因此，普通美国人享有比他们的父母、祖父母高得多的繁荣经济。

当然，人们在享受经济增长带来福利的同时，也在付出资源枯竭、环境恶化的代价，所以如何权衡经济增长的成本和收益也是人类面临的难题之一。从宏观经济学的角度来看，在经济增长和经济波动方面，需回答如下问题：经济增长的推动因素是什么？为什么各国间的经济增长率会有如此大的差距？经济周期为什么会发生？能够避免像大萧条那样的经济危机吗？政府在经济增长中扮演着什么角色？经济增长短期和长期的影响因素一样吗？等等。

补充阅读

长期增长的“70 规则”

长期经济增长率的差异会对一国的经济水平和收入水平产生巨大的影响。如果一个国家的长期经济增长率为 1%，而另一个国家为 3%，这 2% 的差别会导致什么结果呢？

先考虑一个例子：假设两个大学毕业生 A 和 B，在 22 岁时找到了一份年收入 3 万美元的工作。A 生活在一个所有收入都有每年 1% 增长的经济体中，而 B 生活在一个所有收入都有每年 3% 增长的经济体中。40 年后，当两人 62 岁时，A 的收入一年约为 4.5 万美元，而 B 的收入一年约为 9.8 万美元。由于增长率 2% 的差别，老年时 B 的年收入是 A 的两倍多。

也可设想上述的A、B两人是在22岁时分别到银行存入3万美元，存款年利率分别为1%和3%，按复利计息，则40年后A和B的本利和分别约为4.5万美元和9.8万美元。

美国经济学家曼昆（N. G. Mankiw）用“70规则”来说明长期增长率差异的经济影响。根据“70规则”，如果某个变量年增长率是$x\%$，则在将近$70/x$年以后该变量会翻一番。在大学生A所处的经济体中，收入每年增长1%，因此，收入翻一番约需要70年时间；而B在所处的经济体中，收入每年增长3%，因此，收入翻一番约需要70/3年即23年时间。

改革开放以来，我国人均收入年增长率大体为5%～6%，如果能长期维持在5%的年增长率水平，那么根据“70规则”，我国人均收入将在14年内翻一番。当然，长期维持5%的年均增长率并非易事。

——摘编自：曼昆著，梁小民、梁砾译：《经济学原理》，北京：北京大学出版社，2015年。

（2）失业问题。

对大多数人来说，失去工作意味着生活水平下降和心理折磨，因此，失业问题一直是宏观经济学关注的核心问题之一。从一个国家所拥有的资源来看，劳动是最重要的，它与自然资源不同，如果任其闲置，对劳动者个人也会带来许多问题，没有工作，也就没有收入，生活负担的压力会引发一系列社会问题。由于劳动者个体差异很大，找到合适的工作岗位并非易事，所以，每个人都能找到工作的可能性很小，一个经济体总会有一定数量的人处在失业状态。在经济繁荣时期，劳动闲置相对会减少，但在经济不景气时，如何促进就业，就成了各国政府要面对的重要问题。

在劳动力市场中，每天都有一些人失去工作或离职，也有一些失业的人被重新雇用，这种不断失业和就业的状态变化决定了劳动力中失业者的比例。那么，如何衡量一个国家的失业状况呢？经济学上采用失业率指标。所谓失业率就是失业人数占劳动力总人数的百分比。尽管由于技术上的原因，很难精确计算出一个国家的失业率，但这一指标还是很好地反映出劳动力闲置的情况。而且通过观察失业率水平的变化，也可以对一个国家的宏观经济状况作出判断。因此，失业率水平上升是与经济不景气紧紧联系在一起的，一方面它是产出水平下降的结果，另一方面它也成为判断经济形势的指标之一。

补充阅读

为什么关注失业率

每月第一个周五的早晨八点半，美国劳动部会公布它对上一个月失业率的估计数字。如果实际失业率高于或低于预期失业率，投资者就会改变他们对经济状况健康与否的看法。而结果很快就会在一个小时之后，也就是纽约证券交易所开盘之后显现出来。有关失业率的好消息会促进股票价格上涨，而坏消息则会导致股票价格下跌。

失业率同样具有重要的政治意义。在大多数总统选举时期，如果选举早期的失业率是下降的，在位的总统多半能继续当选；但如果失业率是上升的，则在位者往往会失败。2004 年就应验了这一关系，2004 年前 6 个月的失业率低于 2003 年后 6 个月的失业率，而在位者乔治·布什就顺利连任。2012 年 8 月至 9 月美国总统大选期间，9 月美国失业率从 8 月的 8.1% 大幅下降至 7.8%，四年来首次低于 8%，这也是奥巴马顺利连任的关键。

在中国，大学生就业难也是一个重要的社会问题。对部分大学生来说毕业就意味着失业，这种尴尬的人生处境不利于大学生职业发展，也不利于中国高素质劳动力资源的合理配置。

——摘编自：搜狐财经网，http：//business. sohu. com/20160906/n467704753. shtml。

经济学家认为失业分为自然失业和需求不足的失业。自然失业指经济中一些难以克服的原因引起的失业。自然失业包括摩擦性失业、结构性失业、临时性和季节性失业。

摩擦性失业是市场或生产过程中难以避免的正常摩擦所产生的短期、局部性失业。人们放弃原有的工作或被解雇，至寻找到新的工作之间需要花费一段时间，该时间段人们处于失业状态。摩擦性失业量的大小取决于劳动力流动量的大小和寻找工作所需要时间的长短。劳动力流动量越大、越频繁，寻找工作所需要的时间越长，则摩擦性失业量越大。

结构性失业是劳动者现有的知识、技能、观念等与市场需求不匹配而引发的失业。结构性失业在性质上是长期的，通常起源于劳动力的需求方，这种情况下，往往“失业与空位”并存，劳动者很难找到与自己的技能、职业、居住地等相符合的工作。例如，在有些现代西方国家，随着经济和科学技术的发展、世界贸易格局的变化，汽车工业开始走向衰落，汽车工人的需求减少，从而引起了汽车工人的失业。与此同时，某些新兴工业所需要的具有特殊技能的劳动力却供不应求，产生了许多职位空缺，而在一些走向衰落的工业区却存在大量失业者找不到工作。如我国钢铁工业的自动化导致大批工人失业就是典型的例子。

临时性和季节性失业是指某些行业生产因临时事件或季节性变动引起的失业。例如建筑业或码头装卸，遇到坏天气或者舱盖打不开，这使得建筑施工不得不停顿下来，运输装卸也常常雇用临时工。季节性对农业、旅游、餐馆的影响非常明显，如度假胜地的家庭妇女在假日去餐馆当帮手；农忙时，城里做工的民工会返回农村。他们的工作都是有季节性的。

需求不足的失业又叫周期性失业，指在经济萧条时期，对劳动力的需求不足引起的失业。经济繁荣时期失业率低，经济萧条时期失业率高。

针对失业问题，宏观经济学要解释为什么经济社会中总存在失业？什么类型的失业是社会必须关注的？造成不同种类失业的原因是什么？为什么各国的失业率会不同？如何降低失业率？政府会通过什么政策降低失业率？失业与其他经济现象之间有什么关系？

补充阅读

新时期的“新失业人群”

当前我国社会中出现了一种新的人群，他们是“新失业人群”。“新失业人群”，是指从各种高校毕业或者肄业后处于一种失业的状态，没有在国有企业或者集体企业工作过、没有城镇户口的青年人员。“新失业人群”有两个组成部分，其一是初高中毕业后、肄业后在家待业的人员，这种人员成为“新失业人群”的主要组成部分；其二是从高等学校毕业，拿着高学历文凭，进入失业行列中的人员。“新失业人群”的这两个组成部分的成员，每年都在增加，“新失业人群”的队伍越来越庞大，而且其知识结构也在逐步地升高。

“新失业人群”，从这个名字中我们看到两个关键词，“新”和“失业”，对“新”的理解我们可以从两个方面进行分析，第一是年龄，第二是经历。“新失业人群”的组成大多是一些青年人员，和老失业人员相比，他们没有在国有企业或者集体企业等工作过的经历，或者没有过多的社会经历。

从“新失业人群”中的组成部分进行分析，也可以将其分为两类。第一类是自愿失业型，这种“新失业人群”成员主要是依赖父母生存，不愿意自己辛苦谋生。从当前我国的家庭人口组成进行分析，我国的独生子女家庭在人口组成中占据一定比例，独生子女逐渐成为青年人主体，从小娇生惯养，在父母的溺爱下成长，进而导致这类人员独立生活能力较低，没有吃苦耐劳的精神和毅力，同时伴有严重的依赖心理，想要一直依赖父母。第二类是被迫失业型，因为各种因素的影响，为他们的就业增加了很多的障碍。这类人员中学历较低的，因为自身没有就业优势，所以很难得到一个合适的就业机会，还可以理解成因为工作的收入较低，他们不愿意就业。其中学历高的人员，本身带着高姿态，好高骛远，进而造成了高不成低不就的现状。

——摘编自：边俊杰、陈水连：《新时期我国“新失业群体”现状及对策研究》，《前沿》，2013 年第 23 期。

（3）通货膨胀问题。

价格是微观经济学关注的核心概念，在宏观经济学中，价格问题同样重要。不过，宏观经济学关注的是总量水平上的价格水平，或者说是一般价格水平。经济社会中一般价格水平的持续上涨，就是通货膨胀（简称“通胀”），而反映一般价格水平变化的指标被称为“通货膨胀水平”，通常用消费者价格指数（CPI）来表示。

CPI 是综合反映各种消费品和生活服务价格的变动程度的一种经济指数，我们常说的通胀率，指以 CPI 计算的通胀率。假设一个国家只有一种商品，该商品 2010 年的价格为每单位 5 元，2015 年为每单位 10 元。如果以 2010 年作为基期年（习惯上一般将基期年的 CPI 定为 100），则 2015 年的 CPI 为 200，这说明与 2010 年的价格水平相比，

2015 年的价格水平上升了一倍，通胀率为 100%；若 2015 年的商品价格仍为 5 元，说明价格水平未变化，通胀率为 0。按照价格总水平上涨幅度的不同，通货膨胀可分为以下几种：

“爬行的或温和的通货膨胀”（3% ~10%，一位数的通胀）。其特点是通胀率低，货币贬值速度不快，人们对货币还比较信任，愿意签订以货币形式表示的长期买卖合同，企业能较为稳定地扩大生产，因此，这种通胀率对经济的增长有积极的刺激作用。

“加速的或奔腾的通货膨胀”（10% ~100%，二位数的通胀）。在该种通胀下，货币贬值迅速，人们往往希望尽快地用货币换成自己所需要的商品，货币流通速度加快。由于人们预期物价还会进一步上涨，常常会抢购今后所需要的商品，从而使通胀进一步加剧。对于这种情况不加控制就会发展成恶性的通货膨胀。

“超级的或恶性的通货膨胀”（100% 以上，三位数以上的通胀）。恶性的通货膨胀意味着货币供应量和物价水平的飞速增长，货币迅速贬值，政府无法控制价格，货币体系和人们的经济生活遭到严重破坏，社会、经济、政治面临崩溃。

补充阅读

每一次通货膨胀都是一个劫贫济富的过程

2010 年 9 月，中国 CPI 同比上涨 3.6%，涨幅创 23 个月以来的新高。通胀让政府和政府扶持的行业先受益。此轮通货膨胀的重要原因是，金融危机爆发后，引发中国通货紧缩的忧虑，于是政府用 4 万亿元扩大内需，而这 4 万亿元并不是平均分配给每个人，而是投入到政府所扶持的行业，不同商品和服务的价格会陆续上涨，且上涨幅度大不相同。

超发货币会导致通货膨胀，但短期内会拉动经济增长。不论在哪个国家，按照增发货币的模式，新增货币首先会流入政府部门，在中国尤其会流入政府照顾的各个行业和企业，大量货币也会以政府投资的方式花出去。而越先得到超量货币者，越早从通货膨胀中受益；反之，越晚被通胀波及的行业，受损失越大。假如，超量货币最早进入房地产行业，房价率先大幅上涨，此时其他物价尚未被通胀波及，那房地产行业的开发者和早期进入的购房者，可以坐待通货膨胀的蔓延，收割通胀成果。

（1）富人抵御通胀能力更强。

通货膨胀最直接的影响是物价上涨，货币贬值，但对于穷人和富人的影响是完全相反的。实际上，通货膨胀具有逆向再分配的效应，即让富人更富，穷人更穷。

富人拥有更多的财富，但这些财富并不仅仅是银行存款，而是房产、企业等实体，众多的富人是通过向银行贷款进行投资。在通货膨胀下，房产等具有保值作用；而在当下相当于负利率的情况下，贷款者也是通胀的受益者。对穷人而言，拥有的保值固定资产相对较少，甚至没有，拥有的或许只是养老、看病用的存款，在通胀下，这些存款也在贬值。

通胀的劫贫济富效应，通过举例更容易理解：通胀前，富人拥有两套各价值100万元的房产，穷人拥有50万存款，富人的财富相当于穷人的4倍；通胀时，单套房价涨至150万元，那富人的财富变为拥有300万元的资产，而穷人依然是50万元的存款，富人的财富变成是穷人的6倍，并且穷人以前能买半套房子的钱，现在只能买到三分之一套，购买力在下降。当然，房价的上涨并不完全是通胀因素，这里举例只为说明通胀对富人的不动产和穷人存款的不同影响。

（2）穷人的通胀保值权利往往被压制。

通胀中，不仅仅是房价上涨，几乎所有的商品价格都会普遍上涨。但是，因为物价上涨不是同步的，当通胀波及最为重要的终端消费品——食品时，其他行业早已普遍上涨，通胀已造就了大量的受益者。

而对穷人而言，他们所从事的行业往往集中于更为基础的行业，如农民的收益与农产品有关，但是农产品的价格上涨往往是因为生产资料的先期上涨，如柴油、化肥、农药价格的上涨。此外，农产品价格上涨还受到流通领域的运输、销售等环节的影响，通胀下的农民生产农产品的利润率受到两头的挤压，其利润率提升非常有限。另外，农副产品价格上涨时，通货膨胀也已经到了成熟阶段，政府往往要采取措施干预价格，农副产品的利润率往往被打压。宏观经济学上，对于通货膨胀的再分配效应有四种观点：第一，通胀有利于债务人，不利于债权人。实际的情况往往是，富人贷款扩大再生产，是债务人；穷人存款看病、养老、抚养子女上学，是债权人。第二，通胀有利于利润收入者和浮动收入者，不利于固定收入者；而富人特别是商人，往往是利润收入者，而工薪阶层主要是固定收入者。第三，通胀有利于实物财富所有者，不利于货币财富持有者；富人往往拥有众多的实物财富，而穷人多是存款救急。第四，通胀有利于政府，相当于政府征收通货膨胀税，不利于普通民众。综合上述四点不难看出，通胀让富人更富、穷人更穷。

——摘自：凤凰网财经，http：//finance. ifeng. com/ news/ special/ wenjutongzhang/20110124/3279798. shtml。

宏观经济学把通货膨胀作为研究的问题，除了研究其对人们生活产生的重要影响外，对通胀的预测依然是个研究难题。如何通过分析通货膨胀发生的具体原因，制定相应的政策，防止发生严重的通胀已经成为世界各国经济的最主要目标之一。所以对于宏观经济学来说，除了要研究通货膨胀的成因和类型外，还要研究通货膨胀对经济增长和经济发展的影响、政府如何预测通货膨胀、通过什么政策有效控制通货膨胀、医治通货膨胀的政策处方有无副作用等。

由于通货膨胀与货币密切相关，所以，在宏观经济学中，货币数量的供给和需求、货币与价格、货币与实体经济的相互影响等也被作为其重要的内容而进行研究。在后续学习中，我们还要学习许多货币金融方面的知识。

1.2.3 经济学的目标：效率优先，兼顾公平

1.2.3.1 微观经济学目标——效率优先

微观经济学主要研究资源的配置问题，鉴于人类欲望的无限性，资源永远是稀缺的，就一项经济活动而言，最重要的事情当然就是最好地利用其有限的资源。这使我们不得不面对效率这个关键性的概念。效率（efficiency）是指最有效地使用社会资源以满足人类的愿望和需要。若一个经济体中充斥着恶性竞争、严重污染等问题，它当然只能生产出少于“无上述问题”时该经济原本可以生产的物品，或者还会生产出一大堆不对路的物品。这些都会使消费者的境遇比本该出现的情况要差。这些问题都是资源未能有效配置的后果。

补充阅读

谁妨碍了我们致富

马路上有人吵架，大家驻足观看，必欲知其究竟后才肯走；红灯抢行，十字路口乱作一团，彼此挤得动弹不得；你跑步追上一辆公共汽车，可是刚要迈步上车时售票员把车门关上，按铃启动，扬长而去；警察把乱设摊位的小贩的货物掀翻在地，甚至把小贩的三轮板车扔上卡车拉走；开会时因某人未到，大家等上十几分钟……这些现象我们已经司空见惯了。但在茅于轼看来，这些现象是使中国成为穷国的根本原因。他说以经济学的基本观点来看，穷是因为许多生产潜力不能发挥，人们的劳动没有用在生产上，甚至用在了抵消别人劳动成果的努力上；更因为各种各样的浪费普遍存在，耗掉了社会巨大财富。只有老百姓们自己明白如何把自己弄穷的，才能改正，才有可能变富。谁妨碍了我们变富，答案可能就是“我们自己”。茅于轼认为，要想把我们的国家变富，就要“物尽其用，人尽其才”。要让“资本”和“劳动”充分地“就业”，流动到最适合它们的地方去，因此，交换能够创造出额外的财富，任何有碍于自由交换的东西都有碍于财富的增加。

——根据茅于轼《谁妨碍了我们致富》相关材料改写。茅于轼：《谁妨碍了我们致富》，广州：广东经济出版社，1999 年。

1.2.3.2 宏观经济学目标——兼顾公平

当微观经济学在追求稀缺资源的高效配置、思考如何把经济蛋糕做大时，他们却忽略了经济蛋糕的公平分割问题，宏观经济理论则用“看得见的手”来帮助我们治理和预防市场失灵所带来的一系列问题。一般认为，宏观经济政策的四个主要目标是：经济持续稳定地增长、物价稳定、充分就业、国际收支平衡。

目前来看，各国的中央政府和货币管理当局承担着执行宏观经济政策的角色，而政策工具一般分为两类：一是影响长期经济行为尤其是总供给的政策工具，如我国中央政府提出的供给侧结构性改革，减少对土地、劳动、技术、资金、管理等生产要素的供给限制。二是主要针对总需求，对经济波动进行调整的短期政策工具——财政政策和货币政策。财

政政策是指通过政府改变财政收入和支出来影响总需求，从而实现宏观经济目标的政策工具。货币政策是指通过货币管理当局改变货币供应量、利率水平和汇率水平来影响总需求，从而实现宏观经济目标的政策工具。

补充阅读

财政政策的实践

20 世纪 60 年代，肯尼迪总统采用凯恩斯主义经济学的观点，使财政政策成为美国对付衰退和通货膨胀的主要武器之一。肯尼迪总统提出削减税收来帮助经济走出低谷。这些措施实施以后，美国经济开始迅速增长。但是，减税再加上 1965—1966 年在越南战争中财政扩张的影响，又使得产出增长过快，超过了潜在水平，于是通货膨胀开始升温。为了对付不断上升的通货膨胀，并抵消越南战争所增开支的影响，1968 年国会批准开征了一项临时性收入附加税。不过，在许多经济学家看来，这项税收增加的政策力度太小了一些。

20 世纪 80 年代美国是另一个典型例子。1981 年国会通过了里根总统提出的一揽子财政政策计划，包括大幅度降低税收，大力扩张军费开支而同时并不削减民用项目的开支。这些措施将美国经济从 1981—1982 年的严重衰退中拯救出来，并进入 1983—1985 年的高速扩张阶段。

克林顿总统一上台，就面临着一个两难困境：一方面高赤字依然顽固地存在着；另一方面经济不景气且失业率高得让人难以接受。克林顿必须决定财政政策应从何处着手，是应该先处理赤字，通过增加税收、降低支出来增加公共储蓄，进而靠储蓄水平提高来带动国民投资的增长呢？还是应该关注财政紧缩会减少并排挤投资，而税收增加和投资的减少又会降低产出？最后，克林顿还是决定优先考虑削减财政赤字。1993 年预算法案决定，在其后 5 年中落实减少赤字 1 500 亿美元的财政举措。

——摘自：保罗·萨缪尔森、威廉·诺德豪斯著，萧琛主译：《经济学》（第 18 版），北京：人民邮电出版社，2008 年。

补充阅读

中国的货币政策工具

货币政策工具是中央银行为达到货币政策目标而采取的手段。根据《中国人民银行法》第三条规定，中国货币政策的最终目标为“保持货币币值的稳定，并以此促进经济的增长”。货币政策工具分为一般性货币政策工具和选择性货币政策工具。一般性货币政策工具包括公开市场操作、存款准备金和再贴现；选择性货币政策工具包括贷款规模控制、特种存款、对金融企业窗口指导等。一般性货币政策工具多属于间接调控工具，选择性货币政策工具多属于直接调控工具。在过去较长的一段时期内，中国货币政策以直接调控为主，即使用信贷规模、现金计划等工具。1998 年以后，取消了贷款规模控制，主要采取间接货币政策工具调控货币供应总量。现阶段，中国的货币政策工具主要有公开市场操作、存款准备金、再贷款与再贴现、常备借贷便利、利率政策、汇率政策、道义劝告和窗口指导等。

（1）货币政策工具——常规工具或称一般性货币政策工具。它指中央银行所采用的、对整个金融系统的货币信用扩张与紧缩产生全面性或一般性影响的手段，是最主要的货币政策工具，包括：①存款准备金制度；②再贴现政策；③公开市场业务。这三大工具被称为中央银行的“三大法宝”。一般性货币政策工具主要是从总量上对货币供应量和信贷规模进行调节。

（2）货币政策工具——选择工具。它指中央银行针对某些特殊的信贷或某些特殊的经济领域而采用的工具，以某些个别商业银行的资产运用与负债经营活动或整个商业银行资产运用与负债经营活动为对象，侧重于对银行业务活动质的方面进行控制，是常规性货币政策工具的必要补充，常见的选择性货币政策工具主要包括：①消费者信用控制；②证券市场信用控制；③不动产信用控制；④优惠利率；⑤特种存款。

（3）货币政策工具——补充工具。除以上常规性、选择性货币政策工具外，中央银行有时还运用一些补充性货币政策工具，对信用进行直接控制和间接控制，包括：①信用直接控制工具，指中央银行依法对商业银行创造信用的业务进行直接干预而采取的各种措施，主要有信用分配、直接干预、流动性比率、利率限制、特种贷款等；②信用间接控制工具，指中央银行凭借其在金融体制中的特殊地位，通过与金融机构之间的磋商、宣传等，指导其信用活动，以控制信用，其方式主要有窗口指导、道义劝告等。

（4）货币政策工具——新工具。2013 年 11 月 6 日，我国央行网站新增的“常备借贷便利（Standing Lending Facility，SLF）”栏目，标志着这一新的货币政策工具的正式使用。所谓常备借贷便利就是商业银行或金融机构根据自身的流动性需求，通过资产抵押的方式向中央银行申请授信额度的一种更加直接的融资方式。由于常备借贷便利提供的是中央银行与商业银行“一对一”的模式，因此，这种货币操作方式更像是定制化融资和结构化融资。

——摘自：中国人民银行网，http：//www. pbc. gov. cn。

1.2.4 微观经济学与宏观经济学

经济学的内容包罗万象，但可以将其分为两个最基本的分支：微观经济学（microeconomics）和宏观经济学（macroeconomics）。亚当·斯密（Adam Smith）通常被认为是微观经济学的创始人。今天，经济学的这一分支主要是研究作为单个实体的市场、企业、家庭的行为。亚当·斯密曾在《国富论》（1776 年）中考察了物品价格的形成，以及土地、劳动和资本的价格如何确定等问题，并揭示了市场机制的长处和弊端。更为重要的一点是，他指明了市场的效率特征，并看到了社会经济效益事实上是出自于个人的自利行为。所有这一切，在今天无疑仍然具有重要的意义。尽管自亚当·斯密时代以来，微观经济学已经有了长足的进展，但他的观点仍然被今天的政治家和经济学家们频繁地加以援引。微观经济问题的例子：人们为什么更喜欢买 DVD 碟片而很少去电影院看电影？对电子商务征税会怎样影响淘宝网的生意？

经济学的另一个重要分支是宏观经济学，它研究经济的总体运行。在约翰·梅纳德·凯恩斯（John Maynard Keynes）1936 年发表革命性巨著《就业、利息与货币通论》之前，现代意义上的宏观经济学还根本不存在。当时，英美经济尚未走出 20 世纪 30 年代的大萧条，超过 1/4 的美国劳动人口处于失业状态。凯恩斯的新理论展现了一个探讨高通胀和高失业率交替攀升的商业周期根源的分析示范。如今，宏观经济学已经拓展到很多领域，如投资与消费的决定、中央银行对货币和利率的管理、国际金融危机的原因，以及为什么一些国家经济繁荣而另一些国家却停滞不前等问题。尽管宏观经济学已经进步并远远超越了凯恩斯当初的创见，但凯恩斯所提出的一系列命题仍然不失为现代宏观经济学的基本范畴。

微观经济学和宏观经济学是密切相关的。由于整体经济的变动产生于千百万个人的决策，所以，不考虑相关的微观经济决策，是不可能理解宏观经济的发展的。例如，宏观经济学家可以研究个人所得税减少对整个物品与劳务生产的影响。为了分析这个问题，他必须考虑所得税减少如何影响家庭关于购买物品与劳务支出的决策。尽管微观经济学与宏观经济学之间存在固有的联系，但这两个领域仍然是不同的。所以，它们有时采用相当不同的方法，并通常在不同的课程中讲授。

补充阅读

分而不离——微观与宏观的关系

现在，当你一开始学习经济学时，老师就会告诉你，经济学分为微观与宏观两部分。但在 20 世纪 30 年代之前，即使是权威的经济学家也还没想过这种提法。1941 年，荷兰统计局一位不知名的经济学家 P. 迪·沃尔夫在一篇文章中第一次提出了“微观经济学”和“宏观经济学”这两个词。他说：“微观经济学解释所指的是一个人或家庭……的关系。宏观经济学解释产生于个人或家庭组成的大集团（社会阶层、民族等）……相应的关系。”美国凯恩斯主义经济学家萨缪尔森继承了这种提法，在他 1948 年出版的《经济学》一书中把经济学分为微观与宏观两部分。自此以后，这种分法被经济学家普遍接受，并一直延续到现在。

应该说，把经济学分为微观与宏观两部分是一个历史的进步。但早期的凯恩斯主义经济学家往往只注意到了这两者之间的区分，而忽视了它们之间的内在联系，以至于不少初学者把微观与宏观作为不同的经济学，而没有作为一个统一的整体。凯恩斯本人把精力集中在研究宏观经济问题上，以萨缪尔森为代表的新古典综合派把微观与宏观综合为一个体系，承认这两部分在经济学中同样重要，但并没有说明这两者之间的内在联系。20 世纪 70 年代初美国高失业率与高通货膨胀并存的滞胀动摇了战后凯恩斯主义一统江湖的地位。对凯恩斯主义的批评不仅在政策和具体理论上，更重要的是在一个根本问题上：凯恩斯主义宏观经济学缺乏微观经济基础。

谁都知道，个人经济决策与活动是整个经济的基础，整个经济无非是个人经济活动的总和结果。离开解释个人经济活动的理论——微观经济学，哪会有解释整体经济的宏观经济学呢？离开了微观基础的宏观经济学无疑是无源之水、无本之木。但庞大宏伟的凯恩斯主义经济学体系所缺乏的正是这个基础。经济学家努力的方向正是把微观与宏观融为一体的经济学，也许若干年后微观与宏观的分法又过时了。我们学习宏观经济学时一定要牢记这一点。

——摘自：梁小民：《宏观经济学纵横谈》，北京：生活·读书·新知三联书店，2002 年。

1.3 重要的经济学思想

“经济”是在生活中相互交易的一群人。由于一个经济的行为反映了组成这个经济的个人的行为，所以我们的经济学研究就从个人做出决策开始。

1.3.1 权衡

关于做出决策的第一课可以归纳为一句谚语：“天下没有免费的午餐。”为了得到我们喜爱的一件东西，通常就不得不放弃另一件我们喜爱的东西。做出决策要求我们在一个目标与另一个目标之间有所取舍。

从早上醒来的一刻到晚上再睡下，我们的生活充满了选择和权衡。什么时候起床？穿什么衣服？吃什么早餐？听哪一门课？先完成哪一个任务？吃什么午饭？做什么运动？夜晚如何度过，学习、听音乐还是看电影？我们除了日常决策，有时还需要做出影响人生方向的决策。你将学习什么专业？学习经济学专业、英语专业、法学专业，还是艺术专业？父母必须决定将收入用于全家度假，还是为孩子教育储蓄起来？

企业也面临着权衡。耐克公司如果把资源用于设计和促销一种新的高尔夫球鞋，则用在开发新跑鞋上的开支就会减少。一家生产糕点的企业也面临着采用自动化生产线，还是采用传统的厨房式老店，即面临着劳动和资本之间的权衡。

政府也面临着权衡。政府增加在国防上的开支，就会减少在教育等其他方面的支出。政府实行更加严厉的环境管制政策，则可能减缓经济的增长速度。政府通过税收减少收入的差距促进了平等，则可能降低了一些人的工作积极性，从而牺牲了效率。

人们面临的交替关系本身并没有告诉我们，人们将会或应该做出什么决策。一个学生不应该为了增加用于学习经济学的时间而放弃心理学的学习；社会不应该由于环境控制降低了我们的物质生活水平而不再保护环境；也不应该仅仅由于帮助穷人扭曲了工作激励机制而忽视了他们。当然，认识到生活中的权衡关系是重要的，因为人们只有了解他们可以得到的选择，才能做出良好的决策。

补充阅读

宝马公司建厂的决策

在这些年里，宝马的经理面临的是集中在德国工厂生产还是在海外市场建立新工厂的战略性决策。继续在德国生产使得宝马的经理能够更容易监控生产以及雇用通常具有高技术训练水平的德国工人。然而，在其他国家建立工厂有两个好处：一是在其他国家支付给工人的工资较低，从而降低制造汽车的成本；二是在销售所在地进行生产，宝马可以减少政治摩擦。2003 年，宝马在中国北方的沈阳开设了一家工厂，生产 3 系列和 5 系列轿车。此前，在 1995 年，宝马在南卡罗来纳州的斯帕坦堡开设了一家美国工厂，该厂目前生产 Z4 型双座敞篷跑车和 X5 型运动型轿车（SUV）。

——摘自：R. 格伦·哈伯德、安东尼·P. 奥布赖恩著，张军等译：《经济学（微观）》，北京：机械工业出版社，2011 年。

1.3.2 机会成本

由于人们面临着权衡，所以，做出决策就要比较可供选择的行动方案的成本与收益。但是，在许多情况下，某种行动的成本并不像乍看时那么明显。假定这是你毕业前的最后一学期，教学计划只允许你选修一门课。但实际你有两门课比较喜欢，比方说证券投资和初级网球课程。假定你选修了证券投资，那么你决策的成本是什么呢？事实上你就不能够选修初级网球课程，经济学家们称这种成本，即为得到你想要的东西必须做出的放弃为机会成本（opportunity cost）。所以说，选修证券投资的机会成本是你从初级网球课程中所得到的愉悦。这也有助于我们理解为什么同样是从一个城市到另一个城市，收入低的人更愿意坐长途汽车，而收入高的人更愿意坐飞机？要找一个十几岁的保姆看孩子，为什么在富人区比在低收入地区常常要更加难找？为什么在经济不景气的时候有更多的本科毕业生继续读研究生？为什么来自低收入地区的年轻人更愿意参军？

补充阅读

上大学的机会成本

机会成本概念对于理解个人选择非常关键，因为最终所有的成本都是机会成本。一个说明机会成本非常突出的事例是上大学的成本。你会想到把你用于学费、书籍、住房和伙食的钱加总起来，但这种总和并不真正地代表你上一年大学所放弃的东西。这个答案的第一个问题是，它包括的某些东西并不是上大学的真正成本。即使你离开了学校，你也需要有睡觉的地方，要吃东西。只有在大学的住宿和伙食比其他地方贵时，贵的这一部分才是上大学的成本。实际上，大学的住宿与伙食费可能还低于你自己生活时所支付的房租与食物费用。在这种情况下，住宿与伙食费的节省是上大学的收益。这种成本计算的第二个问题是，它忽略了上大学最大的成本——你的时间。当你把一年的时间用于听课、读书和写文章时，你就不能把这段时间用于工作。对大多数学生而言，为上学而放弃的工资是他们受教育的最大单项成本。

所以，我们容易看出，上大学的机会成本对于在大学读书几年中可以获得很高收入的人来说是非常昂贵的。这就是像泰格·伍兹这样的运动员不上大学或者不完成大学学业的原因。

——摘编自：曼昆著，梁小民、梁砾译：《经济学原理》，北京：北京大学出版社，2015 年。

补充阅读

你理解机会成本吗

假设你赢了一张美国大歌星埃里克·克莱普顿（Eric Clapton）今晚演唱会的免费门票。注意，你不能转售这张门票。可另一美国大歌星鲍勃·迪伦（Bob Dylan）今晚也在开演唱会，你也很想去。迪伦的演唱会票价为 40 美元。当然，你别的时候去看他的演出也行，但你的心理承受价格是 50 美元。换言之，要是迪伦的票价高过 50 美元，你就情愿不看了，哪怕你没别的事要做。除此之外，看两人的演出并无其他成本。试问，你去看克莱普顿演唱会的机会成本是多少？去看克莱普顿的演唱会，唯一必须牺牲的事情就是去看迪伦的演唱会。不去看迪伦的演唱会，你会错失对你来说价值 50 美元的表演，但同时，你也省下了买迪伦演唱会门票所需支付的 40 美元。所以，不去看迪伦演唱会，你放弃的价值是 50 - 40 = 10（美元）。如果你觉得看克莱普顿的演唱会至少值 10 美元，那你就应该去看；要不然，就去看迪伦的演唱会。按一般的看法，机会成本是经济学概论课上要介绍的两大（或三大）重点概念之一。但根据我们现在手边的可靠证据，不管从哪一个角度来看，大多数学生都没有掌握这个概念。最近，经济学家保罗·费雷罗（Paul Ferraro）和劳拉·泰勒（Laura Taylor）向几组学生提出了上述克莱普顿与迪伦问题，看看他们能否做出正确回答。他们出的是选择题，只有 4 个答案：a. 0 美元　b. 10 美元　c. 40 美元　d. 50 美元。

如前所述，正确的答案是 10 美元，也就是你不去看迪伦演唱会所牺牲的价值。可是，费雷罗和泰勒向最近上了经济学课程的 270 名大学生提出了这个问题，只有 7.4% 的人选择了正确答案。因为只有 4 个选项，哪怕学生们是随机选择，正确率也该有 25%。看起来，同学们似乎觉得掌握这些知识很丢脸。之后，费雷罗和泰勒又向 88 名从没上过经济学课程的学生提出了同一个问题，这回的正确率是 17.2%——比上过经济学课程的学生高两倍多，但仍比随机选择的正确率要低。为什么上过经济学课程的学生没能表现更佳呢？窃以为，主要原因是，在典型的概论课上，教授会给学生灌输几百个概念，机会成本只是其中之一，而且模模糊糊，一笔带过。倘若学生没花足够的时间在上面，没在不同的例子里反复演练，也就无法真正理解它。但费雷罗和泰勒提出了另一种可能性：教经济学的讲师自己也没掌握机会成本的基本概念。2005 年美国经济学协会开年会的时候，他俩向 199 名专业经济学家提出了同一个问题，只有 21.6% 的人选择了正确答案，25.1% 的人认为去看克莱普顿演唱会的机会成本是 0 美元，25.6% 认为是 40 美元，还有 27.6% 认为是 50 美元。费雷罗和泰勒核查了经济学概论最主要的教科书，他们发现，大多数教科书对机会成本并未给予足够的重视，来帮助学生解答克莱普顿与迪伦问题。他们还注意到，比概论程度更深的教科书也未曾耐心、深入地介绍这个概念。

——摘自：罗伯特·弗兰克著，闾佳泽：《牛奶可乐经济学》，北京：中国人民大学出版社，2010 年。

1.3.3 边际决策

假设一个朋友晚上 9 点给你打电话，那时你正在全身心地准备第二天的英语考试。你的朋友想过来待一会儿，你说你还得学习呢。你的朋友再三恳求，你说不行。你的朋友很伤心，问："难道英语比我还重要吗？"如果你掌握了经济学的思维方式，你就可以毫不犹豫地说："仅仅是在边际的意义上说，就是今晚学习英语更重要。"你的朋友犯了一个常见的错误：用"非此即彼"的方式想问题。要么是"我"，要么是"英语"。

但是现实生活中大多数决策并不是非此即彼的，而是涉及对现有行动计划进行微小的增量调整。经济学家把这些调整称为边际变动。在许多情况下，人们可以通过考虑边际量来做出最优决策。从事一个活动所带来的好处叫作边际收益（marginal benefit），从事一个活动所带来的成本叫作边际成本（marginal cost），个人和企业通过考虑边际量将会做出更好的决策。只有当一种行动的边际收益大于边际成本时，一个理性决策者才会采取这项行动。

补充阅读

航空公司应该卖机票吗

一个航空公司应该对等退票的乘客收取多高的价格？假设一架 200 个座位的飞机横越国内飞行一次，航空公司的成本是 10 万美元。在这种情况下，每个座位的平均成本是 10 万美元除以 200，即 500 美元。有人会得出结论：航空公司的票价决不应该低于 500 美元。

但航空公司可以通过考虑边际量而增加利润。假设一架飞机即将起飞时仍有 10 个空位。在登机口等退票的乘客愿意支付 300 美元买一张票。航空公司应该卖给他票吗？当然应该。如果飞机有空位，多增加一位乘客的成本是微乎其微的。虽然一位乘客飞行的平均成本是500美元，但边际成本仅仅是这位额外的乘客将消费的一包花生米和一罐汽水的成本而已。只要等退票的乘客所支付的钱大于边际成本，卖给他机票就是有利可图的。

——摘编自：曼昆著，梁小民、梁砾译：《经济学原理》，北京：北京大学出版社，2015年。

1.3.4 对激励做出反应

由于人们通常会通过比较成本与收益做出决策，所以，当成本或收益变动时，人们的行为也会改变。这就是说，人们会对激励做出反应。例如，经济学老师给了你一组题目，并告诉你这组题目是期末考试的内容，你一定会下功夫做这些题目，因为复习这些题目的边际收益很大。相反，数学老师给你一组题目，告诉你这些题目与考试无关，你会把这些题目放在一边。对设计公共政策的人来说，激励在决定行为时的中心作用是重要的。公共政策往往改变了私人行动的成本或收益；当决策者未能考虑到行为如何由于政策的原因而变化时，他们的政策就会产生他们意想不到的效果。

只要存在稀缺性，就一定有资源配置方式。不同的资源配置方式其实就是对人们的一种激励。如果一个社会按照支付意愿来配置资源，社会成员就会努力挣钱；如果一个社会按照体力强弱来配置资源，那么社会成员就会锻炼身体；如果一个社会按照铜管乐器的演奏水平来配置资源，那么社会成员就会学习吹乐器；如果名牌大学把高中三年的成绩作为招生的重要依据，高中生就会看重分数，也可能用成绩来竞争一些其他的资源（比如在同学中的地位、老师的表扬、开自家汽车的机会、使用父母信用卡的机会），所以高校招生的规则一定会激励高中生努力得高分。

补充阅读

安全带使我们更安全了吗

20世纪60年代后期，美国通过立法要求汽车公司生产包括安全带在内的各种安全设备，安全带成为所有新汽车的标准设备。由于所有汽车都有安全带，更多的人系安全带，重大车祸发生时人们存活的概率提高了。但是，要完全了解这个法律的影响就必须认识到，人们由于他们所面临的激励而改变了自己的行为。安全带法律减少了缓慢而谨慎地开车的收益。人们对安全带的反应是更快更放肆地开车。这样，安全带法律最终的结果是更多的车祸次数。

正如安全带的例子所说明，政策有时也会有事先并不明显的影响。在分析任何一种政策时，不仅应该考虑直接影响，而且还应该考虑激励发生作用的间接影响。如果政策改变了激励，它就将使人们改变自己的行为。

——摘编自：曼昆著，梁小民、梁砾译：《经济学原理》，北京：北京大学出版社，2015年。

1.3.5 贸易能使每个人状况更好

清晨一觉醒来，你关掉在广东组装销往全国的空调；洗漱完毕来到餐桌前，喝上一杯由巴西的咖啡豆磨成并在中国进行进一步加工制作的咖啡；整理完毕，开上一辆由十几个国家各自生产的配件组装成的汽车去上班；中午休息的时候，打开由美国研发的系统软件与外地的朋友同学聊天；晚上家庭聚会的时候，全家人去了一家由福建人投资而韩国人当主厨的韩国料理店，又喝了几瓶四川生产的白酒。这一天充满着浪漫和趣味，而构建这一美好生活的基础，正是贸易。

经济中每个家庭都与其他所有家庭竞争，竞争工作、竞争购物等。尽管有这种竞争，但把你的家庭与其他所有家庭隔绝开来并不会过得更好。如果是这样的话，你的家庭就必须自己种粮食，自己做衣服，自己盖住的房子。显然，你的家庭在与其他家庭的交易中受益匪浅。无论是在耕种、做衣服或盖房子方面，贸易使每个人可以专门从事自己最擅长的活动。通过与其他人交易，人们可以按较低的价格买到各种各样的物品与劳务。

国家和家庭一样也从相互交易中获益。贸易使各国可以专门从事自己最擅长活动，并享有很多各种各样的物品与劳务。日本人和法国人、埃及人与巴西人一样既是我们的竞争对手，又是我们在世界经济中的伙伴。

补充阅读

对外包的争论

大部分经济学家认为国际贸易——包括企业从事生产外包而产生的贸易，会提高经济效益并增加收入。所以，当麻省理工学院的经济学家、诺贝尔经济学奖获得者保罗·萨缪尔森在《经济观点期刊》(*Journal of Economic Perspectives*)上发表文章，质疑美国的收入会因为工作外包到印度和中国而增加时，这就是新闻了。萨缪尔森提出了一个外包效应模型，它可以用下面的假设来加以说明：假如纽约的一家银行一直请一家南达科他州的公司来处理其电话客户服务业务，但随后转而用一家位于印度班加罗尔的公司——这家公司支付给工人的工资要低很多。萨缪尔森认为，即使那家南达科他州的公司解雇的工人最终找到了新工作，新工资也可能要比以前的工资低。萨缪尔森指出，如果外包太普遍，可能会导致美国人收入的显著下降。

许多经济学家反对萨缪尔森的观点。有一位经济学家贾格迪什·巴格瓦蒂(Jagdish Bhagwati)写出了反驳萨缪尔森的文章，他曾经是萨缪尔森的学生，现在是哥伦比亚大学的经济学教授。巴格瓦蒂认为，在萨缪尔森的例子中，南达科他州呼叫中心的工人工资由于外包而减少，但银行的成本也降低了，而这让银行可以降低其向客户索取的价格。在巴格瓦蒂的模型中，消费者因价格降低而获得的这些收益，足以抵消工人因工资减少而造成的损失，且还有剩余，所以美国从外包中获得的是净收益。但萨缪尔森认为，如果美国向其他国家出口产品——在这个例子中是银行服务，价格的降低损害了出口企业。在这种情况下，美国仍可能因外包而遭受损害。

——摘自：R. 格伦·哈伯德、安东尼·P. 奥布赖恩著，张军等译：《经济学（微观）》，北京：机械工业出版社，2011 年。

1.3.6 市场通常是组织经济活动的一种好方法

经济学家亚当·斯密在他 1776 年的著作《国富论》中提出了经济学中最有名的观察结果：家庭和企业在市场上相互交易，他们仿佛被一只“看不见的手”所指引，引起了合意的市场结果。市场经济是一部复杂而精良的机器，它通过价格和市场体系来协调个人和企业的各种经济活动。它也是一部传递信息的机器，能将数十亿各不相同的个人的知识和活动汇集在一起。在没有集中的智慧或计算的情况下，它能解决涉及亿万个未知变量或相关关系的生产和分配的问题，对此连当今最快的超级计算机也都望尘莫及。在市场体系中，人们的行动是自愿的，其行为的主要目的是获取利润或者满足。并没有人去刻意地加以管理，但市场一直相当成功地运行着。因为自由市场总是能够把物品卖给对这些物品评价最高的消费者，可以使得生产这些物品成本最低的企业来生产。

中央计划经济就像一个巨大的公司。在这样的经济里，个人不能自由经商，不能自由交换。政府拥有工厂、商店和办公楼，政府决定生产什么、如何生产和为谁生产。支撑中央计划的理论是，只有政府才能以促进整个社会经济福利的方式组织经济活动。在计划经济国家中，价格不是由市场决定的，而是由中央计划者制定。这些计划者缺乏那种在价格对市场力量自由地做出反应时反映在价格中的信息。中央计划者之所以失败，是因为他们在管理经济时把市场上那只“看不见的手”缚起来了。

我们以一个图书出版的例子来说明为什么计划经济会失败。在市场经济中，图书出版与否只取决于盈利与亏损分析。在俄罗斯，由于利润是不能提及的，因此，计划者用数量指标来决策。最初，出版图书数量多的出版社受到奖励，所以，出版社印出了成千上万本没人读的小薄书。计划者若以页数作为奖励的标准，出版社则用大号字体印刷出厚厚的图书。若计划者转而以字数为标准，出版社则用小号字体来印刷大部头的图书。在所有这些过程中，图书的最终受益人——读者，却始终都不曾在激励机制所考虑的范围之内。

补充阅读

雪天的杂货店

1967 年，一场大暴雪使得芝加哥市区交通瘫痪，外面的生活必需品难以进入，当时还是大学生的詹姆斯在住所附近有两家杂货店，一家杂货店慈悲为怀，坚持在大雪天对店内商品不涨价，其店中的商品很快被抢购一空，因为如此低的价格难以使其以高价向外界继续采购新的商品，这家店很快就关门大吉。另外一家杂货店则将所有的商品和价格暂时提高到原来的两倍，同时这家杂货店的老板出高价请当地的孩子乘雪橇从外地运进当地市民需要的各种商品。涨价的杂货店因为能够支付较高的雇佣雪橇拉货的成本，一直在雪暴过程中保证了对居民的基本供应，同时高的价格也自然促使居民根据新的价格状况合理调整自己的需求，将自己采购的物品控制在自己能够承担的、必需的范围内。

——摘自：黄德林收集整理：《〈西方经济学（微观部分）〉案例分析》。

1.3.7 政府有时可以改善市场结果

市场失灵指市场本身不能有效配置资源的情况。当出现市场失灵的时候，就需要政府制定政策干预经济。政府干预经济的原因有两类：促进效率和促进公平。前者的目标是把经济蛋糕做大，后者的目标是更加公平地分割蛋糕。市场失灵的其中一个原因是外部性。外部性是一个人的行动对旁观者福利的影响，例如污染。如果一家化工厂并不承担它排放烟尘的全部成本，它就会大量排放烟尘。在这种情况下，政府就可以通过环境保护来增加经济福利。市场失灵的另一个可能原因是市场势力。市场势力是指一个人（或一小群人）不恰当地影响市场价格的能力。例如，假设镇里的每个人都需要水，但只有一口井。这口井的所有者对水的销售就有市场势力——在这种情况下，他是一个垄断者。这口井的所有者并不受残酷竞争的限制，而正常情况下“看不见的手”正是以这种竞争来制约个人的私利。你将会知道，在这种情况下，规定垄断者收取的价格有可能提高经济效益。

“看不见的手”也不能确保公平地分配经济成果。市场经济根据人们生产其他人愿意买的东西的能力来给予报酬。例如，世界上最优秀的篮球运动员赚的钱比世界上最优秀的棋手多，只是因为人们愿意为看篮球比赛付出比看象棋比赛更多的钱。“看不见的手”并没有保证每个人都有充足的食品、体面的衣服和充分的医疗保健等。

补充阅读

我国哪些行业应破除垄断

国家统计局中国经济景气监测中心日前会同中央电视台《中国财经报道》对北京、上海、广州三个城市的700余位居民进行了调查。电信、邮政、铁路和电力等哪些行业应破除垄断呢？79.9%的居民认为是电信行业，52.8%的居民认为是铁路部门，47.5%的居民认为是邮政行业，45.8%的居民认为是电力部门。另外，认为是公交、航空、金融、保险行业的居民分别占37.9%、29.6%、24.1%和14.6%。

国家统计局有关专家表示，必须坚定不移地对电信、铁路、邮政、电力等垄断行业进行改革和重组，通过使同一业务经营主体多元化，非国有资本包括外国资本进入基础设施和公用事业领域，企业财产组织形式的改造与现代企业制度的建设等，创造开放和竞争格局，以适应我国社会主义市场经济迅速发展的要求，应对加入WTO后的严峻挑战。

——摘自：《中国经济时报》，2001年4月3日。

1.3.8 一国的生活水平取决于它生产物品与劳务的能力

世界各国生活水平的差别是惊人的。2006 年，美国的人均收入为 44 260 美元。同一年，墨西哥的人均收入为 11 410 美元，中国的人均收入为 7 740 美元，巴基斯坦的人均收入为 2 500 美元。人均收入的巨大差别反映在生活质量的各种衡量指标上。高收入国家的公民比低收入国家的公民拥有更多的电视机、更多的汽车、更好的营养、更好的医疗保健，以及更长的预期寿命。

从历史的角度上看，美国在对生活费用进行调整后，实际收入的增长速度为每年 2% 左右，按照这个比例计算，其人均收入将每 35 年翻一番，虽然我国的人均收入也在逐年上升，但是比起发达的国家，还是有较大的差距。那么有人不禁要问，为什么中国人也是整天奔波在工作岗位上，承受着巨大的心理压力，可是人均收入却与别人有着这么大的差距呢？

用什么来解释各国以及不同时期中生活水平的巨大差别呢？几乎所有生活水平的变动都可以归因于各国生产率的差别——一个工人一小时所生产的物品与劳务量的差别。在那些每单位时间工人能生产大量物品与劳务的国家，大多数人享有高水平生活；在那些工人生产率低的国家，大多数人必须忍受贫困的生活。同样，一国生产率的增长率决定了平均收入增长率。

补充阅读

预算赤字抑制了生活水平的增长

过去 10 年间美国许多争论集中在政府的预算赤字上——政府的支出超过了政府收入。正如我们将要说明的，对预算赤字的关注主要根据它对生产率的不利影响。当政府需要为预算赤字筹资时，它就要在金融市场上借钱，这就像学生要借钱为上大学筹资，或者企业要借钱为新工厂筹资一样。因此，当政府借钱为赤字筹资时，就减少了其他借款者所能得到的资金量。这样，预算赤字就减少了人力资本（学生的教育）和物质资本（企业的工厂）的投资。由于现在的低投资意味着未来的低生产率，因此，一般认为预算赤字抑制了生活水平的增长。

——摘编自：曼昆著，梁小民、梁砾译：《经济学原理》，北京：北京大学出版社，2015 年。

1.3.9 当政府发行了过多货币时，物价上涨

通货膨胀是指因为货币发行量超过商品流通中实际所需要的数量，从而引起的货币贬值和物价水平全面而持续上涨的现象。纸币作为货币的一种，是由国家发行的强制使用的货币符号。其流通规律也表明，纸币的发行量不能超过现实经济运行所需的数量，否则纸币就会贬值，物价就要上涨。

举例来说：假设市场上有价值 2 亿元的商品，货币周转速度为 2 次，那么发行 1 亿元

的纸币，便可以达到1元纸币具有1元货币购买力的原则。但如果发行了2亿元的纸币，那么这2亿元纸币仍然只具有原来1亿元货币的购买力，1元纸币就只有0.5元货币的购买力了，也就只能买到0.5元的商品。因此，原来1元价值的商品就需要2元的纸币才能买到，这样纸币就会贬值，物价也会随之上涨。

1921年1月，德国一份日报价格为0.3马克。不到两年之后，1922年11月，一份同样的报纸价格为7 000万马克。经济中所有其他价格都以类似的程度上升。这个事件是历史上最惊人的通货膨胀的例子。

补充阅读

旧中国的通货膨胀

1937—1949年一百元法币（约合今日人民币一元）的购买力变化如下：

1937年	可买黄牛两头
1938年	可买黄牛一头
1939年	可买猪一头
1941年	可买面粉一袋
1943年	可买鸡一只
1945年	可买鸡蛋两个
1946年	可买固体肥皂六分之一块
1947年	可买煤球一个
1948年8月19日	可买大米0.002 416两（按每斤十六两算）；
1949年5月	可买大米0.000 000 000 185两（即一粒大米的千分之二十四点五）。

——摘自：《时代商报》，2011年3月25日。

1.3.10 通货膨胀与失业之间的短期交替关系

如果通货膨胀这么容易解释，为什么决策者有时却在使经济免受通货膨胀之苦上遇到麻烦呢？一个原因是人们通常认为降低通货膨胀会引起失业暂时增加。通货膨胀与失业之间的这种交替关系被称为菲利普斯曲线，这是为了纪念第一个研究了这种关系的经济学家而命名的。

在经济学中菲利普斯曲线仍然是一个有争议的问题，但大多数经济学家现在接受了这样一种思想：通货膨胀与失业之间存在短期交替关系。根据普遍的解释，这种交替关系的产生是由于某些价格调整缓慢。

通货膨胀与失业之间的交替关系只是暂时的，但可以持续数年之久。因此，菲利普斯曲线对理解经济中的许多发展问题是至关重要的。特别是决策者在运用各种政策工具时可以利用这种交替关系。短期中决策者可以通过改变政府支出量、税收量和发行的货币量来影响经济所经历的通货膨胀与失业的结合。由于这些货币与财政政策工具具有如此大的潜在力量，所以，决策者应该如何运用这些工具来控制经济，一直是一个有争议的问题。

补充阅读

菲利普斯曲线在美国的运用

20世纪70年代，滞胀一直困扰着美国。1979年夏，美国通货膨胀率高达14%，失业率高达6%，经济增长率不到1.5%。在这种形势下，沃尔克被卡特任命为美联储主席。沃尔克上台后把自己的中心任务定为反通货膨胀。他把贴现率提高到12%，货币量减少，但到1980年2月通货膨胀率仍高达14.9%。与此同时，失业率高达10%。沃尔克顶住各方面压力，继续实施这种紧缩性政策，终于在1984年使通货膨胀率降至4%，开始了20世纪80年代的繁荣。沃尔克反通货膨胀的最终胜利是以高失业率为代价的。经济学家把通货膨胀率减少1%的过程中每年国内生产总值减少的百分比称为牺牲率。国内生产总值减少必然引起失业加剧。这充分说明通货膨胀与失业之间在短期内存在交替关系，实现低通货膨胀在一定时期内要以高失业率为代价。经济学家把牺牲率确定为5%，即通货膨胀每年降1%，每年的国内生产总值减少5%。沃尔克把1980年10%的通货膨胀率降低至1984年的4%，按此推理，每年减少的国内生产总值应为30%。实际上，国内生产总值的降低并没有这么严重，其原因在于沃尔克坚定不移的反通货膨胀决心使人们对通货膨胀的预期降低，从而菲利普斯曲线向下移动。这样，反通货膨胀的代价就小了。但代价仍然是有的，美国这一时期经历了自20世纪30年代以来最严重的经济衰退，失业率达到10%。反通货膨胀付出的代价证明了短期菲利普斯曲线的存在，也说明维持物价稳定的重要性。

——摘编自：曼昆著，梁小民、梁砾译：《经济学原理》，北京：北京大学出版社，2015年。

1.4 经济学的研究方法

每个研究领域都有自己的语言和自己的思考方式。数学家谈论公理、积分和向量空间；心理学家谈论自我、本我和认知的不一致性；律师谈论案发现场、侵权行为和意思的真实表示；经济学家谈论供给、需求、弹性、比较优势、消费者剩余、无谓损失。经济学家是如何将这些术语运用到经济世界，又是如何展开自己的思考呢?

有些人会产生质疑，经济学是一门科学吗？确实，与数学、物理学等相比，经济学不像一门科学。但是，科学的本质是科学方法——冷静地建立并检验有关世界如何运行的各种理论，所以经济学是一门社会科学。经济学家致力于弄明白经济世界是怎么回事。为了实现这个目标，他们区分了两类分析：是什么和应该是什么。关于是什么的研究称为实证分析（positive analysis），关于应该是什么的研究称为规范分析（normative analysis）。如果采用实证分析方法就称为实证经济学，如果采用规范分析方法就称为规范经济学。因此，经济学按其研究方法可以分为实证经济学和规范经济学。

1.4.1 实证分析与规范分析

实证分析回答如下的问题：为什么医生比门房赚的钱要多？自由贸易是提高还是降低了大多数美国人的工资？计算机对生产力的影响是什么？尽管这些问题很难回答，但只要利用分析和经验例证就可以找到答案。因此，我们将这类问题归于实证经济学的范畴。

规范分析涉及伦理信条和价值判断。穷人必须工作才能得到政府帮助吗？应该提高失业率以确保通货膨胀不会迅速上升吗？美国是否应该因为微软违反了反托拉斯法而将其拆分？由于这类问题涉及伦理、价值，而非事实本身，因此其答案也就无所谓正确或错误。它们只能靠政治辩论和决策来解决，而不能仅仅依靠经济分析。

为了更好地理解实证分析与规范分析的区别，来看下面的例子：

张明："全面的医疗保障会减少因为疾病而损失的工作时间。"

王菲："所有人应该平等地获得医疗保障。"

现在不管你是否同意这两种表述，应该注意的是，张明和王菲想要做的事情是不同的。张明的说法像一个科学家：他做出了一种关于世界如何运行的表述。王菲的说法像一个政策顾问：她做出了她想如何改变世界的表述。

实证表述和规范表述之间的主要差别是我们判断其正确性的依据。从原则上说，我们可以通过检验证据而确认或否定实证表述。经济学家可以通过分析某一时期内最低工资变动和失业变动的数据来评价张明的表述。与此相比，评价规范表述涉及价值观和事实，仅仅靠数据不能判断王菲的表述。确定什么是好政策或什么是坏政策不仅仅是一个科学问题，它还涉及我们对伦理、宗教和政治哲学的看法。

当然，实证表述与规范表述也是相关的。我们关于世界如何运行的实证观点影响我们关于什么政策合意的规范观点，但我们的规范结论并不能仅仅根据实证分析。相反，这种结论既需要实证分析，又需要价值判断。当你学习经济学时，要记住实证表述与规范表述的区别。许多经济学仅仅是努力解释世界的运行；但经济学的目标往往是改善世界的运行。当你听到经济学家做出规范表述时，你就知道，他们已经跨过界线从科学家变成了政策顾问。

补充阅读

经济学涉及道德吗

经济学是否涉及道德一直是中外经济学家争论的中心问题之一。一些经济学家强调"经济学本身不谈道德"。另一些经济学家则把这种观点称为"经济学的道德误区"，并强调经济学的"人文关怀"。经济学应不应该涉及道德问题呢？这涉及经济学的方法论问题。

实证方法与规范方法的根本区别在于对价值判断的态度。实证方法排斥价值判断，而规范方法以价值判断为依据。价值判断是对经济行为社会价值的评价，即对某种经济现象是好还是坏的看法。大而言之，价值判断可以是对某种经济体制的评价；小而言之，也可以是对某种具体经济现象或行为的评价。价值判断属于社会伦理学范畴，有强烈的主观性。不同的人对同一经济观象或行为会有完全不同的价值判断。经济学的道德与不道德实际上就涉及价值判断，因为价值判断正是道德问题的基础。

实证方法排斥价值判断，也就不涉及道德问题。经济现象有其内在客观规律。实证分析要解决“是什么”的问题，即要确认事实本身，研究经济本身的规律，分析经济变量之间的关系。经济规律是客观的、不以人的意志为转移的。研究这些规律应该像研究物理与化学一样抛开价值判断。实证方法是人们客观地认识世界的工具，完全可以抛开价值判断。从这个意义上说，经济学是不涉及道德问题的。

经济学与人们的利益太密切了。利益格局的决定有强烈的价值判断色彩。因此，经济学超脱价值判断，不涉及道德的观点难以被接受。这也是不断有人就道德问题向主流经济学提出挑战的原因。把经济学本身与经济学的运用分开，把客观规律的探讨与规律的运用分开，就知道，其实经济学不是道德与不道德与否，而是什么情况下要坚持客观、公正的态度，什么情况下要有人类关怀。这样经济学才不会陷入道德的误区。

——摘自：梁小民：《宏观经济学纵横谈》，北京：生活·读书·新知三联书店，2002年。

1.4.2 实证分析的步骤

经济学的任务是寻找那些与我们的观察相一致的实证陈述，用它来帮助我们理解这个经济世界。这个任务可以分解为三个步骤：观察与测量、建立经济模型、验证模型。

（1）观察与测量。

了解经济世界的第一步是观察这个世界。所有科学都需要数据。经济学家观察和测量经济行为各方面的数据，比如可用的资源有多少，工资水平和工作时间如何，生产和消费的产品与服务的数量和价格是多少。

一个经济学家观察到价格迅速上升，受到这种观察的刺激而提出一种通货膨胀理论。这种理论断言，当政府发行了过多货币时，高通货膨胀就发生了。为了检验这种理论，这个经济学家可以收集并分析许多不同国家价格和货币的资料。如果货币量增长完全与价格上升的速度无关，那么，经济学家就会开始怀疑自己的通货膨胀理论的正确性。如果在国际资料中货币增长与通货膨胀密切相关（事实的确如此），那么，经济学家就会更加相信自己的理论。

（2）建立经济模型。

经济学家就像儿童喜欢玩具那样喜欢模型——经济学模型就像由塑料和胶水做成的汽车模型一样，也是对现实的简单化表述。经济模型，是指用来描述所研究的经济事物的有关经济变量之间相互关系的理论结构。经济模型常用叙述法、代数法和几何法来表示。叙述法比较浅显，几何法比较直观，代数法比较精确。传统的经济模型一般用叙述法表述，而现代经济模型多用代数法表达，其实作为经济分析工具，二者没有什么本质区别。代数法的广泛运用，主要在于它简练、精确，可以借助数学定理，并且容易处理多个变量。研究经济学需要有较好的数学基础。

一个经济模型是对经济世界某些方面的一个描述。模型比它描述的现实要简单。模型包含什么、舍弃什么，取决于我们的假设。经济学界流行一个笑话：物理学家、化学家和经济学家漂流到一个孤岛上，十分饥饿。这时海面上漂来一个罐头。物理学家说："我们可以用岩石对罐头施以动量，使其表层疲劳而断裂。"化学家说："我们可以生火，将罐头加热，使它膨胀以致破裂。"经济学家则说："假设我们有一个开罐头的起子……"

这说明假设对于经济学家的重要性。任何经济现象都是由许多因素或变量决定的，在经济研究中舍弃一些细节不仅是可用的，而且是必要的。如果在研究中把所有因素、所有经济变量都考虑进去，就会给研究增添不必要的困难。实际上，这种研究也根本进行不下去。因此，经济学家在研究经济问题时需要做出许多的假设，这些假设未必合乎实际，但它们能够保证经济分析的精确性和实用性。

经济学最基本的假定是"经济人"的假定。"经济人"指在经济活动中总是从利己角度出发，企图以最小的代价换取最大利益的人。经济人的行为是理性的。理性行为是产生最优化的行为。对消费者来说，是效用最大化，即用一定的收入买进的一种或多种商品或劳务所提供的总效用最大；对于厂商来说，是利润最大化，即用最小的成本获得最大的利润；对于非营利机构和政府机构来说，就是对既定目标寻求最优化的决策。必须指出，经济人的理性行为与自私自利、损人利己不能画等号。

（3）验证模型。

一个模型的预测结果可能与事实一致，也可能不一致。用事实来对照模型的预测结果，我们就可以验证模型并提出新的理论。

补充阅读

模型：循环流向图

现实世界由成千上万从事各种经济活动的人组成，他们购买、销售、工作、雇佣、制造、设计等。为了理解经济如何运行，我们必须找到某种方法来简化我们对所有这些活动的思考。换句话说，我们需要一个模型用普通的术语来解释经济是如何组织起来的。图 1－1 提出了一个直观的经济模型，这个模型称为循环流向图。在这个模型中，经济由两类决策者——家庭和企业所组成。企业用劳动、土地和资本（建筑物和机器）这些投入来生产物品和劳务，这些投入被称为生产要素。家庭拥有生产要素并消费企业生产的所有物品与劳务。

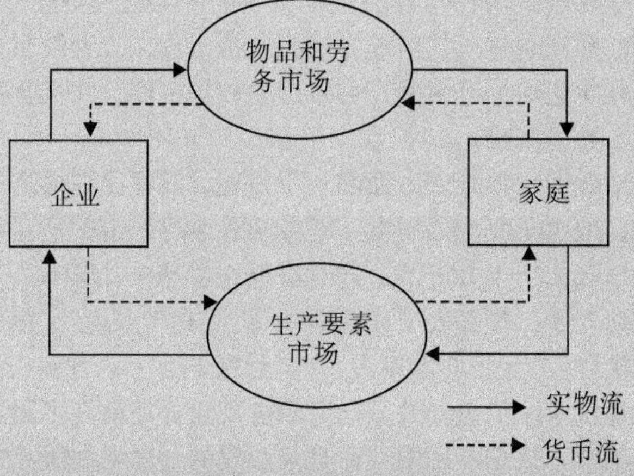

图 1－1　循环流向图

家庭和企业在两类市场上相互交易。在物品和劳务市场上，家庭是买者，而企业是卖者，家庭购买企业生产的物品与劳务。在生产要素市场上，家庭是卖者，而企业是买者，在这些市场上，家庭向企业提供用于生产物品与劳务的投入要素。循环流向图提供了一个把家庭与企业之间发生的所有经济交易组织在一起的简单方法。循环流向图外面一圈代表家庭与企业之间物品与劳务的流向。家庭在生产要素市场上把劳动、土地和资本出售给企业使用。然后企业用这些要素生产物品与劳务，这些物品与劳务又在物品与劳务市场上出售给家庭。因此，生产要素从家庭流向企业，而物品与劳务由企业流向家庭。循环流向图里面一圈代表相应的货币流向。家庭支出货币去购买企业的物品与劳务。企业用这种销售的部分收益对生产要素进行支付，例如，企业工人的工资。所剩下的是企业所有者的利润，企业所有者本人也是家庭成员。因此，对物品与劳务的支出从家庭流向企业，而收入以工资、租金和利润的形式从企业流向家庭。

这个循环流向图是一个简单的经济模型。重要的是它为了某些目的而略去了各种细节。例如，一个更为复杂、更为现实的循环流向模型应该包括政府和国际贸易的作用。但这些细节对于经济如何组织的基本了解并不是至关重要的。由于其简单性，在考虑经济中各部分如何组合在一起时，记住这个循环流向图是有用的。

——摘编自：曼昆著，梁小民、梁砾译：《经济学原理》，北京：北京大学出版社，2015 年。

1.4.3　经济学中常见的逻辑谬误

一个经济学家无论是研究什么问题，还是采用什么方法，在其成长过程中都会犯一些错误。

（1）不能保持“其他因素不变”（ceteris paribus）。

在经济学分析中，我们大量使用的一个假设就是“其他因素不变”。例如，为研究电费上涨与空调器购买量的关系，经济学的预测是：电费和空调是互补品，如果其他因素不变的话，电费上涨，使得空调器的需求量在相对价格条件下减少。然而，所观察到的事实是：电费上涨，空调器的需求也上涨。由此，你匆忙否定“预测”的准确性，其实是你自已犯了一个没有保持“其他因素不变”的错误。因为电费上涨的同时，有可能同时伴随着消费者实际收入的提高，天气变得更为炎热，购买空调成为一种时尚，等等。

由于经济学家无法像化学家和物理学家一样，能够控制一些因素不变。因此，很难区分每一种因素的结果，并把这种结果与模型的预期相比较。为了解决这个问题，经济学家采取了三种互为补充的方法：第一，他们对其他条件或者因素相同的对象进行研究。一个例子是根据美国和加拿大的人口非常相似的假设，通过比较这两个国家来研究失业保障对失业率的影响。第二，经济学家用统计工具——计量经济学（econometrics）。第三，当实验可行时，他们就进行实验。这种较新的方法把真实对象放在一个决策情形下，并以某种方法改变激励，以发现他们在一个时点上对一种因素变化如何反应。

（2）后此谬误（post hoc fallacy）。

第一个错误出自于因果推理。如果我们仅仅因为一件事发生在另一件事之前，就想当然地认为前者是后者的原因，那么，我们就犯下了这里所说的后此谬误。首先考虑一下，在 10 点 10 分事件 x 发生，10 点 15 分事件 y 发生。我们可以说 x 导致了 y，x 是 y 的原因，y 为 x 的结果吗？在回答之前，假定，x = “小孩喝不干净的水”，y = “孩子肚子疼”，这样界定，便可以推论，事件 y 是事件 x 的结果。如果再假定 x = “小孩在看书”，y = “孩子肚子疼”，能否判定事件 x 和事件 y 因为时间先后便有因果关系？第二个假定中事件 x 与事件 y 显然无关。观察到事件 x 是在事件 y 之前的事实并不一定能证明事件 x 为事件 y 的原因。认为“在此事件之后”便意味着“因为此事件”就可能犯了后此谬误。

一个实例发生在 20 世纪 30 年代大萧条时期的美国。一些人观察到，在商业周期扩张之前或扩张期之中，会出现或伴随物价上涨的现象。由此，他们便得出结论说，治疗大萧条的良方是提高工资和价格。这种对策建议会导致一系列以增加工资和提高价格为目的的立法和规定。然而这些举措真的能够推动经济复苏吗？几乎可以肯定地说：“不能。”

（3）合成谬误（fallacy of composition）。

有时我们会假定，对局部来说是正确的东西，对总体来说也一定正确。然而，在经济学中，我们经常发现总体并不等于局部之和。如果你认为对局部来说成立的东西，对总体也必然成立，那你就犯了“合成谬误”。一家农户丰收，收入会增多，但是否可以推论所有农户喜获丰收，每家农户的收入就一定会增多呢？不一定，可能会减少。这是因为，全面丰收有可能导致农产品价格下跌。

1.5 经济学的发展简史

“经济”，是古希腊人的发明，希腊语是“oikouomika”，本意是“家政”或者“家计”，也就是“家庭管理”。色诺芬（Xenophon，公元前 430—公元前 350），是古希腊伟大哲学家苏格拉底的弟子，撰写了世界上第一本以“经济”为名的著作，“*Oikouomikoz*”，即《经济论》，后来英文的“经济”即“economy”一词，就是逐步从这个希腊文演变而成的。所以，色诺芬是“经济”（希腊文）的原始发明者。最早使用“经济学”（法文）这个词的，是法国人安徒万·德·蒙克莱田（Antoine de Montchrétien，1575—1621），1615 年他写了一本书——《献给国王和王太后的政治经济学》。

1.5.1 古希腊、古罗马及西欧中世纪的经济思想

在古希腊经济思想方面的主要贡献中，有色诺芬的《经济论》、柏拉图的社会分工论和亚里士多德关于商品交换与货币的学说。

古罗马的经济思想部分见于几位著名思想家如大加图、瓦罗等人的著作。古罗马对经济思想的贡献，主要是罗马法中关于财产、契约和自然法则的思想。

西欧中世纪虽然经历了千年之久，但封建制度是在11世纪才真正建立起来。中世纪的学术思想为教会所垄断，形成所谓的经院学派。经院学派主要用哲学形式为宗教的神学作论证，但也包含某些经济思想，用来论证某些经济关系或行为是否合法或是否公平。

1.5.2 重商主义：经济学的早期阶段

重商主义产生于15世纪，终止于17世纪中期。这是资本主义生产方式的形成和确立时期。重商主义的主要代表人物有英国经济学家威廉·斯塔福、托马斯·孟，法国经济学家安图安·孟克列钦、让·巴普蒂斯特·柯尔贝尔等人。这一思想的代表作是托马斯·孟的《英国得自对外贸易的财富》。

重商主义没有什么系统的理论，其基本观点是：金银形态的货币是财富的唯一形态，一国的财富来自对外贸易，增加财富的唯一方法就是扩大出口、限制进口。由此出发，这一派的基本政策主张是国家干预，即用国家的力量来增加出口、限制进口。

1.5.3 古典经济学：经济学的形成时期

古典经济学从17世纪中期开始，到19世纪70年代前结束，其主要代表人物包括英国经济学家亚当·斯密、大卫·李嘉图、西尼耳、约翰·穆勒、马尔萨斯，法国经济学家让·巴带斯特·萨伊等人。其中最重要的代表人物是亚当·斯密，其代表作是1776年出版的《国富论》。《国富论》的发表被称为经济学史上的第一次革命，即对重商主义的革命，这次革命标志着现代经济学的诞生。以亚当·斯密为代表的古典经济学的贡献是建立了以自由放任为中心的经济学体系。

古典经济学研究的中心是国民财富如何增长。他们强调财富是物质产品，增加国民财富的途径是通过增加资本积累和实行分工来发展生产。围绕这一点，他们研究了经济增长、价值、价格、收入分配等广泛的经济问题。亚当·斯密从“人是利己的经济人”这一假设出发，论述了由价格这只“看不见的手”来调节经济的运行，可以把个人利己的行为引向增加国民财富和社会福利的行为。因此，由价格调节经济就是一种正常的自然秩序，由此得出了自由放任的政策结论。自由放任是古典经济学的核心，其他问题都是围绕这一问题展开的。

1.5.4 新古典经济学：微观经济学的形成与建立时期

新古典经济学是从19世纪70年代的“边际革命”开始，到20世纪30年代的经济学。其主要代表人物是英国剑桥大学的马歇尔，他在1890年出版的《经济学原理》一书中，以折中主义手法把供求论、生产费用论、边际效用论、边际生产力论等融合在一起，

建立了一个以完全竞争为前提、以“均衡价格论”为核心的相当完整的经济学体系。这一时期经济学的中心仍然是自由放任。从这种意义上说，它是古典经济学的延续，但是，它又用新的方法，从新的角度来论述自由放任思想，并建立了说明价格如何调节经济的微观经济学体系。所以，在古典经济学前加一“新”字，以示其与古典经济学的不同之处。马歇尔用均衡价格论代替价值论，并在这个核心的基础上建立各生产要素均衡价格决定其在国民收入中所占份额的分配论。他颂扬自由竞争，主张自由放任，认为资本主义制度可以通过市场机制的自动调节达到充分就业的均衡。新古典经济学从 19 世纪末起至 20 世纪 30 年代，一直被西方经济学界奉为圭臬。

1.5.5 当代经济学：宏观经济学的建立与发展

当代经济学是以 20 世纪 30 年代凯恩斯主义的出现为标志的。这一时期，经济学得到全面而深入的发展，无论是研究的内容、方法，还是研究的深度与宽度方面，都是过去所无法比拟的。这一时期也是宏观经济学建立与发展的时期，可以把这一时期分为三个阶段。

第一阶段：凯恩斯革命时期。这一阶段从 20 世纪 30 年代到 50 年代之前。新古典经济学论述了市场调节的完善性，但 20 世纪 30 年代的大危机打破了这种神话，传统的经济理论与经济现实发生了尖锐的冲突，经济学面临着有史以来的第一次危机。这时，英国经济学家凯恩斯在 1936 年发表了《就业、利息和货币通论》（简称《通论》）一书，这本书把产量与就业水平联系起来，从总需求的角度分析国民收入的决定，并用有效需求不足来解释失业存在的原因。在政策上则提出了放弃自由放任、由国家干预经济的主张。凯恩斯的这些观点被认为是经济学史上的第三次革命——凯恩斯革命，这次革命是革了新古典经济学的命。这次革命所产生的凯恩斯主义，提出了以国民收入决定理论为理论中心，以国家干预为政策基础的现代宏观经济学体系。因此，凯恩斯当之无愧地被称为“现代宏观经济学之父”。

第二阶段：凯恩斯主义发展时期。这一阶段从 20 世纪 50 年代到 60 年代末。战后西方各国都加强了对经济生活的全面干预，凯恩斯主义得到了广泛的传播与发展。美国经济学家萨缪尔森等人把凯恩斯主义的宏观经济学与新古典经济学的微观经济学结合在一起，形成了新古典综合派。新古典综合派全面发展了凯恩斯主义，并把这些理论运用于实践，对各国经济理论和政策都产生了重大影响，可以说直至今日，新古典综合派仍然是经济学的主流。

第三阶段：新凯恩斯主义与新古典宏观经济学分庭抗礼时期。这一阶段是从 20 世纪 70 年代开始。战后西方各国对经济生活的全面干预一方面促进了经济的巨大发展，另一方面也引起了许多问题。20 世纪 60 年代末出现在西方国家的滞胀（即经济停滞与通货膨胀并存）引起了凯恩斯主义的危机，这次危机使自由放任思想得以复兴。以美国经济学家弗里德曼为首的货币主义是主张自由放任的拥护者。货币主义的出现被认为是经济学史上的第五次革命——货币主义革命，或称“对抗凯恩斯革命的革命”。

在 20 世纪 70 年代之后，又出现了以美国经济学家卢卡斯为首的理性预期学派。这一学派以更为彻底的态度拥护自由放任主张。理性预期学派的出现被称为经济学史上的第六次革命——理性预期革命。这些主张自由放任的经济学家认为，滞胀的根源是凯恩斯主义的国家干预。他们从不同的角度论述了市场机制的完善性，提出了减少国家干预、充分发挥市场机制作用的主张。从 20 世纪 70 年代末起，西方各国采用了这些主张，实行经济自由化的政策，对经济的复兴起到了一定的作用。

新古典宏观经济学（New Classical Macroeconomics，NCM 或 NC），又称作“新古典主义”“货币主义Ⅱ”，是 20 世纪 70 年代由货币主义和理性预期学派发展演化而来的一个经济学流派，这个学派的经济学遵循古典经济学的传统，相信市场力量的有效性，认为如果让市场机制自发地发挥作用，就可以解决失业、衰退等一系列宏观经济问题。他们认为，凯恩斯主义经济学在理论上是不恰当的；他们断言，宏观经济学必须建立在厂商微观经济的基础上；他们主张，应当用建立在市场始终出清和经济行为者始终实现最优化的假定基础之上的宏观经济理论来取代凯恩斯主义经济学。

为了回应新古典宏观经济学的批评。20 世纪 80 年代，美国一批中青年经济学者吸收了理性预期假设，致力于为凯恩斯主义经济学主要组成部分提供严密的微观经济基础。因为工资和价格黏性往往被视为凯恩斯主义经济学的主题，所以他们努力的目的在于更多地表明这些黏性是如何由工资和价格确定的微观经济学而引起的，也就是说，他们试图建立工资和价格黏性的微观经济基础。这样，20 世纪 80 年代以来，就形成新凯恩斯主义经济学（New - Keynesian Economics，NKE）。在这一阶段，新古典宏观经济学与新凯恩斯主义经济学的争论成为经济学的主旋律。

补充阅读

海水边的与湖水边的经济学家之争

美国经济学界把宏观经济学中的两派之争称为“海水边的与湖水边的（或咸水边的与淡水边的）经济学家之争”。当然，他们之间的争论与水并没有关系，这样说只是指各派经济学家所在的地方。

海水边的经济学家主要指在哈佛大学、麻省理工学院和斯坦福大学的新凯恩斯主义经济学家，这几所学校位于大西洋和太平洋沿岸。湖水边的经济学家主要指在芝加哥大学和明尼苏达大学的新古典宏观经济学家，这两所学校位于五大湖沿岸。

这两派经济学家在分析长期中的宏观经济问题时并没有重大分歧，都认为长期中通过市场机制调节可以实现充分就业均衡；长期经济增长取决于由技术进步和资本积累决定的生产提高；长期中的物价水平取决于货币数量的多少。他们的分歧主要在短期宏观经济分析和由此得出的政策主张上。

新凯恩斯主义经济学家认为，短期中市场机制的调节是不完善的，难以实现充分就业的均衡。但是，新古典经济学家认为，市场机制的调节是完善而及时的。因此，总能实现充分就业的均衡。他们把这种状态称为市场出清。整个宏观经济学的历史就是国家干预与自由放任这两个流派争论的历史，也正是这种争论推动了宏观经济学的发展。

——摘自：梁小民：《宏观经济学纵横谈》，北京：生活·读书·新知三联书店，2002 年。

思考题

1. 举出今天中国经济面临的一些稀缺性的例子。
2. 运用新闻说明微观经济学与宏观经济学的区别。
3. 举出三个权衡的日常事例，并说明每一个事例的机会成本。
4. 举出三个日常事例说明边际选择是什么意思。
5. 提供社会保障如何影响人们在工作时的储蓄激励?
6. 举例说明国际贸易使得两个国家状况变得更好。
7. 为什么大多数国家都选择了市场来配置资源? 市场失灵的原因有哪些?
8. 你的生活水平与你的父母同龄时相比有何变化，为什么?
9. 通货膨胀发生时，老百姓会如何应对? 国家如何在通货膨胀与失业之间权衡?
10. 经济学家如何构建经济模型?
11. 经济学思想的发展经历了哪几个主要阶段?

推荐网站

1. 中国经济学教育科研网，http：//www. cenet. org. cn。
2. 人大经济论坛，http：//www. pinggu. org。
3. 中国知识资源总库，http：//www. cnki. net。
4. 中国经济信息网，http：//www. cei. gov. cn。
5. 中国经济 50 人论坛，www. 50forum. org. cn。
6. 国务院发展研究中心信息网，http：//www. drcnet. com. cn。
7. The National Bureau of Economic Research，http：//www. nber. org。

推荐阅读书目

1. 梁小民：《微观经济学纵横谈》，北京：生活·读书·新知三联书店，2000 年。
2. 梁小民：《宏观经济学纵横谈》，北京：生活·读书·新知三联书店，2002 年。
3. 罗伯特·弗兰克著，闾佳译 ：《牛奶可乐经济学》（完整版），北京：中国人民大学出版社，2014 年。
4. 史蒂芬·列维特、史蒂芬·都伯纳著，刘祥亚译：《魔鬼经济学》，广州：广东经济出版社，2006 年。
5. 史蒂芬·列维特、史蒂芬·都伯纳著，曾贤明译：《超爆魔鬼经济学》，北京：中信出版社，2010 年。
6. 约翰·麦克米兰著，余江译：《市场演进的故事》，北京：中信出版社，2006 年。
7. 王福重：《写给中国人的经济学》，北京：机械工业出版社，2010 年。
8. 茅于轼：《谁妨碍了我们致富》，广州：广东经济出版社，1999 年。

2 金融学：现代经济的核心

2.1 生活中的金融学

为什么许多人对金融学感兴趣？那是因为在全世界范围内，除去自己当老板的情况，在给别人打工的职业中，金融业从事者的薪水普遍是较高的。举例来说，大学生毕业后进入国内城市的商业银行，很快月薪就能过万；进入证券和基金行业，年薪百万实在是司空见惯。在华尔街大投行的正式员工中，据说只有两种人：富人和拥有私人游艇的富人。另外，有些人学习金融学是想了解货币流通和资本运作的秘密，以便自己能在股市等金融市场上增加财富，像“股神”巴菲特那样。当然也不排除有人只是对金融学的学术研究感兴趣，但人数较之前面两种情况肯定是少之又少。金融学的有趣之处在于它有可能揭示财富的秘密，但最吸引人之处，肯定是人们觉得它能为自己带来经济效益。

经过调查，在我国近几年金融专业的毕业生主要分布于如图 2 – 1 所示的行业中。从图 2 – 1 的分析中，可以看出学习金融并不是局限于金融类的行业，金融专业的适用范围是非常广的。虽然有一部分金融专业的毕业生进入了银行、证券等金融行业，但同时也有一部分进入了网易、格力等企业，并且还有一些同学考上了公务员。所以，金融学并不是那么狭隘的一门学科，它并不仅与金钱挂钩，它更是一门社会科学。

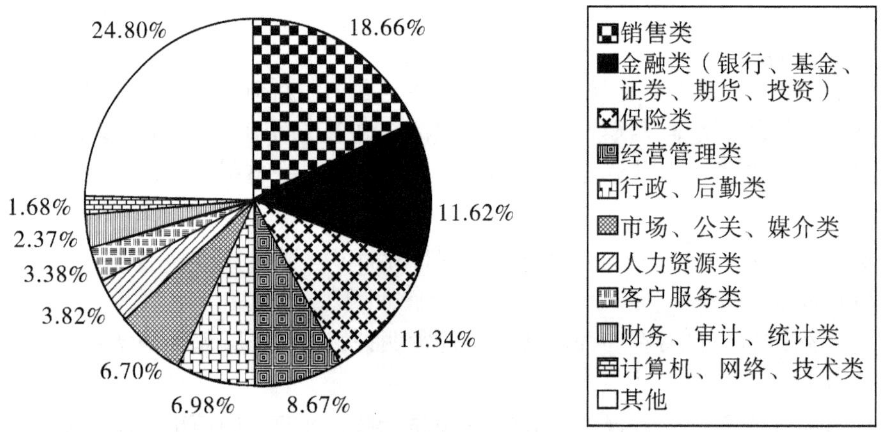

图 2 – 1　金融企业主要招聘职位分析图

资料来源：中华英才网。

其实，我们的生活中遍布着金融的足迹。生活中随处可见的金融现象有：个人、企业与银行发生存、贷款关系；利率的调节对个人生活、企业生存发展产生影响；央行上调或下调存款准备金率对企业发展、经济生活的影响；通货膨胀或通货紧缩对经济生活的影响；国际贸易中发生的国际收支牵涉汇率问题，其变动影响一国的进出口，从而影响该国经济增长；源自美国、席卷全球的金融风暴。

通过以上的例子，我们应该对生活中的金融有了大概的了解。当银行调息时，我们的存贷资金会如何变动？我们房贷的余款会有怎样的涨落？对股市会有怎样的影响？这就是我们学习金融要知道的东西！当人民币开始升值，对于出国留学或者旅游的人们，能节省多少经费？对于我国的出口企业，会损失多少利润？对于喜欢奢侈品的消费者，又能便宜多少？这些都是我们学习金融才能知道的东西！在众多股票中，买哪只股才能赚钱？众多基金中，养哪只“基”才能致富？按照目前的形势，对这些证券是学习巴菲特长期持有还是学习索罗斯见好就收？这些答案就是我们学习金融学才会得到的东西！

补充阅读

金融学在中国的发展

金融学在古代不是独立的学科。如在中国，一些金融理论观点散见在论述“财货”问题的各种典籍中。它作为一门独立的学科，最早形成于西方，叫“货币银行学”。近代中国的金融学，是从西方流传而来的，有从古典经济学直到现代经济学的各派货币银行学说。

20 世纪 50 年代末期以后，“货币信用学”的名称逐渐被广泛采用。这时，我国学者开始注意对社会主义、资本主义两种社会制度下的金融问题进行综合分析，并结合中国实际提出了一些理论问题加以探讨，如：人民币的性质问题，货币流通规律问题，社会主义银行的作用问题，财政收支、信贷收支和物资供求平衡问题等。不过总的来说，在这期间，金融学并没有受到重视。

20 世纪 70 年代末以来，中国的金融学建设进入了新阶段，一方面结合实际重新研究和阐明马克思主义的金融学说；另一方面则扭转了完全排斥西方当代金融学的倾向，并展开了对它们的研究和评价。同时，随着经济生活中金融活动作用的日益增强，金融学科受到了广泛的重视，这就为以中国实际为背景的金融学创造了迅速发展的有利条件。

金融学研究的内容极其丰富。它不仅限于金融理论方面的研究，还包括金融史、金融学说史、当代东西方各派金融学说，以及对各国金融体制、金融政策的分别研究和比较研究，信托、保险等理论也在金融学的研究范围内。

在金融理论方面主要研究课题有：货币的本质、职能及其在经济中的地位和作用；信用的形式、银行的职能以及它们在经济中的地位和作用；利息的性质和作用；在现代银行信用基础上组织起来的货币流通的特点和规律；通过货币对经济生活进行宏观控制的理论等。

——摘自：百度百科，http：//baike. baidu. com/view/20101. htm。

金融就是资金的融通，是货币流通和信用活动以及与之相联系的经济活动的总称。广义的金融泛指一切与信用的发行、保管、兑换、结算、融通有关的经济活动，甚至包括金银的买卖；狭义的金融专指信用货币的融通。

通俗地讲，金融就是和资金有关的一切活动。我们经常说的金融业就包括银行业、保险业、信托业、证券业和租赁业等。接下来我们将分别从货币、金融市场、国际金融和金融危机这几个方面，来了解一下金融学。

2.2 货币的故事：利率、时间价值

补充阅读

货币的起源与发展

商品流通需要媒介，货币就出现了。

从最初以物易物的方式，如一头羊换一把石斧，到货币出现，祖先们一定想了很多办法。用什么媒介来交易呢？这种东西必须为交换双方都能够接受，还要不容易大量获取，还必须可以携带，牲畜、盐、稀有的贝壳、羽毛、宝石、沙金、石头等都曾作为货币使用过。

经过长年的自然淘汰，作为货币使用的物品逐渐被金属所取代。比如在中国古代，随着商品交换的迅速发展，货币需求量越来越大，海贝已无法满足需求，人们开始用铜仿制海贝。使用金属货币的好处是它的制造需要人工，无法从自然界大量获取，同时还易储存。

早期的金属货币是块状的，使用时先用试金石测试成色，还要称量重量。古希腊、罗马和波斯的人们铸造重量、成色统一的硬币。这样，在使用货币的时候，既不需要称重，也不需要测试成色。这些硬币上有国王或皇帝的头像、复杂的纹章和印玺图案，以免伪造。

西方国家的主币为金币和银币，辅币以铜、铜合金制造。随着欧洲经济的发展，商品交易量逐渐增大，到15世纪时，经济发达的佛兰德斯和意大利北部各邦国出现了通货紧缩的恐慌。从16世纪开始，大量来自美洲的黄金和白银通过西班牙流入欧洲，挽救了欧洲的货币制度。

随着经济的进一步发展，金属货币同样显示出使用上的不便。在大额交易中需要使用大量的金属硬币，其重量和体积都令人感到烦恼。金属货币使用中还会出现磨损，据不完全统计，从人类使用黄金作为货币以来，已有超过两万吨的黄金在铸币厂里，或者在人们的手中、钱袋中和衣物口袋中被磨损掉。

北宋时，由于铸钱的铜料紧缺，政府在一些地区大量铸造铁钱。《宋史》记载，当时四川所铸铁钱一贯就重达二十五斤八两。在四川买一匹罗（丝织品），要付一百三十斤重的铁钱。铁钱如此笨重不便，纸币交子就在四川地区应运而生。交子的出现，是古代货币史上由金属货币转向纸币的一次重要演变。

元朝沿用了纸币，并将其视为解决经济困难的妙法之一。他们不顾实际的货币流通量和经济水平，发行了大量没有保证的纸币，造成了世界最早的通货膨胀。

货币就是经过这样的演变过程，到了如今甚至出现了虚拟货币，货币的发展已经超越了其实际存在形式了。

——摘自：个人图书馆，http：//www.360doc.com/content/17/0531/17/1204156_658782336.shtml。

2.2.1 货币定义及货币层次

2.2.1.1 货币定义

货币是固定地充当一般等价物的特殊商品。但在实际运用时，从不同角度看，其含义和内容有所不同。故对货币有不同的定义方法：

归纳方法：归纳方法在界定什么是货币时，侧重于货币的特质，这种特质是货币能够区别于其他事物的特征。归纳方法将货币狭义地界定为被普遍接受的交换媒介。

实证方法：强调货币对经济及货币政策具有重要影响。因为，货币供给的变动对名义国民收入具有重要的影响；中央银行要能够控制货币供给，从而在宏观经济发生波动时便于中央银行通过货币政策操作来稳定经济。实证方法把货币定义为与名义国民收入具有很强的相关关系的、可以由中央银行加以控制的流动资产或流动资产的集合。按这种方法，除了流通中的现金和活期存款外，货币还包括定期存款。显然，实证方法定义的货币比归纳方法定义的货币要宽泛得多。

2.2.1.2 货币层次

货币层次是指根据不同的货币定义和各种信用工具与流动资产不同程度的货币性对货币所做的层次分析。

按货币资产的流动性程度划分货币层次：

M_1 = 通货 + 商业银行活期存款；

$M_2 = M_1$ + 商业银行定期存款和储蓄存款；

$M_3 = M_2$ + 其他金融机构的定期存款和储蓄存款；

$M_4 = M_3$ + 其他短期流动资产。

M_0（流通中的现金量）是最小意义上的货币，是度量货币的最小口径；M_1 反映着经济中的现实购买力，商品的供应量应和 M_1 保持合适的比例关系，不然经济会过热或萧条；M_2 不仅反映现实的购买力，还反映潜在的购买力，掌握其构成变化，对整个国民经济状况分析、预测都有特别重要的意义。

我国的货币供应量从 1994 年第三季度开始公布，1996 年我国正式确定 M_1 为货币政策中介目标，M_0 和 M_2 为观测目标。

2.2.2 货币的价格——利率

人们平时到银行存贷款时，首先关注的必定是利率。简单来说，如果一个人存了 1 万元人民币的定期存款，银行此时的一年定期利率为3%，那么一年后这个人会从银行取得10 300元人民币；如果这个人到银行贷款1万元人民币，贷期为1年，银行贷款利率为5%，那么到期后此人应向银行还款10 500元人民币。所以，我们将利率称为货币的价格。

2.2.2.1　利率的定义

利率是指借贷期内所形成的利息额与预付借贷资本价值或所贷资金额的比率。即

$$利率\ r = 利息额/所贷资金额$$

2.2.2.2　利率体系

一个国家一定时期内各种不同的利率因各种内在因素而联结组成的有机体即为利率体系。其中有一个起决定作用的利率为基准利率（其变动会引起其他利率相应的变动，如西方国家的再贴现利率、中国的再贷款利率）。

各种利率可以按不同的角度来分类，以此更清楚地表明不同种类利率的特征。①按计算利率的期限单位可划分为：年利率、月利率与日利率。②按利率的决定方式可划分为：官方利率、公定利率与市场利率。③按借贷期内利率是否浮动可划分为：固定利率与浮动利率。④按利率的地位可划分为：基准利率与一般利率。⑤按信用行为的期限长短可划分为：长期利率和短期利率。⑥按利率的真实水平可划分为：名义利率与实际利率。⑦按借贷主体的不同可划分为：中央银行利率，包括再贴现、再贷款利率等；商业银行利率，包括存款利率、贷款利率、贴现率等；非银行利率，包括债券利率、企业利率、金融利率等。⑧按是否具备优惠性质可划分为：一般利率和优惠利率。⑨按利率的计算公式不同可划分为：单利与复利。

利率的各种分类之间是相互交叉的。例如，3年期的居民储蓄存款利率为4.95%，这一利率既是年利率，又是固定利率、差别利率、长期利率与名义利率。各种利率之间以及内部都有相应的联系，彼此间保持相对独立，共同构成一个有机整体，从而形成一国的利率体系。

拓展阅读

表2-1　金融机构人民币存款基准利率（1990—2015）

单位:%（年利率）

调整时间	活期存款	定期存款					
		3个月	6个月	1年	2年	3年	5年
1990-04-15	2.88	6.30	7.74	10.08	10.98	11.88	13.68
1990-08-21	2.16	4.32	6.48	8.64	9.36	10.08	11.52
1991-04-21	1.80	3.24	5.40	7.56	7.92	8.28	9.00
1993-05-15	2.16	4.86	7.20	9.18	9.90	10.80	12.06
1993-07-11	3.15	6.66	9.00	10.98	11.70	12.24	13.86

（续上表）

调整时间	活期存款	定期存款					
		3个月	6个月	1年	2年	3年	5年
1996-05-01	2.97	4.86	7.20	9.18	9.90	10.80	12.06
1996-08-23	1.98	3.33	5.40	7.47	7.92	8.28	9.00
1997-10-23	1.71	2.88	4.14	5.67	5.94	6.21	6.66
1998-03-25	1.71	2.88	4.14	5.22	5.58	6.21	6.66
1998-07-01	1.44	2.79	3.96	4.77	4.86	4.95	5.22
1998-12-07	1.44	2.79	3.33	3.78	3.96	4.14	4.50
1999-06-10	0.99	1.98	2.16	2.25	2.43	2.7	2.88
2002-02-21	0.72	1.71	1.89	1.98	2.25	2.52	2.79
2004-10-29	0.72	1.71	2.07	2.25	2.70	3.24	3.60
2006-08-19	0.72	1.80	2.25	2.52	3.06	3.69	4.14
2007-03-18	0.72	1.98	2.43	2.79	3.33	3.96	4.41
2007-05-19	0.72	2.07	2.61	3.06	3.69	4.41	4.95
2007-07-21	0.81	2.34	2.88	3.33	3.96	4.68	5.22
2007-08-22	0.81	2.61	3.15	3.60	4.23	4.95	5.49
2007-09-15	0.81	2.88	3.42	3.87	4.50	5.22	5.76
2007-12-21	0.72	3.33	3.78	4.14	4.68	5.40	5.85
2008-10-09	0.72	3.15	3.51	3.87	4.41	5.13	5.58
2008-10-30	0.72	2.88	3.24	3.60	4.14	4.77	5.13
2008-11-27	0.36	1.98	2.25	2.52	3.06	3.60	3.87
2008-12-23	0.36	1.71	1.98	2.25	2.79	3.33	3.60
2010-10-20	0.36	1.91	2.20	2.50	3.25	3.85	4.20
2010-12-26	0.36	2.25	2.50	2.75	3.55	4.15	4.55
2011-02-09	0.40	2.60	2.80	3.00	3.90	4.50	5.00
2011-04-06	0.50	2.85	3.05	3.25	4.15	4.75	5.25
2011-07-07	0.50	3.10	3.30	3.50	4.40	5.00	5.50
2012-06-08	0.40	2.85	3.05	3.25	4.10	4.65	5.10
2012-07-06	0.35	2.60	2.80	3.00	3.75	4.25	4.75
2014-11-22	0.35	2.35	2.55	2.75	3.35	4.00	
2015-03-01	0.35	2.10	2.30	2.50	3.10	3.75	
2015-05-11	0.35	1.85	2.05	2.25	2.85	3.50	
2015-06-28	0.35	1.60	1.80	2.00	2.60	3.25	
2015-08-26	0.35	1.35	1.55	1.75	2.35	3.00	
2015-10-24	0.35	1.10	1.30	1.50	2.10	2.75	

资料来源：中国人民银行网，http：//www.pbc.gov.cn。

表 2-2 人民币现行利率表（2015 年 10 月 24 日）

单位:%（年利率）

项目	利率水平	调整日期
人民银行对金融机构存款利率		2008-11-27
法定准备金	1.62	
超额准备金	0.72	
人民银行对金融机构贷款利率		2010-12-26
二十天	3.25	
三个月	3.55	
六个月	3.75	
一年	3.85	
再贴现	2.25	
金融机构人民币存款基准利率		2015-10-24
活期存款	0.35	
三个月	1.10	
半年	1.30	
一年	1.50	
二年	2.10	
三年	2.75	
金融机构人民币贷款基准利率		2015-10-24
一年以内（含一年）	4.35	
一至五年（含五年）	4.75	
五年以上	4.90	

资料来源：中国人民银行网，http：//www.pbc.gov.cn。

2.2.3 货币的时间价值

严格来说，货币是没有时间价值的，有时间价值的是资金。在不考虑通胀的情况下，一块钱的货币，放在桌上一万年，它也是一块钱，而资金的一块钱，其今天的价值与明天的价值是不同的。试想一下，今天的 10 000 元人民币和下个月的 10 000 元人民币，对于你来说，它带给你的价值是相同的么？很显然，这必定是不同的。为什么不同呢？现在的钱能够买到东西，让我多享受了一个月；现在的钱能够存进银行，下个月得到的肯定是超过 10 000 元人民币的；现在的钱投入股市或者基金市场，下个月的收益可能会很高。

补充阅读

货币时间价值产生的原因

第一，货币时间价值是资源稀缺性的体现。经济和社会的发展要消耗社会资源，现有的社会资源构成现存社会财富，利用这些社会资源创造出来的将来物质和文化产品构成了将来的社会财富，由于社会资源具有稀缺性特征，又能够带来更多社会产品，所以现在物品的效用要高于未来物品的效用。在货币经济条件下，货币是商品的价值体现，现在的货币用于支配现在的商品，将来的货币用于支配将来的商品，所以现在货币的价值自然高于未来货币的价值。市场利率是对平均经济增长和社会资源稀缺性的反映，也是衡量货币时间价值的标准。

第二，货币时间价值是信用货币制度下，流通中货币的固有特征。在目前的信用货币制度下，流通中的货币是由中央银行基础货币和商业银行体系派生存款共同构成，由于信用货币有增加的趋势，所以货币贬值、通货膨胀成为一种普遍现象，现有货币也总是在价值上高于未来货币。市场利率是可贷资金状况和通货膨胀水平的反映，反映了货币价值随时间的推移而不断降低的程度。

第三，货币时间价值是人们认知心理的反映。由于人在认识上的局限性，人们总是对现存事物的感知能力较强，而对未来事物的认识较模糊，结果人们存在一种普遍的心理就是比较重视现在而忽视未来，现在的货币能够支配现在商品满足人们的现实需要，而将来货币只能支配将来商品满足人们将来的不确定的需要，所以现在单位货币价值要高于未来单位货币的价值，为使人们放弃现在货币及其价值，必须付出一定代价，利率便是这一代价。

——摘自：百度百科，http：//baike. baidu. com/view/113098. htm。

2.2.3.1 货币的时间价值定义

货币的时间价值，是指当前所持有的一定量货币比未来获得的等量货币具有更高的价值（即同一数量的货币，因利率的作用，在不同时间上的价值不同，其间的差额即为货币的时间价值）。

计算公式：

$$
\begin{aligned}
\text{货币的时间价值} &= \text{货币的终值} - \text{货币的现值} \\
&= (\text{货币现值} + \text{货币现值} \times \text{利率}) - \text{货币现值} \\
&= \text{货币现值} \times \text{利率}
\end{aligned}
$$

从公式可以看出：利率或折现率对于货币的时间价值具有很重要的意义，这是因为资金未来的增值，即利息的多少是根据利率计算的，反之，未来资金折现成现值，其贴现利息的多少是根据折现率（一般为利率）计算。

2.2.3.2 货币时间价值的表示方法

资金时间价值可以用绝对数表示，也可以用相对数表示，即以利息额或利率来表示。但是在实际工作中对这两种表示方法并不做严格的区别，通常以利率进行计量。利率的实际内容是社会资金利润率。各种形式的利率（贷款利率、债券利率等）的水平，就是根据社会资金利润率确定的。

货币的时间价值表现出来就是需要我们计算货币的现值和终值，因而我们不得不引入单利（simple interest）和复利（compound interest）的计算方法。

单利是整个利率体系最单纯的角色，也是最为大家所熟知的。我们平时的储蓄利息计算方法全是用单利。什么是单利呢？就是不管你的存期有多长，你的利息都不会加入你的存款本金重复计算利息（所谓本金就是你存入银行的最初金额）。

举个例子，假如你现在存入银行100元，年利率是10%，存期是2年，那么你的利息怎么算呢？就是用100×10%×2等于20元。值得注意的是，到第一年末，你的利息是10元钱，到了第二年计算利息的基数仍是100元，而没有把利息10元给加上去变成110元，因此这笔钱到了第二年末，利息总共只有20元。

在金融业，单利有广泛的应用，利息及贴现值的计算都是靠它。单利的计算公式为：

$$C=P\times i\times n$$
$$S=P\ (1+i\times n)$$

以上公式中，C为利息额，P为本金，i为利息率，n为借贷期限，S为本金与利息之和（简称本利和）。

复利是与单利相对应的经济概念。单利的计算不把利息计入本金；而复利恰恰相反，它的利息要并入本金中重复计息。复利就是复合利息，它是指每年的收益还可以产生收益，具体是将整个借贷期限分割为若干段，前一段按本金计算出的利息要加入到本金中，形成增大了的本金，作为下一段计算利息的本金基数，直到每一段的利息都计算出来，加总之后，就得出整个借贷期内的利息，简单来说就是俗称的“利滚利”，有人甚至称其为“世界第八大奇观”。从定义上可以看出复利的要素有三个：初始本金、报酬率和时间。

复利计算的特点是：把上期末的本利和作为下一期的本金，在计算时每一期本金的数额是不同的。复利的计算公式是：

$$S=P\times\ (1+i)^{n}$$

以上公式中，P为本金，n为借贷期限，i为利息率，S为本利和。

复利的报酬惊人，比方说拿10万元去买年报酬率20%的股票，大概3年半的时间，10万元就变成20万元。复利的时间乘数效果，便是其中的奥妙所在。

复利的力量是巨大的。印度有个古老故事：国王与象棋国手下棋输了，国手要求在第一个棋格中放上一粒麦子，第二格放上两粒，第三格放上四粒，即按复利增长的方式放满整个棋格。国王以为这个棋手可以得到一袋麦子，结果却是全印度的麦子都不足以支付。

所以，追逐复利的力量，正是资本积累的动力。而我们现在买房、车等大型耐用消费品所使用的分期付款，采用的正是复利的算法。

补充阅读

2010年中国进入负利率

中国2010年6月CPI同比增长2.9%，而中国当前的一年期存款利率是2.25%，这意味着目前实际存款利率已经低至-0.65%。按我国目前的情况来推算，这相当于约1.6万亿元的存款收益损失。同年8月份CPI同比增速达到年内新高，而目前人民币一年期存款利率仍为2.25%，这也是连续第7个月处于“负利率”状态。

所谓负利率，是指物价上涨幅度高于银行一年期存款利率，实际利率为负，在银行的存款实质上在缩水。央行在加息问题上处于两难，由于人民币汇率紧盯美元，货币政策受制于美国货币政策，在美国不加息的情况下，中国不太可能上调人民币利率，因为，这将加大人民币的升值压力，并吸引更多热钱流入中国。

对于储蓄的负利率，有不少专家认为这不值得关注，他们的立论依据主要是国外也存在负利率。对于我国来说，过多的银行储蓄反而增加了银行的利息负担，而通过负利率可以将储蓄挤出银行，增加市场的流动性，这反过来又可以推进消费的活跃。其中一种最为流行的说法是储蓄下降可以推进股市的上升，因此它常常作为一个指标被股市分析师津津乐道。但是，这是一种无视我国国情的说法，相对于一些美欧国家，我国的市场经济发育还很不完善，民间投资渠道狭窄，大量城乡居民手头的闲钱并不是很多，除了参与储蓄以外很难参与到投资活动中去。如果认为居民储蓄意愿减退就可促进消费，这是无视我国城乡居民实际收入状况的一种错误理解。至于认为储蓄下降就意味着股市上升，似乎居民手头资金只能在储蓄与股市两者之间选择，这显然是一种无稽之谈。事实上，我国的负利率已经出现7个月，但这7个月来我国居民储蓄并没有出现下降，央行已经公布的2010年上半年储蓄数据表明，2010年1月到6月我国的储蓄仍然出现了9.45%的升幅，与以往相差无几。这绝不是这些储户甘愿承受负利率的损害，而只能认为是一种无奈的选择。

长期存在的负利率状态，需要有人为此付出代价，显然，储蓄者是最为显性的代价支付者。但从目前的状况来看，货币政策管理当局似乎还没有将加息提上议事日程。由于担心经济复苏的基础不稳固，我国目前执行的货币政策仍然是适度宽松，而加息一旦实施，自然容易解读为货币政策全面收紧的一个信号。但是，货币政策的执行本应是灵活的，事实上央行已经在不断地通过提高银行存款准备金率、发行央票等手段收缩流动性，因此目前的“适度宽松”，与这项政策刚提出时的执行力度已经有很大程度的不同，货币政策事实上正在收紧。加息之所以迟迟不能推出，其根本的原因在于货币政策管理当局担心会增加企业负担，因为加息意味着企业贷款利息亦将上升，并且有可能加大人民币升值的压力，从而对企业特别是出口企业造成压力。显然，在面对储蓄者和企业的选择上，管理当局更多地倾向于企业，而这种选择的背后，也能清晰地看出国家对GDP的依赖。企业的资金成本降低了，意味着其创利增加了，可以有效推动 GDP 的上升，而储蓄利息增加后，虽然储蓄者可以得益，但是无助于推动 GDP，或者在这方面的表现非常曲折，因此它就被无限期地滞后了。

加息确实会增加经济运行的复杂性，甚至增加宏观调控的难度。但是，长期存在的负利率事实上已经造成了对储户利益的侵害，这对他们来说是不公平的。考虑到我国银行储蓄的主力是广大收入并不丰厚的城乡普通劳动者，政府不应该把减轻企业负担、推动经济上升的基础建立在剥夺储蓄者利益的基础之上，因此，目前负利率状态不应再继续下去，应该适度上调存款利率。其实，货币政策的执行绝不是单兵独进的，它可以辅以财政政策以及其他宏观调控手段，从而减少加息可能带来的不利影响。比如，可以实行单向加息，即只调高存款利息而不调高贷款利息，这虽然缩小了商业银行存贷款利息差的收益，但目前这种各大银行之间存在的无差别的存贷款利息差收益本身即是垄断所带来的产物，缩小这种利息差收益应该是未来银行深化改革中回避不了的一个课题。再比如，可以进一步加大债券市场的发展力度，帮助企业利用资本市场的直接融资渠道筹集资金，减少目前存在的对银行贷款的过度依赖。

——摘自：《南方都市报》，2010 年 8 月 12 日。

2.2.3.3 货币时间价值的运用——净现值法则

净现值（Net Present Value，NPV）等于所有的未来流入现金的现值减去现在或未来流出现金现值的差额。

举例：假设 100 美元的 5 年期公债售价为 75 美元。在其他可供选择的投资方案中，最好的方案是年利率为 8% 的银行存款。这两个方案哪个更好呢？可用 NPV 法则来评估。

公债未来现金流入的现值（Present Value，PV）：

$$PV = \frac{100}{(1+8\%)^5} \approx 68.06 \text{（美元）}$$

银行存款未来流入的资金价值（Future Value，FV）：

$$\begin{aligned} FV &= 75 \times (1+8\%)^5 \\ &\approx 75 \times 1.4693 \\ &\approx 110.20 \text{（美元）} \end{aligned}$$

将这与投资公债的 75 美元初始投资额（现值）比较，因投资公债的 NPV 为负，即 $68.06 - 75 = -6.94$ 美元，故不宜投资公债。

2.3 金融市场、金融机构、金融工具

补充阅读

金融市场、机构与工具的故事

莎士比亚喜剧《威尼斯商人》里的安东尼奥是一个富商，和别人合伙弄了好几艘船出海，他的朋友巴萨尼奥问他借3 000块钱，他却拿不出，因为都投资到船上了，于是只得问犹太人夏洛克借。安东尼奥心想，自己有这么多船到时候肯定还得起，便答应如果还不出就把身上一磅肉割下来，结果很不巧，船竟然都沉了。好在巴萨尼奥要这3 000块钱是为了充门面，去向富家女鲍西娅求婚，最后靠着女人的力量大家终于化险为夷。

莎翁的故事出版于1600年，两年后即1602年荷兰联合东印度公司成立，荷兰人把所有类似安东尼奥的商人联合起来，同时为了筹措更多的资金还面向全社会融资，每个人只要手头有闲钱，都可以跑去东印度公司，在小本子上记下自己出了多少钱，公司则承诺有收益就给大家分红。于是，即使是一个女仆也成了东印度公司的股东之一，同时荷兰政府也是公司的大股东。换句话说，在股票的创立之初就已经是类似于现在中国的全民炒股了，炒的公司还是国有企业。东印度公司由于自身的规模，使得不确定性大大降低，即使有那么几艘船沉没，也不会有任何一位股东因此倾家荡产。

故事到这里还没完，接下来一个问题就是，假设某个小股东突然家里急需要钱怎么办？他不可能立马跑去东印度公司说要拿回自己的钱，事实上东印度公司最初十年都几乎没有盈利，钱都花在造船和做准备之上了，公司也不可能拿出钱给他。于是大家就想出一个办法，成立了最初的股票交易所，每个人都可以随时在公开市场上卖出手里的股票，每个人也可以随时买入，通过这种方式给资本创造了流动性。这是头一遭，此前人们不管投资什么，几乎都是覆水难收，要么成功要么失败，你想中途掉转方向是不可能的。

另一个棘手问题是，总不可能每个人都跑去交易所交易吧，人太多不说，很多人根本就不懂如何交易，于是就有了专职的场内交易员和经纪人负责为自己的客户提供交易服务。前者就是一般人想象中的“红马甲”，很多描述股市的电视剧都有这类镜头，一群“红马甲”站成一圈大喊大叫，同时手里还拿着一个小本子记着什么，随着交易电子化的推广，相信这类镜头将越来越少。如果说交易员主要活动场所在交易所之内（即场内）的话，那后者经纪人的活动范围就广多了，在英文里经纪人（broker）最早也有“皮条客”的意思，实际上两者做的事情非常类似，都是在场外不停地吸引新客户，撮合交易，从中获利。

之前我们已经提到的荷兰这家股票交易所，交易的股票就是东印度公司一家，数年之后另一家名为“荷兰联合西印度”的公司也成立并上市了。顾名思义，前者往东方做贸易，后者往西方做贸易。由于都是靠做贸易赚钱，自然而然就需要找大宗货物的买家，

一艘船从出海到回航至少好几个月，经理总不可能先在家睡上几个月的觉，等到船靠岸了再开始找货物的买家，他必须在这空闲的时间内就把买家找到，但此时他手里并没有货，他是在卖手里没有却预期会有的东西。于是期货交易市场便诞生了。这段时间内，他要找到下家并确认以下这些内容：货物种类、数量、交割地点、交割日期、付款条件，同时再收取一些保证金。我们看到，这些内容正好就是一张现代标准期货合同的所有条件，也就是说当年的期货交易市场与现在并无多大分别。

最后一个麻烦的问题是，当年交易用的货币主要是黄金和金币，随着成交量的不断攀升，人们不得不雇人扛着大量的黄金满街跑，“满城尽扛黄金箱”，这样做很不安全，更主要的是非常不方便。很可能这些金币今天交给了你，明天你交给了他，后天他又交给了我，转了一圈后发现此前扛来扛去都白费劲了。于是大家就公推一些德高望重、人人都信得过的人帮着大家代为保管黄金，同时发行一些“信用凭证”给大家使用，这些凭证可以证明自己确实拥有这些黄金，只要大家都信这个，交易就能够进行下去，这便是“信用”的本意，而保管黄金的机构便是中央银行的前身。那时的银行很保守，自己拥有多少黄金就发行多少“信用凭证”，绝不会凭空发行，这便是“金本位”的雏形，该凭证被称为“纸币”。

荷兰联合西印度公司在美洲做贸易的时候发现了一处天然良港，于是在此建立了一座城市，叫作“新阿姆斯特丹”。当时的美洲根本就是一块无主之地，谁都可以来争抢，荷兰担心到手的地盘让人夺了去，于是就在“新阿姆斯特丹”周围建立了城墙。荷兰人的担心果然应验，不久后英国人来进攻，英国人是从水路进攻的，城墙没有发挥半点用处。城市被攻克之后被更名为“新约克郡”（New York），也就是我们所熟知的纽约。城墙之后 30 米的地方不能建任何建筑，当初是为了调动军队用。随着城市的扩大，城墙最终被拆除，但那块空地却被保留了下来成了一条主要街道，由于毗邻城墙，故被称为“墙街”（Wall Street），这就是华尔街。纽约这座城市继承了荷兰人的商业精神，因此华尔街也成了此后数百年的世界金融中心。

荷兰人帮全世界建立了最早的金融体系，上述模式和城市一直沿用至今。这便是金融的故事。

——摘编自：端宏斌《如何从股市里赚点钱》系列讲座。

2.3.1 金融市场

2.3.1.1 金融市场的定义

金融市场，是指资金供应者和资金需求者双方通过信用工具进行交易而融通资金的市场，广而言之，是实现货币借贷和资金融通、办理各种票据和有价证券交易活动的市场。比较完善的金融市场定义是：金融市场是交易金融资产并确定金融资产价格的一种机制。简言之，金融市场就是进行金融活动的一个市场，当然不仅仅是提供场地这么简单。它包括如下三层含义：

（1）它是金融资产进行交易的一个有形和无形的场所；

（2）它反映了金融资产的供应者和需求者之间所形成的供求关系；

(3) 它包含金融资产交易过程中所产生的运行机制，其中最主要的是价格（包括利率、汇率及各种证券的价格）机制。

2.3.1.2 金融市场与产品市场和其他要素市场的差异

在金融市场上，市场参与者之间的关系已不是一种单纯的买卖关系，而是一种借贷关系或委托代理关系，是以信用为基础的资金使用权和所有权的暂时分离或有条件的让渡。

市场交易的对象是一种特殊的商品，即货币资金。

市场交易的场所在大部分情况下是无形的，通过电信及计算机网络等进行交易的方式已越来越普遍。

2.3.1.3 金融市场的构成

金融市场是由许多不同的市场组成的一个庞大体系。一般根据金融市场上交易工具的期限，把金融市场分为货币市场和资本市场两大类。货币市场是融通短期资金的市场，资本市场是融通长期资金的市场。货币市场和资本市场又可以进一步分为若干不同的子市场。货币市场包括金融同业拆借市场、回购协议市场、商业票据市场、银行承兑汇票市场、短期政府债券市场、大面额可转让存单市场等。资本市场包括中长期信贷市场和证券市场。中长期信贷市场是金融机构与工商企业之间的贷款市场；证券市场是通过证券的发行与交易进行融资的市场，包括债券市场、股票市场、基金市场、保险市场、融资租赁市场等。

金融市场的形态有两种：一种是有形市场，即交易者集中在有固定地点和交易设施的场所内进行交易的市场，证券交易所就是典型的有形市场；另一种是无形市场，即交易者分散在不同地点（机构）或采用电信手段进行交易的市场，如场外交易市场和全球外汇市场就属于无形市场。

金融市场是复杂与庞大的，它的每一个子市场都是现代金融体系不可或缺的重要组成部分。下面，我们来了解在金融市场上活跃的各个金融机构和金融工具。

2.3.2 金融机构

金融机构，是指专门从事货币信用活动的中介组织。我国的金融机构，按地位和功能可分为四大类：

第一类，中央银行，即中国人民银行；

第二类，银行，包括政策性银行、商业银行；

第三类，非银行金融机构，主要包括国有及股份制的保险公司、城市信用合作社、证券公司（投资银行）、财务公司等；

第四类，在境内开办的外资、侨资、中外合资金融机构。

以上各种金融机构相互补充，构成了一个完整的金融机构体系。

对于金融机构，我国的主体是银行，银行有中央银行、政策性银行和商业银行之分，商业银行又有国有商业银行和非国有股份制商业银行之分。

2.3.2.1 中央银行

中央银行是一国最高的货币金融管理机构，在各国金融体系中居于主导地位。中央银行的职能是宏观调控、保障金融安全与稳定、金融服务。我国的中央银行就是中国人民银行。

中央银行是“发币的银行”，对调节货币供应量、稳定币值有重要作用。它也是“银行的银行”，它集中保管银行的准备金，并对它们发放贷款，充当“最后贷款者”。它还是“国家的银行”，它是国家货币政策的制定者和执行者，也是政府干预经济的工具；同时为国家提供金融服务，代理国库，代理发行政府债券，为政府筹集资金；代表政府参加国际金融组织和各种国际金融活动。

中央银行的主要业务有：货币发行、集中存款准备金、贷款、再贴现、证券、黄金占款和外汇占款、为商业银行和其他金融机构办理资金的划拨清算和资金转移的业务等。

2.3.2.2 政策性银行

所谓政策性银行（policy bank / non-commercial bank）是指那些由政府创立、参股或保证的，不以营利为目的，专门为贯彻、配合政府社会经济政策或意图，在特定的业务领域内，直接或间接地从事政策性融资活动，充当政府发展经济、促进社会进步、进行宏观经济管理工具的金融机构。

当今世界上许多国家都建立有政策性银行，其种类较为全面，并构成较为完整的政策性银行体系。日本设有著名的“二行九库”体系，包括日本输出入银行、日本开发银行、日本国民金融公库、住宅金融公库、农林渔业金融公库、中小企业金融公库、北海道东北开发公库、公营企业金融公库、环境卫生金融公库、冲绳振兴开发金融公库、中小企业信用保险公库等政策性银行。韩国设有韩国开发银行、韩国进出口银行、韩国中小企业银行、韩国住宅银行等政策性银行。法国设有法国农业信贷银行、法国对外贸易银行、法国土地信贷银行、法国国家信贷银行、中小企业设备信贷银行等政策性银行。美国设有美国进出口银行、联邦住房信贷银行体系等政策性银行。我国于1994年相继建立了国家开发银行（1994年3月17日）、中国农业发展银行（1994年11月8日）、中国进出口银行（1994年7月1日）三家政策性银行。这些政策性银行在各国社会经济生活中发挥着独特而重要的作用，构成各国金融体系两翼中的一部分。

2.3.2.3 商业银行

“商业银行”是英文commercial bank的意译。在“商业银行”的定义问题上，中西方提法不尽相同。综合来说，商业银行这一概念可理解为：商业银行是以经营工商业存、放款为主要业务，并以获取利润为目的的货币经营企业。我们经常接触到的银行，如工商银行、建设银行等就是商业银行。

商业银行的职能是由它的性质所决定的，它具有信用中介职能、支付中介职能、信用创造职能、金融服务职能和调节经济职能。然而商业银行作为国家重要的金融机构，也有一定的经营原则，如：效益性、安全性、流动性原则；依法独立自主经营原则；保护存款人利益原则；自愿、平等、诚实信用原则。

我国目前存在的商业银行有：5家国有商业银行（中、农、工、建、交）、12家中小型股份制商业银行（平安、中信、华夏、招商、光大、民生、浦发、渤海、广发、兴业、恒丰、浙商）、中国邮政储蓄银行、110家城市商业银行、20多家村镇银行以及农村商业银行和乡村银行。

2.3.3 金融工具

金融工具（financial instruments）是指在金融市场中可交易的金融资产，是用来证明贷者与借者之间融通货币余缺的书面证明，其最基本的要素为支付的金额与支付条件。金融工具一般分为两个大类：基础类和衍生类。基础类分为证券类和其他现金类（如贷款、存款），证券类包括我们接触比较多的股票和债券。衍生类分为交易所交易的金融衍生品和柜台（OTC）金融衍生品，包括远期合同、期货合约、期权合约和互换合同。

下面着重介绍基础类金融工具中的股票和债券，衍生工具中的期货。

2.3.3.1 什么是股票

股票（stock）是股份公司（包括有限公司和无限公司）在筹集资本时向出资人发行的股份凭证，代表着其持有者（即股东）对股份公司的所有权。这种所有权是一种综合权利，如参加股东大会、投票表决、参与公司的重大决策、收取股息或分享红利等。同一类别的每一份股票所代表的公司所有权是相等的。每个股东所拥有的公司所有权份额的大小，取决于其持有的股票数量占公司总股本的比重。股票一般可以通过买卖方式有偿转让，股东可通过股票转让收回其投资，但不能要求公司返还其出资。股东与公司之间的关系不是债权与债务关系，股东是公司的所有者，以其出资额为限对公司负有限责任，承担风险，分享收益。

股票的分类按照股东的权利可以分为普通股和优先股。普通股是指在公司的经营管理和盈利及财产的分配上享有普通权利的股份，代表满足所有债权偿付要求及优先股东的收益权与求偿权要求之后对企业盈利和剩余财产的索取权。普通股构成公司资本的基础，是股票的一种基本形式。目前在上海和深圳证券交易所中交易的股票都是普通股。普通股具有的基本权利有：公司决策参与权、利润分配权、优先认股权和剩余资产分配权。优先股是相对于普通股的一种股票，其在利润分红及剩余财产分配的权利方面优先于普通股。优先股的基本权利有：优先分配权、有限求偿权。

2.3.3.2 什么是债券

债券（bonds）是政府、金融机构、工商企业等机构直接向社会借债筹措资金时，向投资者发行，承诺按一定利率支付利息并按约定条件偿还本金的债权债务凭证。债券的本质是债权的证明书，具有法律效力。债券购买者与发行者之间是债权与债务关系，债券发行人即债务人，投资者（或债券持有人）即债权人。

债券的票面要素主要有：票面价值（币种和票面金额）、还本期限、债券利率和发行人名称。上述四个要素是债券票面的基本要素，但在发行时并不一定全部在票面上印制出来，例如，在很多情况下，债券发行者是以公告或条例形式向社会公布债券的期限和利率。此外，一些债券还包含其他要素，如还本付息方式。

2.3.3.3 什么是期货

期货的英文为futures，由“未来”一词演化而来，其含义是：交易双方不必在买卖发生的初期就交收实货，而是共同约定在未来的某一时间交收实货，因此中国人就称其为“期货”。

最初的期货交易是从现货远期交易发展而来，最初的现货远期交易是双方口头承诺在某一时间交收一定数量的商品，后来随着交易范围的扩大，口头承诺逐渐被买卖契约代替。这种契约行为日益复杂化，需要有中间人担保，以便监督买卖双方按期交货和付款，于是1571年伦敦出现了世界第一家商品远期合同交易所——皇家交易所。为了适应商品经济的不断发展，1848年，82位商人发起组织了芝加哥期货交易所（CBOT），目的是改进运输与储存条件，为会员提供信息；1851年芝加哥期货交易所引进远期合同；1865年芝加哥谷物交易所推出了一种被称为“期货合约”的标准化协议，取代原先沿用的远期合同，并逐步完善了保证金制度。使用这种标准化合约，允许合约转手买卖，于是一种专门买卖标准化合约的期货市场形成了，期货成为投资者的一种投资理财工具；1882年交易所允许以对冲方式免除履约责任，增加了期货交易的流动性。

2.4 国际金融的故事：国际收支与国际储备、外汇和汇率

2010年，一位美国人到中国旅游，用10万美元兑换到68万元人民币。在中国吃喝玩乐了一年，花了18万元人民币。他要回去了，要到银行把剩下的人民币兑换回美元。因为人民币兑美元升值到1∶5，这位美国人用剩下的50万元人民币换到了10万美元。来时10万美元，回去还是10万美元，这位美国人高高兴兴地回家了。

另一美国人效仿他，也拿10万美元换了68万元人民币，在中国花50万元人民币买了套房子，吃喝玩乐花了18万元人民币，想回去时房子增值了，卖后净得100万元人民币，按汇率1∶5，刚好能换20万美元。这位美国人说：“我是在玩，也是在挣钱。”

一位中国人到美国打工，用68万元人民币兑换到10万美元。在美国辛辛苦苦了一年，赚了3.6万美元。他要回去了，到银行去，因为人民币兑美元升值到1∶5，这位中国人用13.6万美元换到了68万元人民币。来时68万元人民币，回去还是68万元人民币，悲伤地回家了。

这就是汇率变动对我们的生活产生的影响。那么，汇率为什么会变动呢？本币升值对哪些部门有利？贬值又对哪些部门有利？在配置资源时，该如何应对汇率变动的风险？这就是本章我们主要学习的内容：国际金融。

2.4.1 国际收支与国际储备

2.4.1.1 国际收支

国际收支（balance of payments）是一国在一定时期（通常是一年）内与其他经济体之间的经济交易的系统的货币记录。

国际收支是一个流量的概念，它反映的是一个国家的居民与非居民之间的交易情况。经济交易作为流量，反映经济价值的创造、转移、交换、转让或削减。国际收支反映四类交易：交换、转移、移居、其他根据推论而存在的交易，表现在国际收支平衡表的统计上，包括经常项目交易、资本与金融项目交易和国际储备资产变动等。

补充阅读

表 2－3　我国 2016 年国际收支平衡表

单位：亿元人民币

项目	行次	2016 年四季度	2016 年
1. 经常账户	1	2 576	13 950
贷方	2	45 822	167 869
借方	3	－43 246	－153 919
1. A 货物和服务	4	4 033	16 134
贷方	5	42 377	151 051
借方	6	－38 344	－134 917
1. A. a 货物	7	8 093	32 239
贷方	8	37 072	132 292
借方	9	－28 979	－100 053
1. A. b 服务	10	－4 060	－16 104
贷方	11	5 305	18 759
借方	12	－9 365	－34 863
1. A. b. 1 加工服务	13	324	1 221
贷方	14	328	1 232
借方	15	－3	－11
1. A. b. 2 维护和维修服务	16	52	215
贷方	17	92	345
借方	18	－40	－131
1. A. b. 3 运输	19	－735	－2 658
贷方	20	638	2 250
借方	21	－1 374	－4 908
1. A. b. 4 旅行	22	－3 737	－14 821
贷方	23	2 287	7 861
借方	24	－6 025	－22 682
1. A. b. 5 建设	25	119	277

（续上表）

项目	行次	2016 年四季度	2016 年
贷方	26	261	841
借方	27	-141	-564
1. A. b. 6 保险和养老金服务	28	-109	-505
贷方	29	75	270
借方	30	-183	-775
1. A. b. 7 金融服务	31	39	88
贷方	32	67	211
借方	33	-27	-123
1. A. b. 8 知识产权使用费	34	-375	-1 514
贷方	35	38	77
借方	36	-413	-1 591
1. A. b. 9 电信、计算机和信息服务	37	156	840
贷方	38	437	1 689
借方	39	-282	-848
1. A. b. 10 其他商业服务	40	255	975
贷方	41	1 047	3 852
借方	42	-791	-2 877
1. A. b. 11 个人、文化和娱乐服务	43	-27	-93
贷方	44	15	49
借方	45	-41	-142
1. A. b. 12 别处未提及的政府服务	46	-23	-131
贷方	47	22	81
借方	48	-45	-211
1. B 初次收入	49	-1 343	-1 775
贷方	50	2 953	14 751
借方	51	-4 296	-16 526
1. C 二次收入	52	-114	-409
贷方	53	492	2 067
借方	54	-606	-2 476
2. 资本和金融账户	55	-2 576	-3 183
2. 1 资本账户	56	-1	-23
贷方	57	5	21
借方	58	-5	-44

（续上表）

项目	行次	2016年四季度	2016年
2.2 金融账户	59	-2 575	-3 160
2.2.1 非储备性质的金融账户	60	-12 807	-32 780
其中：2.2.1.1 直接投资	61	1 174	-3 807
2.2.1.1.1 直接投资资产	62	-2 364	-13 974
2.2.1.1.2 直接投资负债	63	3 538	10 167
2.2.2 储备资产	64	10 232	29 620
2.2.2.1 货币黄金	65	0	0
2.2.2.2 特别提款权	66	5	22
2.2.2.3 在国际货币基金组织的储备头寸	67	-4	-349
2.2.2.4 外汇储备	68	10 230	29 947
2.2.2.5 其他储备	69	0	0
3. 净误差与遗漏	70	0	-10 767

资料来源：国家统计局网，http：//www.stats.gov.cn。

2.4.1.2 国际收支平衡与失衡

国际收支平衡表是根据复式簿记原理编制的，其借方总额和贷方总额是相等的。但这只是账面的、会计意义上的平衡，不具有经济学意义。我们要在经济学意义上分析国际收支的平衡与失衡问题。

传统上，将国际经济交易按照其动机分为自主性交易与补偿性交易。

自主性交易（autonomous transaction）又叫事前交易（ex-ante transaction），这类交易纯粹由于经济上的某种目的而自动进行。

补偿性或调节性交易（accommodating / compensatory transaction）又叫事后交易（ex-post transaction），这类交易是在国际收支的自主性交易各项发生不平衡时，为了弥补缺口而进行的交易。

国际收支平衡是指自主性交易的平衡。当自主性交易差额为零时，我们称国际收支处于平衡状态；当自主性交易差额不为零时，我们称国际收支处于失衡状态。

如果自主性交易的贷方总额大于其借方总额，称为盈余（surplus）；如果自主性交易的贷方总额小于其借方总额，称为赤字（deficit）。

在国际收支中，我们日常生活接触最多的应该是贸易顺差、贸易逆差和贸易平衡。

（1）贸易顺差（favorable balance of trade）。所谓贸易顺差是指在特定年度一国出口贸易总额大于进口贸易总额，又称“出超”，表示该国当年对外贸易处于有利地位。贸易顺差的大小在很大程度上反映一国在特定年份对外贸易活动状况。通常情况下，一国不宜长期大量出现对外贸易顺差，因为此举很容易引起与有关贸易伙伴国的摩擦。例如，美国、日本两国双边关系市场发生波动，主要原因之一就是日方长期处于巨额顺差状况。与此同时，大量外汇盈余通常会致使一国市场上本币投放量随之增长，因而很可能引起通货膨胀压力，不利于国民经济持续、健康发展。

（2）贸易逆差（unfavorable balance of trade）。所谓贸易逆差是指一国在特定年度内进口贸易总值大于出口总值，俗称“入超”，反映该国当年在对外贸易中处于不利地位。同样，一国政府当局应当设法避免长期出现贸易逆差，因为大量逆差将致使国内资源外流，对外债务增加。这种状况同样会影响国民经济正常运行。

（3）贸易平衡（balance of trade）。贸易平衡是指一国在特定年度内外贸进出口总额基本上趋于平衡。纵观世界各国（地区）政府的外贸政策实践，这种现象并不多。一般来说，一国政府在对外贸易中应设法保持进出口基本平衡，略有结余，这样才有利于国民经济健康发展。

2.4.1.3 国际储备

国际储备（international reserve）是指各国政府为了弥补国际收支赤字，保持汇率稳定，以及应付其他紧急支付的需要而持有的国际普遍接受的所有流动资产的总称。

我国国际储备中占比最大的是外汇储备。近几年我国巨大的外汇储备引起了众多争议，尤其是人民币升值之后，以外币表示的资产贬值，给我国外汇储备带来了巨大的损失，人们对外汇储备持有量、持有形式以及用途都做了大量的研究。有兴趣的同学可以对这方面的问题进行深入了解。

拓展阅读

我国外汇储备为什么会下跌？

2018 年 11 月 7 日，我国央行发布公告，数据显示，中国 10 月外汇储备规模为30 531亿美元，尽管比此前的巅峰差了点，但还是世界第一，且是世界第二大外汇储备国日本的三倍。

外汇储备与一个国家的经济国际化水平有关。从 1978 年改革开放以来，中国经济吸引了大量国际资本投资，中国进出口贸易也产生了大量顺差，这是中国外汇储备积少成多的主要原因。

至于外汇储备规模为何下降，官方的解释是：“受主要国家货币政策、全球贸易形势、地缘政治局势等多重因素影响，国际金融市场波动加剧，美元指数上涨超过 2%，主要国家资产价格出现调整。汇率折算和资产价格变动等因素综合作用，外汇储备规模小幅下降。”

仔细分析，下降的主要原因有这么几个：

第一是外汇储备中美元以外其他外汇对美元的贬值造成的。中国的外汇储备虽然是以美元为单位的，但不只有美元，还有欧元等其他货币。这些货币兑美元的贬值，导致了中国外汇储备的下跌。

第二是外汇储备的资产的贬值。中国外汇储备大多数都用来购买美国国债一类的外国资产。这些外国资产发生了价格下跌的情况，外汇储备数额也随之下降。

第三是中国用汇增加的原因。目前中国已经是世界第二大经济体，中国进口、对外投资、居民出国留学、出境游等用汇都在增加。比如，2016 年中国对外投资用汇 170 亿美元，同比增长 44.1%。

第四是稳定汇率的原因。2015 年以来人民币汇率出现大幅下跌，特别是 2016 年人民币贬值 6.5%，是 1994 年来的最大跌幅，引发各界对中国经济走势的担心。为此，中国在 2016 年耗费了 3 000 多亿美元外汇储备来稳定人民币汇率。美国有些政客一直在指责中国操纵人民币汇率使其贬值，实际上，如果不是中国用大量外汇储备稳定汇率，人民币贬值幅度比现在还要大。人民币持续大幅的贬值，对中美经济都没有好处。

第五是资本的外逃，由于美元走强，人民币贬值，个别投资者为资金保值，将钱转出中国，这部分资金虽然极少，在中国吸引外资数额面前简直可以忽略不计，但被一些媒体以及个别学者大肆炒作。

——摘自：一点资讯，https：//www.yidianzixun.com/article/0KT9u6X7。

2.4.2 外汇和汇率

黄炎培给“二战”后的南京国民政府的金融政策算了一笔账：“上海有一个文化机关，15 年前，得一位热心家捐了银圆 55 万元，约定存入 8 家银行，只用息，不动本，规规矩矩地照办。一会儿法币政策实行了，合成法币 55 万元。上海沦陷了，法币 2 兑伪币 1，合成伪币 25 万元。抗日战争胜利了，伪币 200 兑法币 1，合成法币 1 250 元。金圆券颁行了，法币 300 万竟兑金圆券 1，合成金圆券 4 毫 1 丝；金圆 2 兑银圆 1，合成银圆 2 毫零 5 息。15 年间，绕了一个大圈子，55 万元几乎等于零，闹了一个大笑话。”（《史间道》）这个笑话告诉我们，汇率对于我们的资产来说，是一个非常重要的影响因素。如果运用恰当，我们的钱有可能源源不断地增加；如果不看准时机，忽视汇率的影响，我们的资产同样会悄悄减少。

拓展阅读

各国外汇英文简称

美元（USD）、德国马克（DEM）、欧元（EUR）、日元（JPY）、英镑（GBP）、瑞士法郎（CHF）、法国法郎（FRF）、意大利里拉（ITL）、荷兰盾（NLG）、比利时法郎（BEC）、丹麦克朗（DKK）、瑞典克朗（SEK）、奥地利先令（ATS）、港元（HKD）、加拿大元（CAD）、澳大利亚元（AUD）、新西兰元（NZD）、新加坡元（SIN）、澳门元（MOP）、马来西亚林吉特（MYR）等。

2.4.2.1 外汇

外汇一般分为狭义的外汇和广义的外汇。狭义的外汇是指以外国货币表示的，为各国普遍接受的，可用于国际债权债务结算的各种支付手段。它必须具备三个特点：可支付性（必须是以外国货币表示的资产）、可获得性（必须是在国外能够得到补偿的债权）和可换性（必须是可以自由兑换为其他支付手段的外币资产）。广义的外汇指的是一国拥有的一切以外币表示的资产。

我国《外汇管理条例》规定：外汇是下列以外币表示的可以用作国际清偿的支付手段和资产：①外国货币，包括纸币和铸币；②外币支付凭证，包括票据、银行存款凭证、邮政储蓄凭证等；③外币有价证券，包括政府债券、公司债券、股票等；④特别提款权；⑤其他外汇资产。

2.4.2.2 汇率

汇率亦称"外汇行市或汇价"，是国际贸易中最重要的调节杠杆。汇率其实就是一国货币兑换另一国货币的比率，是以一种货币表示另一种货币的价格。由于世界各国货币的名称不同，币值不一，所以一国货币对其他国家的货币要规定一个兑换率，即汇率。

折算两种货币的兑换比率，首先要确定以哪一国货币作为标准，即是以本国货币表示外国货币的价格，还是以外国货币表示本国货币的价格。常见的汇率标价方法有直接标价法和间接标价法。

直接标价法（direct quotation system）以一定单位（1 或 100、10 000 等）的外国货币作为标准，折成若干数量的本国货币来表示汇率的方法。也就是说，在直接标价法下，以本国货币表示外国货币的价格。直接标价法又称应付标价法（giving quotation）。

例如，人民币兑美元的汇率为：

USD 1 = CNY 6.534 6

在直接标价法下，一定单位的外币折算的本币的数额增大，说明外国货币币值上升，或本国货币币值下降，称为外币升值或本币贬值。

在直接标价法下，本币币值上升或下跌的方向和汇率数值的增加或减少的方向正好相反。

例如，我国人民币市场汇率为：

月初：USD 1 = CNY 6.534 6
月末：USD 1 = CNY 6.567 8

说明美元币值上升，人民币币值下跌。

间接标价法（indirect quotation system）指以一定单位的本国货币为标准，折算成若干数额的外国货币来表示汇率的方法。也就是说，在间接标价法下，以外国货币表示本国货币的价格。间接标价法又称应收标价法（receiving quotation）。

例如，人民币兑美元的汇率为：

CNY 1 = USD 0.1502

在间接标价法下，一定单位的本币折算的外币数量增多，称为外币贬值，或本币升值。

在间接标价法下，本币币值上升或下跌的方向和汇率数值的增加或减少的方向正好相同。

例如，人民币兑美元汇率：

由　　　　CNY 1 = USD 0.1502

变为　　　CNY 1 = USD 0.1629

表示人民币升值，美元贬值。

无论采用何种标价方法，升值（appreciation）都意味着一国货币币值的提高，贬值（depreciation）都意味着一国货币币值的降低。当某货币的汇价持续上升时，我们习惯称之为“趋于坚挺”（hardening），称该货币为“硬通货”（hard currency）；反之则习惯称之为“趋于疲软”（weakening）和“软通货”（soft currency）。

2007—2011 年人民币兑美元走势如国 2－2 所示。

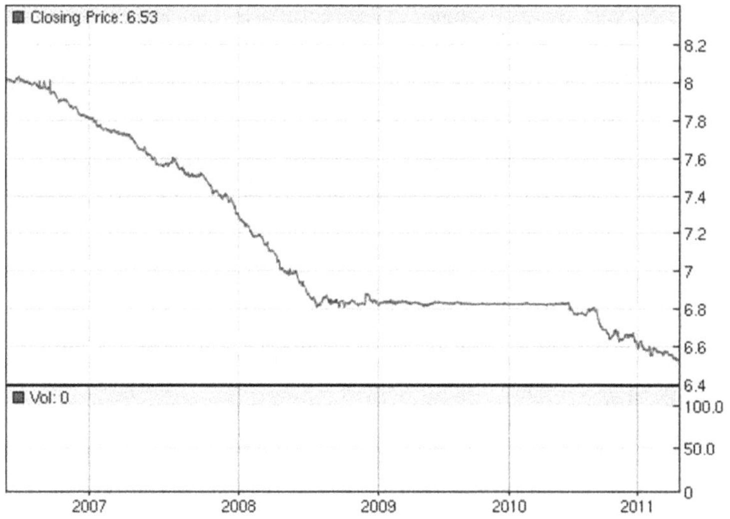

图 2－2　2007—2011 年人民币兑美元走势图

补充阅读

人民币升值的利弊分析

1. 人民币升值之利

人民币升值可能意味着人民币地位的提高，中国经济在世界经济中地位的提升。表现在三个方面：

(1) 中国老百姓手中的财富更加值钱，人民币一旦升值，老百姓手里的钱就更值钱了，中国的人均GDP全球排名也可以提升。

(2) 中国外债压力的减轻和购买力的增强等。

例如，谁在掏钱维持号称“全球老大”的美国政府的日常运转？想当然的回答是美利坚合众国的广大纳税人。这个回答并不全对。因为当前的美国联邦政府财政赤字巨大，光纳税人的贡献还不够开销，因而不得不大量举债。而最大的债主是谁？是日本和中国。中国3 000多亿美元的外汇储备，很大一部分买的是美国政府公债。

(3) 有利于进口产业的发展。中国石化副董事邵金扬在接受采访时称：“如果人民币升值，海外资产对我们来说会较便宜。”如果人民币升值5%，中国石化2003年进口的石油，以目前的价格计算，成本将减少逾1亿美元。

2. 人民币升值之弊

受人民币升值的影响，中国的经济增长将会放缓。表现在五个方面：

(1) 人民币升值会影响到我国出口。人民币升值，就会提高中国产品的价格，加大资本投入的成本，带来的是我国出口产品竞争力的下降，从而引发国内经济的不景气。

一国货币的升值，带来的是该国出口产品竞争力的下降，从而引发国内经济的不景气。在这个问题上，日本是有血的教训的。在1985年，为了遏制廉价日货出口狂潮，美国、法国、德国、英国的财政首脑就采取过相应的手段，迫使日本签署了“广场协议”，从而逼迫日元升值30%。此后，从1985—1996年的10年间，日元兑美元比率由250：1升至87：1，升值近3倍。而“广场协议”被公认是引发日本经济衰退的罪魁祸首。

(2) 人民币升值会影响到我国企业和许多产业的综合竞争力。因为尽管“中国制造”已经成为世界市场的主要产品，但中国产品的一个致命弱点是还没有形成自己的品牌，目前所占的市场份额，主要依靠中国产品低廉的价格，在竞争中并不处于主导地位，如果竞争力受到打击是很可怕的。

“中国企业家”这次调查的最大发现是：82.4%的企业认为，人民币汇率的变化，会对企业的经营活动产生影响。对于正在中国经济舞台上活动着的企业来说，人民币就像空气和水一样。

例如，创维集团董事局主席黄宏生，这位中国彩电出口大户的老总面对升值的前景忧心忡忡，他认为，中国出口的大多是技术含量低的产品，高科技产品很少。人民币如果升值，中国的国际地位也许提高了，但制造业在全球的竞争力将逐步丧失。他算了一笔账，如果人民币升值10%，就等于出口价格提升了10%，而中国国内较好的制造企业的利润也只有5%左右，加上一些财政贴息，中国企业平均盈利水平也不到3%。平均3%的利润率怎么可能调节10%的升值压力？肯定会出现大面积亏损。

黄宏生以创维集团为例，勾画出中国企业对人民币升值的最高心理底线："现在我们在美国市场很难有大的提升，很大原因是其他世界工厂产品跟我们的价格一样低。比如来自墨西哥的彩电、欧洲土耳其的产品很便宜，我们提一美元都不可能。我们今年在美国市场希望能提高三千万美元的销售额，但是如果人民币升值了，那么这个计划就流产了。"

与制造企业相比，那些在汇率风险最前沿的外贸企业，是变化的最强烈的感知者。对于出口型企业来说，出口的量相对进口的量，要大得多。因此，黄宏生才说，人民币升值会造成毁灭性的打击。

又如，东方科学仪器进出口集团公司总经理助理黄方宁，向记者讲了一个因为欧元升值——人民币贬值而导致亏损的例子。2003年年初，他们有一笔交易，签约时欧元和美元的汇率还是1∶0.9，等到交货时，涨到1∶1.1，他们又没有采取锁定汇率的措施，于是赔了。"即使我们有10%、20%的中间利润，也都抵不上升值的损失。只能自己补上去了。"

再如，一些原来在中国进行生产的跨国企业，可能会将投资转移到墨西哥或马来西亚。20世纪80年代，台湾也曾经历过中国大陆现在的压力，在台币兑美元的汇率从1∶40涨到1∶25后，一些传统的低附加值产业，纷纷转移到东莞。同样，有专家分析，如果人民币升值，这些传统产业又会从东莞转移到像中亚、越南等更不发达的地区。本来，中国还有很多地区，比如西部，可以容纳这些产业，但因为货币的调整是针对所有企业的，可能使得中国被迫提早经历产业空洞化的过程。

(3) 人民币升值还会破坏中国经济的长远发展，使我国的金融距爆发危机的边缘越来越近。一方面，人民币升值可能葬送我国多年辛苦造就的良好投资环境，新增的海外投资则会减少，中国经济增长的原动力将被大大消减，因为这种投资变得相对昂贵；另一方面，国际游资的投机活动可能增加，这也将促使金融危机的爆发。

例如，从墨西哥金融危机到亚洲金融危机，显而易见的是这些国家的政府均是以高利率的货币政策，以吸纳国内资金，但其效果却适得其反，由于内部资金乏力，又吸引了大量的国际游资流入，使资金流向出现偏差而形成资金结构上的矛盾，埋下了货币危机的隐患；同时又产生了外资流入推高了本币汇率的矛盾，触发了经济结构问题的暴露，或出现泡沫经济或出现经济滑坡，从而被迫实行本币贬值政策，直接导致货币市场和证券市场的交易风险，并最终引发金融危机。

(4) 人民币升值后导致投机不可避免地盛行。由于以美元表示的国民财富迅速增加，股市和房地产达到高潮，一些"泡沫"进一步膨胀或造就新的"泡沫"，两极分化继续扩大，导致投机不可避免地盛行。

(5) 人民币升值的弊端还有很多。人民币升值会给中国的通货紧缩带来更大的压力；人民币升值物价肯定会降下来，因为进口品的价格会下降。人民币升值增大就业压力，恶化当前就业形势：外商投资企业对吸引国内劳动力是一个重要的渠道，尤其是现在的情况更是如此，所以此时人民币升值不仅会影响吸引外资，而且也会加剧当前就业形势的恶化。财政赤字将由于人民币汇率的升值而增加，同时影响货币政策的稳定。人民币升值会对中国的优势产业产生严重损害。中国作为发展中国家是以劳动力成本为优势的。中国劳动密集型出口产品很容易受到反倾销措施的限制，出口形势并不乐观。

——摘编自：百度百科，http：//baike. china. alibaba. com/doc/view - d1515677. html。

拓展阅读

目前美国一些经济学家对人民币升值的看法

对于人民币升值与否，美国政府与中国政府的博弈一直在进行着，那么我们来看看经济学家对于这个问题所发出的声音。

1. 认为人民币汇率应该升值的观点

美国彼特森国际经济研究所所长弗莱德·博格斯坦（Fred Bergsten）称，货币操纵使人民币币值贸易加权贬值25%，相对美元贬值40%。但他又认为，不管中国是被美国列为“汇率操纵国”还是按循序渐进的原则调整人民币汇率，都不会影响中国的出口和经济发展。“我觉得，人民币汇率每年以8% ~10%的幅度升值比较妥当。中国经济目前每年有10%左右的增长速度——我很乐观，中国经济未来10多年内可以保持这个速度——所以每年调高（汇率）8% ~10%不会削弱中国的竞争力。”他认为，在人民币升值问题上，美国的政策目标应该是双方之间建立一种竞争性的汇率机制，创造可持续的贸易平衡，而不是“弱势美元”。

2008年诺贝尔经济学奖得主保罗·克鲁格曼（Paul Krugman）研究领域是贸易模式和区域经济活动，他在美国《纽约时报》发表文章说，美国政府应采取强硬手段迫使人民币升值。他认为，这样做没有太大的风险。他预计，人民币升值25% ~40%，将会使美国贸易赤字每年减少1 000亿~1 500亿美元，增加75万~100万人就业。

2. 不同意人民币升值的观点——对克鲁格曼的批评

（1）美国经济学家、欧洲太平洋资本公司总裁彼得·希夫批评克鲁格曼说，在中美经济关系因人民币汇率问题变得微妙时，克鲁格曼的言论无疑是火上浇油。他指出，克鲁格曼的说法与实际情况相去甚远。如果由美国联邦储备委员会购买美国国债，就意味着美联储将发行同样数量的美元，这将导致美元汇率急剧下跌、消费品价格攀升、利率上升以及美国消费者生活水平下降等一系列严重后果。他呼吁，美国政府千万不要犯这样的错误，这将是“克鲁格曼游戏的终结”，要想避免这一世界末日般的后果，美国政府应该尽最大努力避免和中国发生冲突。

（2）摩根士丹利亚洲区总裁斯蒂芬·罗奇在接受彭博电视节目的采访时说，对于克鲁格曼的建议应该给他当头一棒，“我的意思是，我认为他的建议完全错误”，“我们总是指责中国，而不是管好我们自己的事”，即提高美国的储蓄率。克鲁格曼回应说，“他这么说，让我有些意外。我所说的话其实是基于相当周密的经济分析。世界经济因为中国人为压低人民币汇率而受到抑制。中国在加重世界上其他国家的问题——就是这么回事”。他说：“我有些好奇，假如美国增加储蓄而人民币不升值，罗奇认为会出现什么情况？”他问道，商品和服务的“需求从何而来”？他还说，“从长远来看”应该增加储蓄，但不是现在。对克鲁格曼的回应，罗奇在后来接受采访时说，克鲁格曼在“给华盛顿非常糟糕的建议”，“我完全不能接受储蓄不是好事的观点”。

（3）英国《每日电讯报》2010年2月19日发表标题为“诺贝尔奖得主克鲁格曼威胁世界”的文章中写道：“当自诩‘自由美国的良知’和曾经的自由贸易提倡者开始为保护主义辩护时，事情会变得相当棘手，但这正是过去一周发生的情况。曾获诺贝尔奖的经济学家保罗·克鲁格曼主张对来自中国的商品征收25%的‘附加费’，他拒绝使用‘进口关税’这一更具描述性的词汇，以迫使中国领导集团改革汇率。”“他主张的正是贸易报复，这一主张甚至比20世纪30年代还极端。克鲁格曼天真地认为，面对如此严厉的战术，这个人很快会屈服并让其汇率浮动。其实，正相反，我认为他的主张比任何东西都更会产生适得其反的结果。让克鲁格曼和其他令人尊敬的经济学家采取如此危险方针的是他们对一个本质上声名狼藉的主张赋予了知性的尊重。”“与英国不同的是，美国不是真正的自由贸易的提倡者，许多美国人早就认为他们从全球化中没得到多少好处，他们躲在保护主义的高墙后会过得更好。在经济困难时期，这些观点得到了更多人的支持。”“但保护主义的突然爆发并不是仍然脆弱的经济复苏所需要的。中国轻易成了美国弊端的替罪羊，然而它并不是起因，让它重新评估人民币币值也解决不了问题。”“让我们想象一下，如果克鲁格曼教授的主张得以实行，那会有什么结果：要么美元对人民币贬值25%，要么征收25%的进口税。几乎在一夜之间，中国将陷入严重的经济衰退，因为已经如履薄冰的中国出口商会立即破产。”“严重依赖中国并将中国作为组装厂的美国企业也会发现自己深陷泥潭不能自拔，即便从长远来看，重新评估人民币币值也不会有多大帮助。”“要解决此类贸易失衡问题，就需要进行结构改革。可叹的是，促成贸易增长和繁荣的良性循环所需的变革不可能在一夜之间发生。即便汇率调整25%，美国商品也远远不是中国消费者买得起的。”“可悲的是甚至像克鲁格曼这样伟大思想家都无情地想要重新实行过去尝试过但失败了的政策。”

——摘自：求学快递网，http：//www. studyems. com/s0031018403 - n4343860d4ce22ac7. html。

2.5 金融风险和金融危机

补充阅读

金融风险：1929 年美国金融大危机

1929 年 10 月 28 日，这个不祥的日子在美国以及世界金融史上一直被人们牢记。在这一天，纽约证券市场股票价格猛跌，正式揭开了美国金融危机和世界经济危机的序幕。这次危机来势迅猛，爆发后迅速从证券市场蔓延到整个金融体系，从金融危机发展成经济危机，从美国蔓延到整个资本主义体系，危机给美国经济和世界经济以极其沉重的打击，以致整个 20 世纪 30 年代美国经济都没有完全恢复过来。1929 年的危机，就其深度和广度，在当时是空前的。

1929 年 9 月 5 日，一位叫鲁杰・巴布森的统计学家在美国全国企业家大会上预言："一场大恐慌就要到来，而且可能非常可怕。"或许是预言起的作用，几个小时内，纽约股票交易所的股价下跌了 10 点。为安定人心，胡佛总统公开发表讲话，宣称美国经济从总体上看是健康的，从而引起股市行情再次上升，而且其上升幅度比任何时候都大。然而 9—10 月间，股价时起时落，局势异常。

1929 年 10 月 28 日，星期一，纽约股票交易所的全部股票平均下降 50 点。这一跌就一发不可收拾，像洪水决堤一样，迅速摧毁着一切能够摧毁的事物。这就是历史上著名的"黑色星期一"。

高峰在 10 月 29 日到来。星期二早晨 10 点钟，证券交易所大厅的大锣刚刚响过不久，剧烈的抛售突然发生。大量股票涌到市场，不计价格地在抛售，出卖的不仅有小企业的股票，也有大企业的股票，股票坐市商被争先抛售股票的经纪人团团围住，全然没有人考虑买进，交易所的情况十分混乱。开盘后半小时内，交易量就在 300 万股以上，12 点时超过 800 万股，下午 1 点 30 分，超过 1 200 万股，当这天收市的大锣敲响后，股市创造了 1 641 万股成交的历史最高纪录。根据《纽约时报》的统计，50 种主要股票的平均价格几乎下降了 40%。

股票市场的大崩溃一直持续到 1933 年初。根据道・琼斯指数的统计，从 1929 年 10 月至 1933 年 1 月，30 种工业股票的平均价格从每股 365 美元下降到 63 美元；20 种公用事业股票的平均价格从 142 美元下降到 28 美元；20 种铁路股票的平均价格从 180 美元下降到 28 美元。到 1933 年 7 月，美国股票市场上的股票价值只相当于 1929 年 9 月的 1/6。

1929 年美国证券市场的崩溃拉开了美国金融危机的帷幕，危机迅速蔓延，导致全球股市暴跌，从而引起借贷市场的混乱。1931 年 5 月，奥地利信贷银行破产成为触发各国银行信用危机的导火线，而信用危机加剧了世界经济危机的程度，首当其冲的是德国。当时德国本身存在严重的国际收支危机，每年要支付大量战争赔款的利息，不得不向英美等国筹借短期银行信贷，奥地利信贷银行宣布破产后，美英等西方国家担心资金安全，纷纷从德国提取短期资金。由于外资大量抽走，从5月到7月，德国黄金储备减少42%，德国政府于1931年7月宣布停业两天，德国四大银行中有两家随即破产，同年9月宣布停止支付外债，禁止黄金自由输出。德国中止对外支付后，英国在德国的资金不能够调回，加之大量资金从英国抽走，同年9月底，英国宣布停止黄金支付，停止纸币兑换，放弃金本位，英镑贬值31%。由于英国放弃金本位，与此同时，许多国家大批银行破产倒闭。1931—1932年，美国银行倒闭达5 096家。1933年春，美国又爆发了信用危机的新浪潮，存款大量提取，银行资金周转不灵，发生挤兑风潮，又有4 000家银行倒闭，引起资金外逃，联邦储备银行黄金储备锐减，于是美国不得不放弃金本位，美元贬值。其他国家的货币也纷纷贬值，截至1936年底，欧、美、亚、非几大洲就有44个国家货币先后贬值，几乎没有一个国家得以幸免。截至1933年底，全世界有25个国家停止偿付国债，这也是世界经济史上绝无仅有的现象。

这场金融危机迅速波及其他经济领域，发展成一次空前的经济危机，危机给了美国经济极其沉重的打击。1929年，美国的工业生产下降了46%。如果按月份资料计算，从危机前的最高点（1929年5月）到危机的最低点（1932年7月），美国的工业生产下降了56%，退回到1905年的水平。危机遍及工业各部门，工业生产连续下降3年之久。危机期间美国13万家企业倒闭，上千万工人被赶出工厂，失业人数在1933年达到1 283万人，占美国劳动力总数的1/4。与此同时，工人的实际工资下降约1/4。对外贸易和资本输出也受到严重打击。危机期间进出口总值减少70%。资本输出一落千丈，1928年美国发行的外国有价证券是13亿美元，1931年下降到2.5亿美元，1933年仅160万美元，资本输出几乎停止。

这场经济危机迅速地、无一例外地席卷了资本主义世界的所有国家，成为一次规模空前的世界性经济危机。危机使整个资本主义世界工业生产下降了40%，退回到比1913年还低10%的水平。

——摘自：左柏云：《国际金融风险案例》。

2.5.1 金融风险

从1929年美国金融危机的事例中我们可以看到，金融市场固然存在很多赚钱的机会，然而高收益的背后一定也伴随着高风险，而且这种风险一旦爆发，其破坏性非常大。一家金融机构发生的风险所带来的后果，往往超过对其自身的影响。金融机构在具体的金融交易活动中出现的风险，有可能对该金融机构的生存构成威胁；具体的一家金融机构因经营不善而出现危机，有可能对整个金融体系的稳健运行构成威胁；一旦发生系统风险，金融体系运转失灵，必然会导致全社会经济秩序的混乱，甚至引发严重的政治危机。

金融风险指金融机构的经营活动所产生的收益不确定性，以及金融机构作为风险承受者由于失误、客观情况变化或其他原因使资金、信誉等遭受损失的可能性。

金融风险的分类如下：

（1）系统风险。

利率风险：因市场利率变动而产生的风险。

汇率风险：国际经济交往中，以外币计价的资产或负债因货币汇率发生变动而引起其价值升跌，给交易双方中任何一方带来损失的可能性。

政策风险：国家宏观经济政策不当造成的金融风险。

通货膨胀风险：在物价普遍、持续上涨情况下，因金融机构的收益率和负债成本的变化而给金融机构带来损失的可能性。

（2）非系统风险。

信用风险：债务人一方不履行合约、不按期偿还本金和利息而造成的风险。

流动性风险：金融机构不如期满足客户提款取现，或不能如期偿还流动负债而导致的风险。

操作风险：人为错误、交易系统或清算系统故障而造成损失的风险。

2.5.2 金融危机

金融危机又称金融风暴，是指一个国家或几个国家与地区的全部或大部分金融指标[如：短期利率、货币资产、证券、房地产、土地（价格）、商业破产数和金融机构倒闭数]的急剧、短暂和超周期的恶化。金融危机可以分为货币危机、债务危机、银行危机等类型。近年来的金融危机越来越呈现出某种混合形式的危机。其特征是人们基于经济未来将更加悲观的预期，整个区域内货币币值出现幅度较大的贬值，经济总量与经济规模出现较大的损失，经济增长受到打击。金融危机往往伴随着大量企业倒闭，失业率提高，社会普遍的经济萧条，甚至有些时候伴随着社会动荡或国家政治层面的动荡。

补充阅读

2008 年金融危机

2008 年，以雷曼兄弟公司破产为标志，美国爆发华尔街“金融海啸”并引发全球金融危机。

雷曼兄弟公司是美国第四大投资银行，已有 158 年历史。2008 年 9 月 15 日，由于股价下跌近 95%，严重资不抵债，收购谈判破产，美国政府拒绝救援，雷曼兄弟公司宣布破产。随后，华尔街主要投资银行在两周内或被收购，或转型为银行控股集团，以投行业务为代表的传统意义上的“华尔街”从此消失。

金融危机爆发使麦道夫骗局浮出水面。纳斯达克股票市场公司前董事会主席伯纳德·麦道夫，在过去 20 年时间里，以高额回报引诱投资者，同时用后来投资者的资金偿付前期投资者，吸纳客户投资超过 500 亿美元，制造了历史上最大的“庞氏骗局”。从 2008 年 12 月开始，投资者要求其返还资金，骗局终于走到尽头。2009 年 6 月纽约南区联邦法院做出裁决，麦道夫因证券欺诈等被判 150 年监禁。

美国的花旗集团曾经是全球市值最大的银行，在金融危机中花旗损失惨重。据有关方面2009年初公布的数据，过去一年里，花旗股价累计跌去93%。2009年2月，花旗集团与美国政府就债转股达成协议，花旗集团被“临时性国有化”。

为应对这场百年一遇的金融危机，美国政府对金融业的干预程度也达到了空前规模。2008年9月底和10月初，美国政府出台了总额为7 000亿美元的金融救助计划。11月25日，美国政府宣布再拨8 000亿美元，用于解冻消费信贷市场、住房抵押信贷以及小企业信贷市场。

金融危机导致美国股市剧烈震荡。2009年3月9日，美国道琼斯工业平均指数跌到6 547点，创10多年来新低，如果从2007年历史最高点14 000点计算，市值蒸发了53%。由于股市触底后开始逐步反弹，截至9月14日，道指回升至9 600多点。

一年来，经过金融风暴的洗礼，以华尔街为代表的美国金融业发生了巨大变化。目前，摩根大通银行成为美国最具实力的商业银行，美国银行和富国银行成为美国房贷市场最主要的两家金融机构。另外，为了防止金融危机再次发生，奥巴马政府计划强化金融监管，各金融机构在政府的干预下也开始强化风险控制。

华尔街金融危机暴露了美国金融监管系统的漏洞，随着金融危机波及全球，美元在国际货币体系中的信用严重受损，国际社会关于改革国际货币体系的讨论随之增多。

引发金融危机有多种因素，但是这次金融危机主要是由信贷危机引起的。简单来说，是一个诚信的问题。就是说，A是一个非常富有的土地主，有一间很大的房子。A对B说：“你可以住我的房子，但是要帮我工作（这里假设A的房子是无限多，无限大的），打扫我的所有土地。”B得到A的任务后，B去找了一个C，B对C说：“老C，你帮我打扫土地，你就可以得到一间大房子。”结果B就不用工作了，因为C已经代替了他的工作，但是B已有既得利益，所以他的收入是一种虚拟劳动产生的效益。同样，C也可以继续去找D，重复以上对话，因为A的房子无限多，无限大（比喻整个金融运作系统），但是事实上是有临界值的，只有劳动才能创造财富，当你所花费的钱超越你收入的时候，你一直借贷下去，这个系统就会崩溃。

信贷危机产生的原因在银行业。因为美国住房买车都是可以贷款的，但是一个人真正要买车和住房，需要进行很长时间的劳动去创造价值才可以达到的，但是因为美国没有限制，它是一个“天堂”，它在想方设法剥削全世界创造的利益，然后一直向全世界借钱养活它的国民。因为就以前美国的经济实力来说，我们很相信它，认为借钱给它，我们是有利益的，但是当它借钱实在太多之后，我们就会怀疑美国到底有没有能力去偿还资金，这个时候，危机就来了。

——摘自：人民网，http://world.people.com.cn/GB/10058725.html。

金融危机导致全球经济大衰退，至少要在2年至3年后才可能恢复。作为我国第一大贸易伙伴的美国实体经济疲软，直接造成我国的出口企业面临严峻形势，首当其冲的是金融、证券投资、国际贸易、房地产、汽车等行业。此时正值大学毕业生求职的重要时期，金融危机会给大学生就业造成多大的影响，难以估计，但可以肯定的是，随着金融危机影响的日益扩散，首先是跨国公司和外包公司业务萎缩，会减少用人数量甚至冻结招聘；其次国内为国外产业提供零部件、原材料、半成品的制造业，出口型企业也会受到影响；当然也会影响到下游的原材料和能源工业。政府救市政策出台，会刺激建筑业的需求，从而带动原材料和能源工业的恢复，但是效果显现肯定会有一段滞后时间。

思考题

1. 货币的本质是什么？货币在其发展历史上先后经历了哪几种形态？
2. 如何理解利率市场化的含义？
3. 货币时间价值产生的原因是什么？
4. 如何理解美国作为国际货币发行国从国际上获得的利益和负担的责任？
5. 如何理解金融危机？金融危机有哪几种类型？各有什么特点？
6. 如何理解股票的性质及股东的权利？
7. 为什么有些人选择股票、有些人偏爱债券？

推荐网站

1. 新浪财经，http：//finance. sina. com. cn。
2. 搜狐财经，http：//business. sohu. com。
3. 腾讯财经，http：//finance. qq. com。
4. 网易财经，http：//money. 163. com。
5. 雅虎财经，http：//finance. yahoo. com。
6. 金融界，http：//www. jrj. com. cn。
7. 中国人民银行网，http：//www. pbc. gov. cn。

推荐阅读书目

1. 兹维·博迪等著，伊志宏译：《金融学》（第5版），北京：中国人民大学出版社，2000年。

2. 威廉·F. 夏普等著，赵锡军译：《投资学》（第5版），北京：中国人民大学出版社，1998年。

3. 黄奇辅、李兹森伯格著，宋逢明译：《金融经济学基础》，北京：清华大学出版社，2003年。

4. 米什金著，刘毅等译：《货币金融学》（第6版），北京：中国人民大学出版社，2005年。

5. 乔治·H. 汉普尔、多纳德·G. 辛曼森著，陈雨露等译：《银行管理——教程与案例》（第5版），北京：中国人民大学出版社，2002年。

6. 彼得·林奇著，骆玉鼎等译：《战胜华尔街》，上海：上海财经大学出版社，2002年。

7. 伯顿·麦基尔著，骆玉鼎等译：《漫步华尔街》，上海：上海财经大学出版社，2002 年。

8. 本杰明·格雷厄姆、戴维·多德著，邱巍等译：《证券分析》，海口：海南出版社，1999 年。

9. 本杰明·格雷厄姆著，王大勇、包文彬译：《聪明的投资者》，南京：江苏人民出版社，1999 年。

10. 罗伯特·J. 希勒著，李心丹等译：《非理性繁荣》，北京：中国人民大学出版社，2008 年。

11. 罗伯特·J. 希勒著，郭艳等译：《金融新秩序》，北京：中国人民大学出版社，2004 年。

3 投资学：资本运作与资产增值的学问

3.1 投资概述

3.1.1 投资的含义及分类

投资活动是社会经济生活的最基本的形式，从衣食住行的物质需求到文化艺术的精神需要，从基础设施的建设到新产品的研发，从尖端技术的应用到资本市场的运作，投资活动都无所不在。对于一个国家而言，投资是提高经济技术水平，实现现代化的必由之路；对于一个企业而言，投资是扩大企业生产规模，增强企业实力的基本手段；对于个人和家庭而言，投资是实现自身价值和积累财富的重要途径。

投资是经济主体为获取未来收益而预先垫付货币或投入其他资源，以形成资产的经济活动。狭义的投资是指生产资本的形成，即货币转化为生产资本（包括固定资本和流动资本）或其他生产要素。广义的投资包括有形资产（固定资产与流动资产）的投资和无形资产的投资。

投资有不同的分类方法。按照投资的形态可以将投资划分为实物投资和金融投资。实物投资是投资主体为获取未来收益而预先垫付货币或其他资源，以形成实物资产的经济活动，包括固定资产投资、流动资产投资等。固定资产投资是建造和购置机器、设备、厂房、工具等劳动资料以及生活、办公、城市公用等设施的经济活动。流动资产投资是支付货币于劳动对象、工资和其他费用的经济活动。固定资产投资与流动资产投资也称为实业投资。金融投资是投资主体为获取预期收益，预先垫付货币而形成金融资产，以获取投资或投机收益的经济活动。金融投资包括股票投资、债券投资、期货投资等有价证券的投资。按照投资的时间可以将投资划分为短期投资与长期投资，投资周期在一年以下的为短期投资，投资周期在一年以上的为长期投资；按照投资的主体可以将投资划分为个人投资、企业投资和政府投资；按照投资的空间可以将投资划分为地区投资、国内投资和国外投资等；按照投资项目的性质可以将投资划分为新建、扩建、改建投资；按照投资的范围可以将投资划分为宏观投资和微观投资等。

补充阅读

4 万亿元投资构成及中央投资项目进展

据国家发展和改革委员会2009年5月21日公布的数据，在中国4万亿元投资计划中，15 000亿元用于铁路、公路、机场、水利等重大基础设施建设和城市电网改造；10 000亿元用于汶川地震灾后恢复重建；4 000亿元将投向廉租住房、棚户区改造等保障性住房；用于农村水电路气房等民生工程和基础设施的投资，以及用于自主创新和产业结构调整的投资为3 700亿元。另外，2 100亿元投资将投向节能减排和生态建设工程；1 500亿元用于医疗卫生、教育文化等社会事业发展。

上述投资中，中央投资总额为11 800亿元，其余资金将来自地方政府预算、中央财政代发地方政府债券、政策性贷款、银行贷款和民间投资等。在保障性住房建设方面，全国基本建成廉租住房21.4万套、开工建设65万套，正在加快实施煤矿棚户区民房改造10万户、采煤沉陷区民房治理12.9万户和国有林区棚户区改造15.7万户，开工建设国有垦区棚户区约8 500户、游牧民定居房1.8万套。在农村民生工程和农村基础设施建设方面，全国解决约1 460万农村人口饮水安全问题，开工建设农村户用沼气160万户，建成农村公路约2万千米、农村电网各级变电站254座、线路4万多千米。南水北调工程加快建设，基本建成近450个重大水利项目、290个大中型病险水库除险加固项目、193个大型灌区配套和节水改造项目，建成标准粮田260多万亩。另外，全国建成动物防疫体系项目5 000个，购置农产品质量检验检测设备13 427台（套），购置食品质量安全检验检测设备28万台，购置粮食烘干设备273套，新增油脂油料仓（罐）容约35万吨，建成以工代赈和扶贫项目172个，改造农村邮政营业投递网点700个。在重大基础设施建设方面，哈大、武广、南广、贵广等一批重大铁路项目加快建设，建成高速公路445千米，建成民航航站楼10万平方米，城市电网加快改造。在医疗卫生、教育文化等社会事业方面，全国基本建成约6 500个基层医疗卫生服务项目、1 140个基层计划生育服务项目和6个重点中医院项目，改造农村初中校舍面积约150万平方米，建成中等职业学校校舍约90万平方米，基本建成乡镇综合文化站1 246个。在生态环境建设方面，全国加快建设营造林约2 900万亩，新增污水处理能力约283万吨/日、垃圾处理能力3 155吨/日，铺设管网2 548千米，处理铬渣约32万吨，形成616万吨标准煤的节能能力、节水能力1.2亿吨、循环利用废物能力270万吨。在自主创新和结构调整方面，去年新增中央投资安排的176个高技术产业化项目和146个产业技术进步项目加快推进，已进入主体工程建设和设备采购安装阶段。今年安排的222个电子信息产业振兴和技术改造项目投资计划已经下达。此外，发展改革委还以图表的形式在其网站上介绍了4万亿元投资的三大保障体系，即组织保障体系、政策保障体系、监管保障体系。

——摘自：《发改委公布4万亿元投资构成及中央投资项目最新进展情况》，新华网，2009年5月21日，http：//news.xinhuanet.com/fortune/2009-05/21/content_11415597_1.htm。

3.1.2 投资的基本特征

投资具有两个基本特征，其一，投入与产出是对立统一的。无论是实物投资还是金融投资，都必须预先投入某种资源，如预付货币（通过货币执行支付手段或购买职能）取得某种资产，再通过资产获取某种使用价值。社会再生产过程是投入过程与产出过程的对立统一。没有固定资产投资过程，就不可能有生产手段的形成，也就不能进行社会再生产活动。可见，货币的预付是取得收益的前提，而且从投入到产出有一个时间差。货币具有时间价值，资本在使用过程中可以不断地增值。其二，投资收益与投资风险并存。投资者的初衷是为了获得收益，但市场情况复杂，投资存在亏损的可能。一般而言，投资实物资产的安全性大于金融资产；金融资产中，安全性较高的是保险和债券，安全性较低的是投资基金、外汇、股票和期货等。

3.1.3 投资系统与投资目标

投资系统是资本运动过程的综合体，其基本要素包括投资主体、投资客体和投资载体。其中投资主体是投资系统中最积极的要素，投资客体是投资活动中的主要对象和物质内容，投资载体是资本运动的平台或环境。

投资主体是从事投资活动、具有资金来源、拥有自主决策权的投资者。投资主体可以是经济实体，也可以是事业单位；可以是法人，也可以是自然人。投资主体拥有投资决策的权力，能独立做出投资决策，包括投资数额、投资结构、投资方式、投资期限和投资时机等方面的决策；投资主体具有投资收益的占有和支配权，这是投资主体从事投资活动的出发点和归宿；投资主体要承担投资风险，承担投资活动中发生的国内政策变化和国际资本市场变动等客观原因引起的风险，以及对投资品的选择、对资本市场的价格波动预测失真等主观原因造成的风险。投资主体可以划分为政府投资主体、企业投资主体和个人投资主体等。政府投资的目的是促进经济增长、充分就业、物价稳定和社会经济的协调发展，实现公平与效率的最佳结合。政府投资具有调节社会投资的总量和流向、为企业投资主体创造良好的投资环境的作用。企业投资主体可以分为四种类型：①企业所有，即资产所有权归企业所有，经营权属于企业家集团；②国家所有，即国有企业投资，其资本所有权属于国家，经营权属于国家；③社会所有，即投资资本社会化，投资所形成的资产社会化，经营管理社会化；④个人所有，即个人既是企业资产所有者，又是资产的经营者，同时又是其所有企业法人。企业投资主体要根据自身实际发展需要和市场发展前景，在国家产业政策指引下，面向商品市场、资本市场、技术市场和劳务市场，自主投资决策，自主选择投资方向和确定投资规模。个人投资主体是社会成员的个人投资。家庭作为投资主体，利用生活消费后余下的收入及部分贷款，或直接从事建房、创办实业或进行储蓄、购买股票、债券等间接投资，或购买古玩、字画等艺术品进行收藏与投资。

投资客体即投资品，是指能满足人们某种需要或者能够带来收益的投资对象。投资品包括固定资产、流动资产等生产和生活耐用消费品，股票、债券和基金等金融产品以及邮票、钱币和文化古董等收藏品。投资者在各种投资工具中选择适合自己的投资品，必须了解目前存在哪些可供选择的投资工具，以及未来可能出现的投资品。通常投资品可以分为固定资产、流动资产、不动产、股票、债券、期货和基金，以及珠宝、邮票和古玩等。

投资活动除了内部矛盾的作用外，还受到投资环境（即投资的外部因素）的影响。投资环境是在一定时间内，影响和制约投资主体取得预期收益的一切外部因素的有机整体。

它包括与投资活动相关的政治、经济、法律、文化、自然地理、基础设施、服务等方面的因素。其中与投资活动直接相关的物质条件是“硬环境”，而影响投资活动的社会、经济、法律、文化等因素的有机整体是“软环境”。创造良好的投资环境，不论是对国内投资还是对利用外资都起着重要的作用。良好的投资环境有利于吸纳投资，有利于资本的增值，有利于项目的建设和经营，有利于产业结构的调整和区域经济发展。

任何投资活动都要达到一定的投资目标，如产销率、市场占有率、投资回报率等。因此，投资目标通常是一个目标体系。投资目标可以划分为经济效益目标和社会效益目标。经济效益目标包括销售额、产销率、利润率、投资报酬率等。其中，投资报酬率是影响项目投资决策的重要因素。社会效益目标包括各种税费、就业率、对相关行业的带动效应等。

3.2 资本运作与投资效益

3.2.1 投资资金的运动

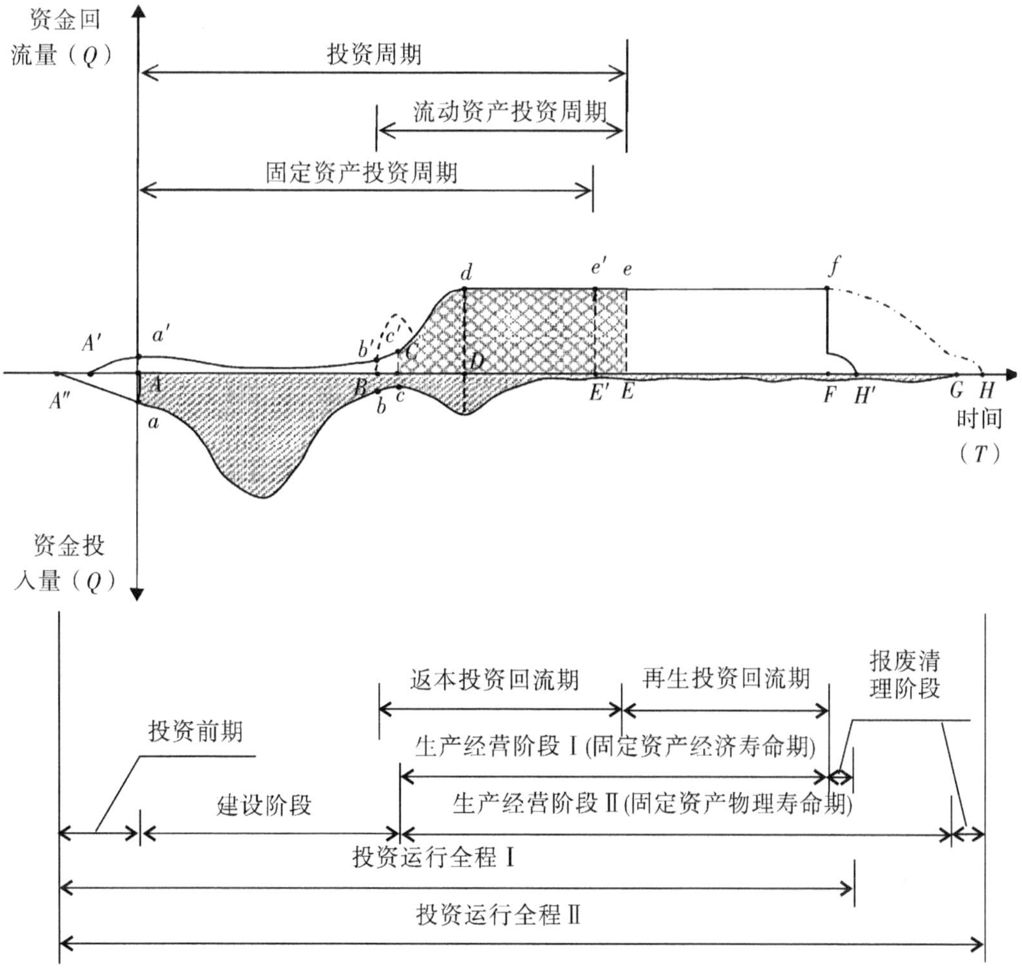

图 3-1 生产经营性投资资金运动示意图

产业投资研究的起点是分析投资资金运动及其资本运作的方式，而投资资金的回流作为投资运动过程不可缺少的环节，在投资经济运行中处于重要地位。图 3 – 1 直观地描述了一定时期内生产经营性投资资金流量变动的状态，为便于分析，首先对其作简要的说明：①图中 A 表示项目正式开工的时点，A''为第一笔资金投入时点，A'为第一笔资金回收时点。B 表示试运转时点，C 为项目竣工验收投入正式生产的时点，D 表示达到设计生产能力的时点，E 为投资资金投入量和回流量持平的时点，E'为固定资产投资回收时点，F 和 G 分别表示固定资产经济寿命和物理寿命终止的时点，H'和 H 分别表示项目在不同寿命期条件下固定资产残值回收和清理完毕的时点。②图中$\overline{A''A}$表示投资前期工作阶段。$\overline{AC}$ 表示投资实施阶段，即建设阶段。$\overline{BC}$ 为试运转阶段。$\overline{CD}$为达到设计生产能力的年限。$\overline{CE'}$ 表示固定资产投资回收期（即不考虑流动资产投资回收期）。$\overline{AE'}$为固定资产投资周期，其中包括项目建设期和固定资产投资回收期。$\overline{BE}$ 表示返本投资回流期，其中包括固定资产投资回收期和流动资产投资周期。$\overline{EF}$ 表示再生投资回流期（亦可称为投资净回流期）。$\overline{CF}$ 和$\overline{CG}$ 分别表示以固定资产经济寿命期和物理寿命期为条件的生产经营阶段。$\overline{FH'}$ 和$\overline{GH}$ 分别表示以固定资产不同寿命期为条件的固定资产报废清理阶段。③所谓经济寿命是指固定资产使用的经济合理年限，也就是使其平均年成本最低或平均年净收益最大的年限。物理寿命则是固定资产能够按其基本设计性能使用的年限。由于技术进步等因素，通常固定资产（如机器设备等）的物理寿命尚未完结，就被新出现的平均年成本更低的固定资产所淘汰，这种由技术上更为先进的固定资产形成的更新替换，使得大多数固定资产的经济寿命短于其物理寿命。④图中曲线围成的“单斜线部分的面积”与“双斜线部分的面积”相等。“虚线部分围成的面积”表示建设阶段由建筑安装工人的剩余劳动所创造的价值（m）。图中“点画线部分”表示按项目物理寿命考虑的投资资金回流线。⑤该图是静态投资资金流量示意图，并假定年折旧率和年利润率均保持相对稳定。尽管如此，并不妨碍我们对投资回流问题的讨论，因为在考虑资金时间因素时，只是资金流量曲线波动幅度有所变化，并不改变投资资金运动的总趋势。⑥图中的横坐标轴为时间轴，以年（或月）为计量单位，纵坐标轴为资金轴，以元（或万元）为计量单位。在时间轴下方描绘资金投入流量变化，上方描绘资金回流流量变化。在资金轴的右方描述建设项目正式开工兴建至固定资产经济寿命终止或物理寿命终止的时期（即项目建设期加经济寿命期或物理寿命期），在资金轴的左方描述建设项目筹建至正式开工的时期（包括可行性研究、项目评估、勘探设计、征地拆迁等建设前期工作所经历的时间）。一项建设工程正式开工兴建之前，要进行咨询、评估、工程设计、概预算、征用土地、拆除原有建筑物和构筑物、生产职工培训等建设前期工作，这一阶段需要投入一定的资金以支付各种费用。图中由直线$\overline{A''A}$、$\overline{aA}$ 和曲线$\tilde{A}''\tilde{a}$围成的面积大体上反映了建设前期的资金投入流量的变化，在这一时期也有少量的资金回收，主要是建设场地内拆除原有房屋、构筑物获得的旧建筑材料变价销售收入和砍伐树木等销售收入等。在进入建设阶段之后，仍可能发生此类资金的回收，如挖土方（或地坑）时，获得一些碎石、砂、黏土等建筑材料的变价出售收入。因此，这部分资金的回收有可能从投资前期持续到建设阶段，在图中就表现为直线$\overline{A'B}$，$\overline{Bb'}$和曲线$\tilde{A}'\tilde{b}$围成图形的面积。

曲线由 a 点进入施工过程，至 b 点完成项目主体工程和主要的配套工程，这一阶段需要投入大量的建设资金，用以购买建筑材料和构配件，进行生产工艺设备订货、购置、加工、厂房及构筑物施工、生产装置和各种机电设备组成与安装，这些基本上属于固定资产投资，也是整个资金投入流量的主要部分。从 B 点至 C 点为试运转阶段，这时要投入一定量的流动资金进行试车，并为正式投产做物质准备，与此同时，也有一些资金回收，如矿山机械设备试运转，挖掘出来的矿产品或其他副产品，销售之后可获得收入。

建设阶段的资金投入量和试运转阶段的资金回流量在图中分别表现为直线$\overline{AC}$、$\overline{Aa}$、$\overline{Cc}$与曲线$\tilde{a}\tilde{b}\tilde{c}$所围成图形的面积和直线$\overline{BC}$、$\overline{Bb'}$、$\overline{Cc'}$与曲线$\tilde{b}'\tilde{c}'$所围成的面积。如果联合试车发现工程存在重大质量问题，必须局部返工并重新调试，直至试运转正常为止。

从 C 点起，表明工程竣工验收正式投入生产，固定资产投资虽已结束，但需要垫付相当数量的流动资金，用以购买原材料、燃料，支付生产工人和管理人员工资以及其他费用，由于在投产初期，尚未达到设计生产能力，表现在资金运动上，是流动资产投资逐渐增加，产品销售收入扣除生产费用所得的余额（利润）也逐渐增大，这时资金回流并不单纯来源于利润，其中还包括固定资产折旧。经过一段时间以后，企业生产达到设计生产能力（图中 D 点），资金回流和投入曲线波动幅度较小，资金回流呈现较大值且持续到项目经济寿命期结束，资金投入增量相对减小，主要是原垫付流动资金在产品价值实现之后，被重新用来购买原材料、燃料等，再次投入生产过程。在一般情况下，无须增加更多的流动资产投资。投资运动至 E 点，资金回流量与资金投入量相等，随后就进入再生投资回流期，即投资净回流阶段，曲线从 f 点开始下降，表明企业生产设备老化，生产能力逐渐降低，消耗大，效率低，成本高，销售收入和利润相应减少。此时，在技术落后的情况下，继续生产至固定资产物理寿命终止（G 点），其经济效益不佳。实际上企业在固定资产经济寿命终止（F 点）时就会提前进行固定资产更新换代，以使企业生产经营始终保持良好的状态。显然，企业不论是在项目经济寿命终止时抑或物理寿命终止时进行固定资产更替，仍然可以回收一定量的资金，即固定资产残值收入。假如不再进行新的投资，还能够回收原垫付的流动资产投资。但是在一般情况下，人们总是将这部分资金投入新项目的生产过程。图 3 - 1 清晰地显示：在整个投资资金运动过程中，绝大部分资金投入是发生在建设阶段和投产初期，而资金回流则主要集中于项目经济寿命期，至于投资资金运动的其他阶段，不论是资金投入量还是资金回流量都相对较小。

以上对于投资运动过程的总体考察，以及资金投入和资金回流变化状态的具体描述，有助于我们对项目投入产出问题的讨论。然而，在现实的项目投资过程中，资金运动的表现形式是较为复杂的。为了揭示投资资金运动的客观规律，必须从理论上对投资运动过程作进一步的分析。

3.2.1.1 投资资金的运动形式

（1）生产性投资运动。

生产性投资运动必须依次经历投资资金的两类循环，才能实现资金回流并复归到投资的起点。投资资金的第一类循环是从固定资产投资（G_1）开始的，以货币购买建筑材料和机械设备等生产资料，投入建筑安装施工的劳动力，经过建筑生产和设备购置安装生产过程（P_1），形成建筑产品（W_1'）。这些同土地结合在一起的建筑物和已安装的机器设备等固定资产，一般不是用来在市场上出售，而是当作劳动资料，进入物质生产过程。可见，投资的第一类循环的结束，仅是为投资回流准备了物质基础。当利用固定资产投资购建固定资产完成（工程项目竣工验收）之后，就进入投资的第二类循环。根据项目设计工艺生产的要求，进行首次流动资产投资（g_1），以货币购买原材料、燃料等生产资料，并投入工艺生产所需要的劳动力，经过工艺生产过程，得到工业产品（w_1'），拿到市场销售之后，获得货币（g_1'），在g_1'中不仅包含固定资产折旧、原材料和燃料等价值，也包含价值增值（m）。此时既实现了固定资产投资的部分回流，又实现了流动资产投资的全部回收。但这里的"回收"是就流动资产投资的一次循环而言的。从投资运动的观点看，它并非真正的资金回流。如果把"回收"的流动资金连续地投入生产过程，则相应地产生g_2'、g_3'……g_a'，直至固定资产磨损报废。投资运动经历上述两类循环，通过固定资产折旧和取得利润，逐渐实现固定资产投资和流动资产投资的全部回流。显而易见，这里的g_1'和g_a'分别是生产性投资资金回流的起点和终点，g_1'至g_a'构成了生产性投资回流的主要阶段。当人们用回流的资金进行新的投资时，就开始了一个新的投资运动过程（新的投资周期）。这里需要说明，在投资建设阶段，建筑安装工程施工作为一种直接兴工动料的生产活动，其产品价值不仅包含物化劳动（C）转移价值和工人的劳动报酬（V）部分，还包含工人剩余劳动创造的价值（m）部分，即W_1'中包含价值增值。

（2）经营性投资运动。

经营性投资运动和生产性投资运动过程非常相似，经营性投资周期也包括两类循环，其中第一类循环与前述生产性投资运动过程中的第一类循环基本相同，区别在于它的第二类循环没有物质生产阶段；也就是说，不提供任何物质产品，而是利用第一类循环形成的建筑物及各种经营设施（W_1'），投入一定量的流动资金（g_1），购买经营服务活动所必需的物品，并投入相应的劳动力，如营业员、导游员、炊事员、放映员等，经过经营服务过程，为人们提供某种服务，获得营业收入（g_1'），在货币g_1'中也包含固定资产折旧、经营性用品转移价值、服务人员劳动报酬和利润等。因此，尽管这一类循环没有生产物质产品，但是通过提供劳务，经若干次循环之后，也能够逐步实现固定资产投资回流和流动资产投资回流。如用于旅游宾馆、商业性用房、仓库、影剧院及其他各种经营服务设施的投资，一般具有经营性投资运动的形式。

（3）商品性住宅投资运动。

商品性住宅投资运动是以货币（G_1）购买建筑材料和机械设备等生产资料，投入相应施工劳动力，经建筑安装施工过程，形成住宅产品（w_1'），在建筑商品市场出售后取得货币（G_1'）。由于住宅产品是最终产品，因而能够直接实现投资资金的回流。显然，商品性住宅投资运动具有特殊形式，它与上述两种投资运动过程相比，有较大的差别，这不仅表现在投资周期是单循环，其投资过程只含第一类循环，没有第二类循环。住宅产品形成之后，不再进行流动资产投资。此外，商品性住宅投资运动的第一类循环虽然在形式上与前述同类循环相似，但在内容上根本不同，前述生产性和经营性投资运动的第一类循环所形成的建筑产品（厂房设备等），将作为劳动资料投入物质生产过程，而这里的第一类循环所形成的住宅产品则属于消费资料，作为耐用消费品直接进入消费领域。

（4）非生产经营性投资运动。

相对于生产性投资、经营性投资和商品性住宅投资来说，非生产经营性投资运动的形式较为简单，非生产经营性投资运动经历购买阶段、施工阶段，至建设工程竣工验收时结束，形成的固定资产不是用作劳动资料进入生产经营过程，也不是当作消费资料投入市场销售。在其使用过程中，不能生产任何物质产品，没有产品销售收入，也没有营业收入。因此，非生产经营性投资不存在直接的资金回流，也就无所谓投资循环。一般来说，政府各级部门办公用房、博物馆、展览馆、教学楼、医院、体育设施以及国防工程等均属于非生产经营性投资的范畴。这里需要强调，虽然非生产经营性投资资金不能直接回流，但它是经济建设和社会发展不可缺少的部分，利用这类投资建成的工程项目能够为各产业部门提供发展所需要的外部条件和良好的社会环境，可以促进物质资料生产部门的发展和整个国民经济的增长。从这个意义上说，它仍然是一种回流，是投资的间接回流。

综上所述，项目投资及其资金运动可以归结为以下几点：①投资运动有多种形式，资金回流相应地具有不同的特征，并非所有的项目投资都能实现直接的货币资金回流，投资是否具有经济效益，在很大程度上取决于项目的投资方向。②资金回流是项目投资运动过程的重要阶段，它主要集中于投资运动过程的生产经营阶段。从再生产的角度看，如果资金不能实现回流，势必引起资金链的断裂。因此，在考察项目投资及其资金运动时，应着重研究投资项目的生产经营阶段的资金流量变动。③在固定资产的经济寿命期内，项目投资可能产生两种结果，一是资金回流量大于资金投入量，形成正效益；二是资金回流量小于资金投入量，形成负效益。资金回流与投资总量相等的情况，通常会出现在项目投资周期的某一时点上。④资金回流是由固定资产投资回流和流动资产投资回流两部分组成，如生产性投资项目的货币资金回流和经营性投资项目的货币资金回流。但也有例外，如商品性住宅投资项目的货币资金回流属于固定资产投资回流。按照资本循环和资本周转的原理，“只有生产资本能够分为固定资本和流动资本。相反，这种对立，对产业资本的其他两种存在方式来说，也就是，不论对商品资本还是对货币资本来说，都是不存在的”。[①] 当然也不能从其物质形态是运动的还是静止的来区分固定资产和流动资产，例如汽车、火车、飞机、轮船等虽然是运动着的但也属于固定资产。显然，商品住宅也不是流动资产，根据住宅商品的实物形态、价值构成、使用年限以及施工生产特点，将商品性住宅投资视作广义的固定资产投资是可取的。那么，由经营性投资形成的建筑物（如宾馆、商业大楼、金融机构用房等）是否算作固定资产呢？回答是肯定的，因为它们在经营过程中执行着劳动资料或劳动手段的职能，其价值可以按照该劳动资料的磨损程度逐渐进行补偿，所以它们属于固定资产。

通过上述分析，相信大家对于项目投资及其资金运动形式有了初步的认识。然而，要揭示投资运动的客观规律，还需要进一步研究资金回流的实现问题。在投资经济运行中，固定资产投资回流和流动资产投资回流是紧密联系、不易区分的，但是从理论上分别研究它们的实现方式是可能的和必要的。

3.2.1.2 资金回流的实现

（1）固定资产投资资金回流的实现。

众所周知，无论是与土地结合为一体的固定资产（如公路、铁路、机场、港口、厂房和需要安装的设备等），还是不与土地结合在一起的固定资产（如汽车、火车、轮船、飞

① 马克思：《资本论》（第2卷），北京：人民出版社，1975年，第182页。

机和不需要安装的机器设备等），都具有独立的资产形式，在使用过程中，始终保持着完整的物质形态，其实物补偿是一次性的，但是不能由此推断它们的货币形态也是固定的。具体地说，生产性投资形成的固定资产，它的价值是一部分、一部分地转移到产品中去，通过销售使其价值逐渐得到补偿；经营性投资形成的固定资产，它的价值是按照其损耗程度逐渐进行补偿。总而言之，生产经营性投资形成的固定资产都是根据一定的年折旧率，采取分次提取折旧的形式进行价值补偿的。可见，固定资产的货币形态仍然具有流动性，只不过这种货币流动的方式较为独特罢了。前文已论及项目建设期内的固定资产投资回流量很小，因而固定资产投资资金的回流主要是在生产经营阶段逐渐实现的。

（2）流动资产投资资金回流的实现。

流动资产投资是生产经营性投资的重要组成部分，它的回流不同于固定资产投资回流，流动资产投资的货币回流不是采取折旧的形式，而采取利润的形式。换句话说，价值增值是流动资产投资资金回流的唯一源泉。这里有必要弄清两个不同的概念，即流动资产投资在生产经营过程中的循环周转与流动资产投资的货币回流，流动资产投资的循环周转就是流动资金在生产活动中分解成货币、原材料和待出售商品三种形态，经过生产、销售过程回归到原垫支形态，在非生产性的经营活动中则是分解成货币、经营服务所需物品等形态，通过经营、服务过程回归到原垫支货币形态。这里从商品形态的流动资产转变为货币形态的流动资金，或者由经营服务收入直接取得货币形态的流动资金，都不属于流动资产投资的货币回流，因为这部分流动资金必须立即投入到下一个周转过程中去，再次转化为生产（或经营）要素。它实际上已经被束缚在生产经营过程中，不能游离于再生产过程和经营服务过程之外，所以它不是流动资产投资回流的来源。就投资资金运动全过程来考察，流动资产投资回流的源泉只能是产品的销售利润或经营服务的盈利，显然，这需要流动资金在生产经营过程中进行若干次循环周转之后才能实现。

一方面，固定资产投资和流动资产投资的不同运动形式，导致投资的货币回流具有不同的实现方式。另一方面，固定资产投资回流和流动资产投资回流客观上又存在有机的联系，这里以生产性投资资金运动为例，具体分析投资回流的实现问题。假设某项生产性投资，用于厂房和机器设备等方面的固定资产投资420万元，工程竣工投产后，按照工艺设计要求需垫付流动资金60万元，如果固定资产的经济寿命为12年，每年提取折旧35万元，产品销售收入140万元，利润额45万元（这里的垫付流动资金、折旧、产品销售收入和利润均为年平均数）。那么在生产过程中，每完成一次资金循环（为了分析简便起见，假定一年时间里流动资金循环一次），固定资产投资回流35万元，流动资产投资回流45万元，即每年投资资金回流80万元（35万元+45万元），它们可以从生产过程中游离出来，至于那部分通过产品销售回收的原垫付的流动资金（60万元），又被投入下一次资金循环，相对地固定于再生产过程中，而未能回流出来。这样经过6次资金循环（本例中历经6年时间）之后，投资资金回流达到480万元（80万元×6），与投资总量480万元（固定资产投资420万元+流动资产投资60万元）相等，表明投资全部收回。但是，投资回流尚未结束，在固定资产经济寿命终止之前，还有一定量的资金回流。显然，当总投资全部回收时，就可以进行一项同等规模的新投资，而不必等待投资回流完全结束。在本例中，尚未考虑资金时间因素（将在本章第二节中论述），并且对某些不确定性因素和次要因素（如项目建设期的资金回收，利润分配对投资回流的影响等）作了舍象。在这个例子中，我们是假设投入生产过程的流动资金量恰好符合工艺设计的要求，与设计生产能力匹配。如果流动资产投资不足，使得部分固定资产的生产能力闲置，造成产品产量降低，产品销售收入和利润相应减少，引起固定资产投资回流量和流动资产投资回流量同时减少；如果投入生产过程的流动资金过多，超出与之匹配的固定资产生产能力，其后果是造成原材料等的大量积压，不仅一部分流动资金不能正常地循环和周转，而且使保管费用等生产成本增加，相应引起利润减少，同样也会影响投资资金回流的实现。

综上所述，在生产经营性投资运动中，固定资产投资回流与流动资产投资回流之间是对立统一的关系。一方面，由于它们各自固有的运动特性，而分别采取不同的回流实现方式；另一方面，两者又存在内在的联系，固定资产投资回流必须通过流动资产投资回流才能实现，固定资产的价值随着周而复始的流动资金运动逐渐地转移到产品价值中去，流动资产投资回流依赖于固定资产投资回流，取决于固定资产对流动资金的吸纳能力。在投资总量中，固定资产投资和流动资产投资必须保持合理的比例，才能使投资循环和周转正常运行，从而实现投资资金的迅速回流。否则，就会造成投资回流不畅，投资经济效益低下。

（3）补偿性投资回流和增值性投资回流。

前面论及投资资金回流运动的阶段特征时，曾强调投资的货币回流主要集中于项目的经济寿命期。也就是说，生产经营阶段 I 的投资回流在整个投资资金回流中占主导地位。下面着重考察这一阶段的投资回流问题，生产经营阶段的投资回流可以分为两类，即补偿性投资回流和增值性投资回流。

补偿性投资回流是固定资产投资资金回流的基本形式，表现为固定资产折旧，它能够在生产过程中“沉淀”并分离出来。因此，补偿性投资回流可以被用于追加固定资产投资，但是这种资金的“沉淀”是暂时的，利用它进行追加投资要受到固定资产物质形态更新周期的限制，折旧基金必须在确保设备更新和维持简单再生产的前提下，才能用于新的固定资产投资。增值性投资回流是固定资产和流动资产共同作用，并最终由剩余劳动产生的结果，其基本形式是生产经营过程中形成的利润，这部分增值的价值十分活跃，可以游离于再生产过程之外，它几乎不受任何限制。所以，增值性投资回流是投资经济效益的集中体现。那么，这两种形态的资金回流究竟对生产经营阶段的投资资金回流有哪些影响？也就是说，我们必须进一步考察它们与返本投资回流和再生投资回流的相互关系。这里有必要先叙述返本投资回流量和再生投资回流量的概念。所谓返本投资回流量是指投资总回流量中相当于投资总量（包括固定资产投资和流动资产投资）的那部分资金回流量。相应地，返本投资回流期可以定义为项目试生产（或工程竣工验收投入正式生产）至收回全部投资资金的时间。显然上述表达式与固定资产投资回收期是不同的。一般地说，返本投资回流期大于固定资产投资回收期。固定资产折旧按平均分摊法计提，年利润按项目正式投产后的平均年利润计算，并且尚未考虑资金时间因素。再生投资回流量是投资回流总量扣除返本投资回流量之后剩余的部分，相应地，可以把再生投资回流期定义为从投资资金全部回流至项目经济寿命终止所经历的时间。

从投资运动过程来看，人们总是希望投资回流阶段长一些。但是，它受到两个因素的制约。其一，项目物理寿命的革命和技术进步加快了设备的更新替换，使固定资产经济寿命呈现逐渐缩短的趋势。所以，对每一个具体建设项目来讲，投资回流阶段延续的时间是一个恒定的值（常数）。因此，人们要想获得理想的投资经济效益，就必须尽可能地缩短投资回流期，相应延长再生投资回流期，以取得尽可能多的再生投资。根据上述概念和前面对生产经营性投资运动过程的考察，可以清楚地看出补偿性投资回流和增值性投资回流运动的特征和它们在整个投资回流过程中所处的地位。一方面，补偿性投资回流和增值性投资回流主要存在于项目经济寿命期，并构成了投资资金回流的两大源泉，它们在生产经营过程中回流速度的快慢和回流量的大小，是影响投资总回流量变动的决定性因素。另一方面，补偿性投资回流和增值性投资回流之间存在此消彼长的关系，在同一时点上（或某一时期内），缩小补偿性投资回流可以扩大增值性投资回流；而扩大补偿性投资回流相应缩小增值性投资回流。实际上，在返本投资回流期结束之后，由于总投资已全部收回，在一定意义上说，固定资产价值也提前得到完全的补偿，此后（即再生投资回流期内）以折旧基金形式存在的补偿性投资回流只是名义上的了，从这时起它开始发挥增值性投资回流的作用。显然，在返本投资回流期内，增值性投资回流也可以起到补偿性投资回流的作用。

投资经济运动及其全过程的分析，投资经济系统内各分系统（或子系统）之间的关系以及与总投资经济系统的关系的研究，无疑都要考虑所有经济现象发生的时空状态和位置。对于投资活动过程的重要阶段——投资回流阶段的研究，当然也不例外。为了进一步考察影响投资资金回流的时间因素和空间因素，我们简要叙述投资经济时间和投资经济空间的概念。

投资经济时间（以下简称投资时间）用来表述投资经济过程持续的时间和它们之间的间隔。虽然投资时间的结构同自然时间（物理时间）一样具有一维性，在形式上相似，但它具有特定的内涵，在综合总的投资经济运动发展变化动态的同时，也反映投资经济发展中的序时或并存关系，以及投资经济系统中各种活动的时间长短和时间节奏。投资时间的概念在整个国家经济建设的所有投资活动分析中具有重要作用，涉及投资资金的筹集和分配、工程项目的准备和实施、投资的货币回流及投资经济效益评价等各个方面。投资时间不仅是投资经济系统内各部分（要素）按最佳顺序运行和协同动作的体现，而且也是节约时间的一般规律在投资经济领域的客观反映，是整个投资经济管理活动的核心。换句话说，投资时间代表着一种多样化特征的归于统一，即投资经济总系统内每个组成要素和组成部分都有其具体投资时间的约束。显然，属于生产经营性投资的运动与属于非生产经营性投资的运动或者属于商品性住宅投资的运动，因其运动形式上的差异（如投资运动的双循环周转或单循环周转形式），势必引起最优投资时间的差别。不言而喻，即使投资在同一时刻（实际上这几乎不可能）开始资金循环，也会由于投向的国民经济具体部门以及产品或服务类型、投资活动方式的职能差异，导致完全不同的最优投资时间。例如，一般工业的投资时间不同于农业、运输业、建筑业，在工业内部，最优投资时间也会因产品生产所需要的工艺生产时间和固定资产购建时间的不同而大相径庭。一般来说，机械工业的工艺时间比造船工业所需的时间少得多，投资的货币回流时间相应要快得多。同时，这种投资时间的差别在投资实施阶段（建设阶段）也是客观存在的。

投资经济空间（以下简称投资空间）决定投资经济系统和子系统的活动范围和环境。虽然投资空间的结构同自然空间（物理空间）一样具有三维性，但也有特定的内涵，它综合了投资经济系统的固有特征，包含投资经济发展变化复杂过程中的运动参数。投资空间不仅表征投资的纵向结构（产业部门、经济单位等）和投资的横向结构（经济区域、城镇、乡村等），而且反映了投资经济运行机制与其行为和功能相联系的整个过程以及投资经济现象的全貌，也就是反映了投资经济系统各部分在其发展过程中形成的关系和各要素相互联系的总体。这一概念在宏观投资经济、中观投资经济和微观投资经济分析中具有重要的意义，涉及投资规模、投资产业结构和地区结构、投资布局、涉外投资、投资环境、投资经济效益和社会效益评价等各个方面。投资空间不仅关系到投资经济系统内各要素的优化组合及各种资源最佳配置的问题，而且事关国家经济建设和经济改革战略。在投资空间内，整个投资经济系统的各分系统（子系统）的运动进程（从一种状态过渡到另一种状态）是赖于一定的环境，并综合各种相关因素来实现的。所谓投资空间的相关因素包括人力资源（即建筑安装施工、工艺生产和经营服务等所需要的劳动力）、物料（即建筑材料、仪器、生产经营用原材料、燃料等）、投资经济信息、投资资金流量以及整个投资过程的有关变量。

应当指出，投资时间和投资空间是不能截然分开的，两者之间具有密不可分的联系，共同构成了投资经济时空的四维结构。因而，孤立地研究投资时间或投资空间是没有意义的。换句话说，投资经济系统、投资时间和投资空间之间存在着完全的渗透，三者缺一不可，即投资经济时空与投资运动（也是一种物质运动）之间存在着相互依存的关系。下面关于投资资金回流运动的时间因素和空间因素的分析，就是基于这一前提的。

商品生产过程是劳动过程与资本增值过程的统一，在这个过程中既形成价值也形成剩余价值，资本是能够带来剩余价值的价值。生产过程是价值形成和增值的过程，资金则是能够创造纯收入的价值。在生产经营性投资运动过程中，资金经过两次循环，由流通过程进入工程建设过程（施工过程），再进入生产经营过程，最后又回到流通过程，形成价值和价值增值（剩余产品价值），资金周而复始地循环就使资金不断增值。当然，资金增值是在生产过程中产生的，如果离开劳动过程，不论资金经历多长时间也不会产生价值增值。因此，人们得出这样的结论，以生产经营过程的剩余劳动为源泉的资金具有增值的能力，同一笔资金在不同时间具有不同的价值量。随着时间的推移，资金在数量上呈现递增的趋势。因此，资金时间价值成了人们在任何经济活动中不可忽视的重要因素。如果我们对资金时间因素作进一步的分析，可以发现在不同的年代里，单位时间内所创造的价值量也是不同的。比如，1990 年一个单位经济时间内创造的价值就比 1950 年大得多。由于社会分工和专业化协作程度的变化、技术进步和技术革命等因素，使得每单位经济时间里的劳动生产率逐步提高，即社会生产力不断地相应提高，也就是单位经济时间里“容纳”的社会财富逐渐增多，过去 1 小时内所创造的价值，在今天或许只需要半小时就能创造出来，而将来或许只需要几分钟，当然剩余产品价值生产和实现的速度也在加快。由此可见，资金不仅具有增值的能力，而且还呈现加速增值的趋势。众所周知，资金增值率是一定时期（如一年或一月）内资金价值增量与本金的比值，它反映了资金增值的速率。在具体的生产建设过程中，是把一定时期内的盈利额与投资额比较，得到投资收益率（或投资报酬率）。一般可以根据整个国民经济或按部门规定统一的投资收益率（称为定额收益率或基准收益率），作为评价投资经济效果的标准。一个具体的建设项目进入生产经营阶段时，人们总是希望其投资收益率高于基准收益率，以求获得较多的盈利。对于投资者的这种动机不难理解。因为他们明白，在单位经济时间内，不论随着时间推移资金价值量增大了多少，全社会创造的物质财富（价值总量）仍然是一个恒定的值（常数）。因此，某一具体的投资项目实际所达到的投资收益率不同，就可能使投资者在整个社会剩余产品价值总量中所占有的份额（比重）发生变动。一般地说，如果项目投资收益率大于社会平均的投资收益率，则投资经济效益较好；反之，投资者就会蒙受一定的经济损失。如果项目投资收益率与社会平均投资收益率大体相当，那么，投资者的原投资资金可以实现价值增值，但没有实现加速增值。

以上对投资资金时间因素的分析，有助于揭示投资资金回流运动的规律。前面论及投资资金回流的源泉时，曾明确指出投资资金回流有两条主要渠道：固定资产折旧和利润。根据资金时间价值理论和资金增值加速原理，可以得出结论：速固定资产折旧和加快资金增值速度是增大投资资金回流量的主要途径。加快资金增值速度，也就是通过提高投资资金增值的速率，增强工程项目的盈利能力，这是增大投资资金回流量的最根本的措施。就一个具体的建设项目来说，要尽可能地缩短建设工期，尽快地进入生产经营阶段，尽早地达到设计生产能力（或服务能力），并且在生产经营过程中，采取合理增加利润的措施，如改进生产工艺、降低生产成本、减少流通费用、节约行政开支等。总之，上述加快投资资金回流的基本途径，主要是从微观投资资金运动的角度，集中地反映马克思主义关于节约时间的规律。下面再从宏观投资经济运行的角度来分析投资资金回流的时间因素。

投资经济系统作为各分系统（或子系统）和各种投资经济要素组成的总体，包括一系列不同投资回流时期的建设项目。需要指出，这里所说的投资回流时期（包括投资的长回流期和短回流期，亦称投资资金的远期回流和近期回流），不同于前面所说的投资回流阶段（投资回流期间），即不是投资资金回流阶段所经历的时间，而是指建设项目经投资前期、建设阶段后，正式进入投资资金回流主要阶段的起点的时间。每一个具体的建设项目因其投资前期和建设工期的差异，而具有不同的投资资金回流时期。产生这种差别的直接原因是建设项目本身的技术经济特点。例如，需要安装大型成套机械设备或大规模生产线的工业建设项目，不仅要占用较多的建设资金，而且要经长期施工才能完成，我们把它称为长回流期项目（或称为远期回流项目）；而那些以中小型设备为主的轻纺、电子、食品加工等建设项目占用建设资金较少，建设工期较短，投资回流快，则属于短回流期项目（亦称为近期回流项目）。它们形成了投资资金回流的时期结构。从整个国民经济系统来看，远期回流项目和近期回流项目各自在投资经济系统中的比重，直接影响着一定时期内投资资金的阶段回流量和总回流量，关系到国家经济建设的长远目标和近期目标的实现，同时，也间接影响了一个国家经济增长的速度。在过去一段时间里，我国投资资金回流的时期结构不尽合理，长回流期的大中型项目所占比重过大，使投资资金回流的时期结构发生较大倾斜，造成投资资金近期回流量偏小。这不仅与资金增值加速原理相悖，而且影响了国家经济增长的近期目标的实现。当然，这绝不是说，短回流期项目所占比例越大越好，而应当按照经济稳定持续增长的客观要求，在保持近期投资回流和远期投资回流基本平衡的基础上，使全社会的投资资金回流量与相应时期的资金投入量相适应，形成比较合理的投资资金回流时期结构。

投资资金在一定的投资经济空间内的密度（即流量的大小）是不一样的，这种现象不仅发生在一个国家的不同经济区域内或者不同的产业部门中，而且经常超出国界渗入世界投资经济空间，并影响其资金密度的变动。就一个国家的投资经济空间来看，它是资金投入空间和资金回流空间的统一，两者之间存在内在的有机联系，不过这并不影响对它们分别进行考察。本节着重研究投资资金的回流空间（其主要的部分是投资资金的产出空间）。

一个国家因其不同经济区域之间存在自然资源、技术经济条件等方面的差异，导致地区经济发展的不平衡。这种现象不仅出现在大多数的发展中国家，事实上一部分发达国家也是如此。这在客观上要求人们按照地域之间的差异布局适合自身特点的产业结构并确定地区产品导向，充分地发挥区域比较优势，使不同地区通过域际贸易获得比较经济利益，从而在实现全社会各种生产资源最优配置的前提下，促进整个国民经济综合经济效益的提高。

基于历史背景和地理条件等诸多因素，我国各地区经济发展不平衡的状况极为突出，东西部之间形成了一种特殊的分工协作关系。由于西部地区生产、加工能力相对较弱，其大部分原材料和能源主要运往加工工业比较发达的东部地区。多年来西部地区是以输出原材料和初级产品为主，相应地就形成了不同的区域产业结构，即西部地区重工业所占比重大，以原材料、能源工业为主，制造业则以初级产品加工为主；东部地区轻纺工业所占比重较大，制造业是以产品深度加工为主。在技术方面，全国呈现东部沿海向内地和西部推移技术的态势。东部基础好，知识和技术相对密集，其先进的生产技术逐步向西部推移，而西部消化这些技术并转化为现实的劳动生产率需要一定的时间。与此同时，东部地区又会出现更为先进的技术。显然，这种技术推移有可能扩大东西部技术水平的差距，导致东部加工工业经济效益总比西部高一些。这意味着同样数量的资金投入不同的经济区域，其投资资金回流的数量和速度是不同的。一般来说，投资资金在东部沿海地区所形成的货币回流量明显比投资在西部地区多一些，而从总体上改变或缩小东西部投资资金回流水平上的差距，就必须利用地域之间的比较优势，根据各个经济区的不同特点，发展地区优势产业，促使投资在各个经济区域都能获得最大的投资资金回流。需要强调的是，这里所说的"区域"，不应受行政区域（如省、市、县）的限制，而是投资建设和生产过程的诸因素有机联系的经济区域，是投资经济空间的局部表现形式之一，实质上就是投资回流的地域分布在投资回流空间内的具体体现。下面再从投资回流的产业或行业分布方面对投资回流空间做简要分析。

投资投向不同的产业部门，其货币回流的速度和流量也是不同的，这不仅表现在资金投入到农业、工业、建筑业或运输业，会形成不同的资金盈利率，而且在各物质生产部门内部，资金的回流速度和流量也有较大的差异。例如，在一般工业部门中，机械工业、电子工业、化学工业、轻纺和服装工业等，由于它们具有不同的资金盈利率，而形成不同的投资资金回流量。尽管在各生产部门之间存在着利润平均化的要求，但这种差别在一定程度上是不可避免的。众所周知，一个国家的产业结构应当是一个比例协调的整体，客观上要求优化投资结构。毫无疑问，对不同的产业部门进行投资，会直接影响整个产业结构内部的比例关系。如果投资在国民经济各产业部门之间的分配不合理，就会引起各生产部门长线和短线之间的尖锐矛盾，如产业结构中的短线部门形成“瓶颈”，对整个国民经济运行造成障碍，相应导致投资的货币回流受阻。在商品经济中，人们进行生产经营性投资活动，不仅希望投资资金回流能够实现，而且期望货币回流的速度快一些，回流量也尽可能地大一些。投资者对于那些耗资大、工期长、投资资金回流慢的基础工业和基础设施缺乏兴趣，而乐意把资金投向那些工期短、耗资少、收益高的建设项目上面。这种投资倾向引起投资产业结构过度倾斜，造成国民经济结构失衡。具体表现在，一方面，轻纺、家电、服装等加工工业膨胀，生产能力过剩，产品大量积压，资金周转缓慢，商品价值难以实现；另一方面，能源、交通、有色金属等部门的生产远远不能满足其他产业部门的需要，使其他生产部门开工不足，固定资产闲置及大量设备不能正常地发挥生产能力，产值明显降低，企业利润相应减少。以上两个方面殊途同归，最终都将导致投资资金回流不畅，回流量趋于减少。

3.2.2 投资预算及估算管理

3.2.2.1 投资预算管理

为了有效地使用投资资金，必须重视投资的预算及估算管理，以降低建设成本。投资预算管理是根据合理确定和有效控制项目投资的目标，运用现代科学技术原理和方法，采用特定的管理手段和组织形式，对项目投资及其工程价格运动过程进行预测管理的业务活动。任何管理活动都有一定的目的，投资预算管理的目标是合理确定和有效控制工程造价。合理确定工程造价，就是在工程计价的各个阶段，能够根据不同深度的设计文件和充实可靠的基础依据资料，以及相关的价格影响因素，合理地确定造价构成，正确地反映建设工程的价值。有效控制工程造价，就是在进行建设方案和设计方案比选，确保项目决策科学性的基础上，采取有效措施，使可行性研究估算造价、初步设计概算造价、施工图预算造价和竣工结算造价不超过既定的造价偏差幅度。合理确定工程造价和有效控制工程造价是相辅相成的，两者之间存在辩证统一的关系，它们作为投资预算管理的目标，自始至终贯穿于工程建设的全过程。

投资预算管理主要有宏观调控、组织协调和中介服务等职能。①投资预算管理的宏观调控职能是制定工程价格政策和法规，颁布投资预算管理办法，规范工程造价运作过程和工程建设各方面的经济行为。②投资预算管理的组织协调职能是指投资预算管理部门要协同有关部门、平衡建筑市场的供求，为企业公开竞争创造条件；要制定并及时发布各个时期的价格指数，以指导各类工程造价文件的编制工作；对工程造价工作的组织协调，重点是大中型建设项目，尤其是国家重点工程。其内容主要是协调工程建设过程中各方的经济关系，仲裁工程造价纠纷，依法监督不合理的取费和标价。③投资预算管理的中介服务职能是指通过各种中介组织，提供建设工程的咨询、评估、招投标、监理、财务和法律上的服务，提出符合我国国情，又与国际惯例接轨的工程量计算规则，以及各种工程合同标准文本等。建设工程造价包括进行某项工程建设所需要的全部费用。从投资者和业主的角度分析，即相当于建设项目总投资。

3.2.2.2 投资估算管理

在我国投资项目的费用计算程序中，投资估算管理是一个重要的阶段。在西方国家中，它也是工程造价控制的重要方法。投资估算亦称工程估算，是指建设工程从可行性研究到签订工程承包合同之前的各个阶段，对工程建设费用进行的由粗略到详细的多阶段预估的集合。我国的投资估算是指可行性研究阶段对项目投资费用的估算。在我国现阶段，投资估算属于拟建工程前期工作的重要环节，主要是指在可行性研究阶段对建设工程总费用（即项目总投资）和单项工程费用（即单项工程投资）的预先估算，它不包括设计阶段的工程概算和工程预算。西方国家的投资估算与可行性研究、设计各阶段和工程招标投标相适应，包括设计前期估算、方案设计估算、初步设计或技术设计估算、施工图设计估算和招标投标估算等内容。

投资估算的类型，就是与可行性研究和设计阶段相适应的，按估算详细程度划分的投资估算种类，它反映了投资估算的级别。投资估算一般分为六种类型：①比例估算，亦称“毛估”“叩门式估算”或“拍脑袋估算”。它是根据假设的装备条件和类似工程的历史资料，由估算师运用自己的知识和经验进行判断，通常采用设计年产量乘以单位投资，或根据已建成投产的同类型项目总费用乘以一定系数等方法计算。其目的在于衡量该项工程是否具有进一步研究的必要性，如有必要，就继续进行研究，反之，则终止研究，否定该项目。②研究性估算，亦称“粗估”“评价估算”或“设计前估算”。它是对影响工程项目的各主要因素所进行的估算，一般根据概念性设计编制，即在初步流程图和主要设备荷载已确定的情况下进行估算。其目的在于评价一个项目是否可行，说明工程项目有多大的吸引力。③初步估算，亦称“认可估算”或“意图估算”。它是在研究性估算基础上，根据较为具体的资料（如电器设备清单、电路管线图纸等）进行的估算。其目的在于决定一个项目的可行性，并据此列入投资计划。④工程控制估算，亦称“拨款估算”。它是在前阶段估算已证明工程项目可行后编制的，它所依据的是初步设计图纸、管线流向图纸、详细设备清单和价格表等资料。其目的在于适应工程项目拨款的需要。⑤详细估算。它是根据部分或全部详细施工图和详细技术说明，通过计算工程量和选用单价进行编制的，类似于施工图预算。其目的在于合理地确定建设工程的各项具体费用，控制项目总投资。⑥招标投标估算，亦称“最终估算”或“项目价格”。它是根据详细估算并考虑市场竞争因素，或者根据分包的投标报价汇总编制的。其目的是控制工程项目投资、确定工程标底，或用于竞争投标。

上述投资估算的精确度是投资者、业主（或建设单位）和承包企业最关心的问题。投资估算的准确程度，不仅影响工程建设各方能否做出正确的决策，而且也影响投资项目的经济效益。如果投资估算的质量低劣，会导致投资者和承包企业蒙受经济损失，甚至导致企业破产。因此，对于各种类型的投资估算，要根据其所处的阶段，达到规定的质量要求。一般来说，随着可行性研究和设计阶段的加深，投资估算的依据随之增多，资料的质量提高，因而估算的精确度逐渐提高，可能误差逐渐缩小。通常比例估算的可能误差率为 ±30% 以内；研究性估算为 ±25% 以内；初步估算为 ±20% 以内；工程控制估算为 ±15% 以内；详细估算为 ±10% 以内；招标投标估算为 ±5% 以内。影响投资估算精确度的因素，可以分为两类，即可计算因素和估计因素。可计算因素属于客观因素，是指投资估算的指标和基础单价（扩大指标和技术数据、估算指标、概算指标和各种费用标准等）乘以相应的工程量求得的费用因素，它取决于资料数据的完备程度。估计因素属于主观因素，是对各种不确定性因素加以分析判断和逻辑推理，而求得的费用因素，它有赖于投资估算人员的知识、经验、技巧和判断能力。

明确投资估算的内容，是进行投资估算的先决条件。一般来说，项目投资估算包括固定资产投资、无形资产投资、开办费（递延资产）、税收、借贷利息和流动资金等内容。其中，固定资产投资是指拟建项目按一定的规模、方案和内容进行工程建设的费用总和，包括建筑工程费、安装工程费、设备购置费、工具器具购置费、工程建设其他费用等。无形资产投资是指企业能长期使用（一般为一年以上），但没有实物形态的资产，包括专有技术、专利权、商标权、著作权、土地使用权、经营特许权、商誉权等无形资产投资。开办费是企业在筹建期间发生的，除应计入有关固定资产和无形资产价值的费用以外，其他实际发生的各类费用支出。开办费（递延资产）不能计入当年损益，是构成企业递延资产的一部分。按财务管理制度的规定，应在项目竣工投产后，按不少于5年的期限分期摊入企业管理费用。应当在以后各年度内分期摊销的各项费用，包括开办费、固定资产改良的费用支出和摊销期在一年以上的其他待摊费用，项目筹建期间的咨询调查费、人员工资、办公费、培训费、差旅费、印刷费、广告费、注册登记费，以及不计人固定资产和无形资产的汇兑损益及利息支出等。

投资估算的内容应包括建设工程从筹建到建成投产所需要的全部固定资产投资、土地投资和铺底流动资金。在西方国家的投资估算中，除上述所列内容之外，一般还包括投产前资本费用，如股票发行开支、法律公证等，即投资性支出均要反映在投资估算范围内。在我国的投资估算中，一般包括建设工程的前期、建设期和竣工验收交付使用期的全部费用，不包括项目投产后所需要的流动资金。

3.2.3 投资效益

经济效益反映人们在经济活动中投入与产出的对比关系，是体现劳动消耗和劳动占用同取得的有效经济成果的对比关系。在生产经营活动的经济成果确定的条件下，劳动消耗和劳动占用越小，经济效益就越好；反之，经济效益越差，即劳动消耗和劳动占用与经济效益成反比。经济成果也称“产出”，但并非所有“产出”都具备有效性。不符合社会需要的“产出”越多，效益就越差。如果企业生产的某种产品不是社会及其成员所需要的产品，或是超出了社会购买力水平，那么这种产品生产得越多，资源浪费就越大，而生产这部分商品的劳动就属于无效劳动。众所周知，能否进行直接计量关系到经济效益的评价是否具有确定性。投资经济效益体现建设过程和生产过程中全部劳动消耗和劳动占用同取得的有效经济成果的对比关系，它反映投资与投资所取得的有效经济成果之间的比率。

在建设过程和生产经营过程的全部劳动消耗和劳动占用既定的条件下，由此获得的有用经济成果越多，投资经济效益就越好；反之，投资经济效益越差。或者说，通过投资所取得的有效经济成果一定的条件下，全部劳动消耗和劳动占用（亦即投资总额）越小，投资经济效益越好；反之，投资经济效益越差。这个结论同样适用于对固定资产投资经济效益的分析和评价。

众所周知，投资者把货币作为资金投入再生产过程，其动机在于获得收益，在于价值增值，而不是仅仅为了获得劳动手段（诸如厂房、机器设备等固定资产）。建设阶段的经济效益同生产领域的经济效益是紧密联系的，既有必要对它们进行分别研究，同时又必须对它们进行综合分析。一个典型的项目投资运动过程（如生产经营性投资运动）主要历经建设阶段和生产经营阶段。前者的固定资产投资具有资金流量大、运行周期长、施工技术复杂、产品体型庞大的特点，后者的流动资产投资具有生产资金垫支的相对稳定性，以及依市场变化而增减的波动性。因此，必须对整个投资运动过程进行分类研究，从不同的角度考察投资经济效益。

3.2.3.1 劳动消耗效益和劳动占用效益

任何投资建设过程都必须消耗和占用一定的人力、物力和资金，讲求投资经济效益就是以最少的劳动消耗和劳动占用取得尽可能多的符合社会需要的使用价值。这种有效经济成果与劳动消耗在数量上的对比关系就称为劳动消耗效益，而有效经济成果与劳动占用在数量上的比例关系就是劳动占用效益。对于生产经营性投资来说，提高劳动消耗效益的途径主要是节约项目建设期和生产经营期的物化劳动和活劳动。节约物化劳动可以降低单位建筑产品或工艺产品中的生产资料消耗量，节约活劳动可以在相同的时间内生产更多的使用价值。这两种劳动的节约都可以用于生产更多的建筑产品或工艺产品，都能增加社会物质财富。显然，劳动占用有一定的限度，如果超过了正常的储备，就会形成积压。由于一定时期内，社会所拥有的物质资料总量是有限的。如果某一项目占用资源过多，就会使其他项目无法使用这些资源，整个社会的宏观投资经济效益就会下降。因此，必须在处理好劳动消耗和劳动占用关系的基础上，努力提高劳动占用效益。

3.2.3.2 投资的直接经济效益和间接经济效益

一般来说，无论对国民经济的哪一个部门或企业投资，或多或少都会形成一定量的使用价值，这种直接的经济成果与相应投资的比例关系反映了投资的直接经济效益。由于国民经济各部门是相互联系的整体，对某一个部门的投资必然会给相关部门产生一定程度的影响。譬如，对冶炼工业部门投资形成新增生产能力，增加了钢铁的产量和品种，必然对以钢铁为主要原料的机械制造工业的发展产生推动作用，进而又会影响众多的物质生产部门的发展，因为机械设备作为劳动手段，是各生产部门都需要的。这样就形成了投资的间接经济效益。在投资领域，有时某项生产经营性投资的直接经济效益并不是十分理想，但是它对于国民经济的其他相关部门的发展具有重要的推动作用，投资的间接经济效益好，仍然有必要进行这项投资。

3.2.3.3 投资的近期经济效益和长远经济效益

从项目投资的资金运动过程来看，在工程建设阶段要花费较多的固定资产投资，进入生产经营阶段之后，又需要垫付一定量的流动资金。其中一些项目的近期投资大而收益小，但它的建设能促进生产和经济增长，产生伴随经济效益，随着时间的推移会形成愈来愈大的经济效益，即项目的长远经济效益好。如在我国西部地区建设铁路和公路，由于自然条件和技术经济条件的原因，需要的固定资产投资较大，而运输量较小，近期的经济效益欠佳。但是铁路的建设使交通更为方便，运输能力增强，促进了中西部地区经济的发展，长远经济效益较好。另一种情况则相反，项目的近期经济效益好，但其长远经济效益不理想。因此，在客观上要求兼顾近期投资经济效益和远期经济效益，使经济建设的各个时期保持一定的经济增长，既重视通过投资来发展当前的生产，改善人民的生活，又要集中一定的人力、物力和财力进行必要的重点建设，以保持生产的后劲。

补充阅读

千方百计扩大内需　聚焦4万亿投资计划初步成效

席卷全球的国际金融危机给我国经济带来了很大冲击，首当其冲的是对外贸易。面对外部需求的急剧萎缩，政府高瞻远瞩，坚定信心，在稳住外需的同时，立足全面扩大内需，果断出台了一揽子宏观调控政策。半年多来，各项调控举措初见成效。

金融危机影响下，我国一部分企业因海外订单锐减陷入经营困难。在"出口马车"速度放慢的背景下，政府加大公共投资拉动"消费马车"前行，成为一揽子经济刺激计划的重要内容。自2008年四季度我国实施积极的财政政策和适度宽松的货币政策以来，中央加大了政府公共投资力度。国家发展和改革委员会数据显示，4万亿元投资中，中央投资总额为11 800亿元。截至4月底，今年中央政府公共投资已累计安排下达5 189亿元，执行进度为57%。亚洲开发银行驻中国代表处高级经济学家庄健表示，2009年前4个月，全国城镇固定资产投资同比增长了30.5%，投资增速迅速反弹表明4万亿元投资计划效果正在显现，尤其表现在政府支持的一些大型公共基础设施项目，投资增长力度更加明显。数据显示，4万亿元投资中，15 000亿元将用于铁路、公路、机场等重大基础设施建设和城市电网改造，4 000亿元投向保障性住房、农村水电路气房等民生工程和基础设施建设。庄健表示，政府加大投资对于扩大内需、增加就业、拉动经济增长具有很强的乘数效应。"一方面，增加投资本身会带来社会需求；另一方面，投资带动社会基础设施建设增多，必然增加对劳动力的需求，从而增加劳动力收入，间接扩大了消费。"统计显示，在政府一揽子计划带动下，消费对经济的拉动作用正在进一步发挥。一季度国民经济增长6.1%中，消费拉动4.3百分点。今年前4个月，全社会消费品零售总额同比增长15%。在投资和消费增速"双加快"的拉动下，我国经济运行正在显现出积极变化。

——摘自：《千方百计扩大内需　聚焦4万亿投资计划初步成效》，新华网，2009年5月26日，http://news.xinhuanet.com/fortune/2009-05/26/content_11439242.htm。

3.2.3.4　投资的宏观经济效益和微观经济效益

根据投资经济活动空间范围的不同，一般可以把投资经济效益分为宏观投资经济效益和微观投资经济效益两个层次。宏观投资经济效益体现整个国民经济范围内的投资经济效益水平，微观投资经济效益反映某一具体建设项目的投资经济效益水平。投资的宏观经济效益和微观经济效益之间存在着内在联系。微观投资经济效益是宏观投资经济效益的基础，宏观投资经济效益是微观投资经济效益的前提。在通常情况下，宏观投资经济效益与微观投资经济效益的变动是同向的，即企业投资建设和生产经营过程的劳动消耗和劳动占用减少，符合社会需要的有效经济成果增加，带来微观投资经济效益的提高，进而促使宏观投资经济效益相应提高；反之，微观投资经济效益的降低，往往也会引起宏观投资经济效益的降低。但是宏观投资经济效益并不是微观投资经济效益的简单叠加，它们之间又有相互矛盾的一面。如某些建设项目从局部来看，微观投资经济效益较好，而就一个部门和国民经济整体来看，宏观投资经济效益不佳；有些项目从它本身来看，微观经济效益不一定理想，但由于它的建设能够促进本部门或其他相关部门以至于国民经济的发展，具有较好的宏观投资经济效益，仍有必要对这个项目进行投资。因此，对投资项目的经济效益进行考察，必须就上述两个方面作综合分析。那么，如何衡量投资的宏观经济效益和微观经济效益？一般来说，构建投资经济效益评价指标体系应遵循以下原则：①投资经济效益指标的构建必须适应基本经济规律的客观要求，促进生产目的的实现。固定资产投资直接关系到企业生产能力的形成，而生产的最终目的是最大限度地满足社会成员日益增长的物质和文化生活的需要，投资经济效益指标必须体现社会总产品与社会总投资的比例关系，这是设置投资经济效益指标体系的最基本的原则。②投资经济效益指标的计算方法既要符合本国的实际，又要有利于投资经济效益的国际比较。在设置具体的投资经济效益指标时，要吸收国际通用的做法，在指标测算时要考虑资金时间因素和世界新技术革命对投资活动的影响。对于投资效益评价体系中的具体指标的设置和计算，既要符合本国的国情，又要便于国际同类指标的比较。③投资经济效益指标的设置必须与投资运行过程基本吻合。评价投资经济效益必须考察投资资金运动的全过程，尤其是影响项目投资的时间因素。投资的资金运动过程与一般的生产过程相比，具有更强的时间性，因为这一过程包括建设阶段和生产经营阶段，就生产性项目的投资而言，其工程建设期相对较长，“在一年或一年以上的较长时期内不提供任何生产资料和生活资料，不提供任何有用效果，但会从全年总生产中取走劳动、生产资料和生活资料”[①]。因此，建设阶段的资金占用时间的关系重大。此外，项目生产经营所经历的时间也比较长，在这个过程中固定资金和流动资金使用的效益同样会影响投资的货币回流，这也是考察投资经济效益必须考虑的重要因素。因此，对于项目投资的资金运动过程的各阶段都应设置评价指标。④投资经济效益指标的设置必须全方位地反映投资经济活动。由于不同行业有不同的经济技术特点，不同的经济区域也有不同的自然资源和产业结构，因而要分别对地区或行业投资经济效益进行考察。社会化大生产要求有与之相适应的社会劳动地域分工，国民经济发展要求有与之相适应的产业结构，将资金按照怎样的比例投入这些地区或行业，会产生不同的经济效益。可见，必须考察投资的空间布局，设置相应的投资经济效益评价指标。

投资经济效益评价体系可以分为宏观投资经济效益评价指标和微观投资经济效益评价指标。其中，宏观投资经济效益指标包括投资效果系数、生产性投资效果系数、建设周期、固定资产交付使用率、未完工程资金占用率等；微观投资经济效益指标包括投资回收期、建设工期、达到设计生产能力的年限、单位生产能力投资等。

---

① 马克思、恩格斯著，中共中央马克思恩格斯列宁斯大林著作编局译：《马克思恩格斯全集》（第24卷），北京：人民出版社，1972年，第350页。

（1）投资效果系数。

投资效果系数是体现投资的全社会经济效益的综合性指标。它反映一定时期内国民收入增加额与同期社会投资额的对比关系。这个指标表示一定时期内投入一定量的资金能提供多少国民收入。一般来说，投资效果系数大，表明投资经济效益好；反之，投资经济效益就差。以投资效果系数作为评价宏观投资经济效益的主要指标，其理由是：①投资效果系数表明了投资的直接目的是增加国民收入，而国民收入是增加积累、发展生产、扩大消费的前提条件。②国民收入是国民经济的一个重要的综合指标，它反映了一个国家各物质生产部门的劳动者在一定时期内新创造的价值，而不仅是某一个部门或最终产品生产部门创造的价值，它相当于各物质生产部门净产值的总和，具有综合性的特征。③投资效果系数是国际通用的投资经济效益指标，采用投资效果系数便于国际的投资经济效益比较。在利用这一指标评价宏观投资经济效益时，不仅要注意投资规模、投资率、“时滞”（即投资引起国民收入增加有一定时间间隔）等方面的变动，以及非经济因素的影响，还应剔除其他不可比因素，力求使它能真实地反映投资经济效益。但是国民收入的增加并不完全是固定资产投资的结果，增加流动资产投资，提高流动资金和原有固定资产的使用效益，也能引起国民收入的增长。

（2）生产性投资效果系数。

生产性投资效果系数是单位生产性投资所提供的国民收入增加额，反映一定时期国民收入增加额与同期生产性投资额的对比关系。它主要用于反映生产性投资的经济效益，表明一定时期内一定量的生产性投资带来多少国民收入。它与前述投资效果系数有密切的关系。一般地说，在非生产性投资效果相对不变的情况下，生产性投资效果系数的上升会相应引起投资效果系数的上升；反之，则会导致投资效果系数的下降。因此，生产性投资效果系数可以用来分析投资效果系数变化的原因。当然，投资效果系数的变动是生产性投资效果和非生产性投资效果共同作用的结果。

（3）建设周期。

建设周期是从时间方面反映投资经济效益的指标，也是反映建设速度的指标。它是固定资产投资在建总规模与固定资产投资年度完成额的比值，主要是反映全国范围内完成已铺开的在建总规模平均所需要的时间。由于按某一年的投资水平来计算全部完成在建项目计划总投资需要的时间，难以避免年度投资水平波动的影响。因此，应参照过去年度平均每年完成的投资和未来年度平均每年预计投资确定投资年度完成额。建设周期的另一种计算方法是按建设项目的个数计算，用全部施工项目个数与本年建成投产项目个数的比值来表示全部项目建成平均需要的时间。建设周期虽然可以从宏观上反映建设速度的快慢，但不能直接反映投资所费与所得的比例关系。它可以用来考核施工阶段的投资效益，但不能直接衡量宏观投资经济效益的优劣。因为，缩短建设周期只是形成了潜在的生产能力，如果项目技术落后，产品无销路，项目建成不能投入使用，这样的项目占用了资金又不发挥效益，从资金时间因素角度看，这反而是一种浪费。

（4）固定资产交付使用率。

固定资产交付使用率是一定时期内新增固定资产与同期投资完成额的比值。在投资完成额确定的条件下，新增固定资产越多，固定资产交付使用率就越高，表现为固定资产动用速度加快，一般来说投资经济效益就好；相反，投资经济效益就越差。不过这是有条件的，如果是属于重复建设项目，虽然固定资产增加了，但是它与原有企业争原材料、燃料和动力，非但不增加净产值，反而造成原有企业开工不足，固定资产大量闲置，结果降低了投资经济效益。

（5）未完工程占用率。

未完工程占用率是未完工程投资额与当年实际完成投资额的比率。未完工程投资额是用年末未完工程累计投资额表示，也可以用一定时期内平均未完工程投资额表示，在投资经济效益分析中均有一定的意义。未完工程占用率实际上是从资金占用的角度反映投资经济效益的指标。一般地说，未完工程占用率小，表明工程建设速度快，投资资金占用少，投资经济效益就好。不过，未完工程占用率降低是有限度的。尽管未完工程要占用相当数量的生产资料和施工劳动力，又尚未形成生产能力，但合理的未完工程投资是保证固定资产再生产连续进行的必要条件。

（6）投资回收期。

投资回收期反映项目建成投产后所获得的纯收入与项目总投资的对比关系。它是项目投产后，用其所得的纯收入偿还项目建设所花费的投资而经历的时间，一般来说，这段时间愈短，表明投资回收愈快，投资经济效益就愈好。由固定资产投资带来的项目年度平均税利的增长是国民收入增长的源泉，也是企业扩大积累、发展生产、提高职工工资和福利的资金来源，它是衡量微观投资经济效益的主要指标。计算投资回收期必须考虑资金时间因素，由于一般投资建设的周期比较长，随着时间的推移，资金会发生增值，实质上就是贷款的利息。在实际计算投资回收期时，因贷款计息方法的不同，相应有三种计算投资回收期的方法：①单利条件下的投资回收期计算；②复利条件下的投资回收期计算；③连续复利条件下的投资回收期计算。需要注意的是，这里所说的投资回收期不包括建设阶段，它简单明了，在固定资产投资统计和效益分析中广泛应用，它可以作为考核投资回流速度的指标，但不能全面地衡量整个投资回流量的大小。

（7）建设工期。

建设工期是建设项目或单项工程从正式开工至全部建成投产所经历的时间。它是反映项目建设速度快慢程度的微观投资经济效益指标。由于平均建设工期是在项目建设工期基础上计算的，因此各个项目建设工期的长短必然影响平均建设工期的变化。建设工期反映了投资资金处于建设阶段的时间。虽然这项指标不直接表现投资所费与所得的比率，但一个建设项目推迟或提前竣工投产，显然对投资经济效益有很大的影响。一方面它直接关系到该项目能否尽快地获得盈利；另一方面又关系到资金的占用时间能否尽可能地缩短，以减少贷款利息的支付，这一收一支都会反映在项目的经济效益上面。而影响建设工期长短的因素主要是项目建设规模大小、生产技术特点和建筑施工要求，以及企业管理水平的高低。

（8）达到设计生产能力的年限。

达到设计生产能力的年限作为评价微观投资经济效益的指标，是指项目自投产之日起至实际产量达到设计生产能力时止所经历的时间。设计生产能力是建设项目进入生产过程之后应实现的生产规模。项目建成投产后可以长期提供使用，在其物理寿命期内要经历达到设计生产能力的阶段、按照设计生产能力进行生产的阶段、因设备老化而使生产能力下降的阶段。显然在这三个阶段中，只有按设计生产能力生产的阶段能获得较多的利润。因此，项目从正式投产至达到设计生产能力这一段时间越短越好。就生产性投资建设而言，不仅要求缩短建设工期，尽快地形成生产能力，而且要尽可能地缩短达到设计生产能力的年限，尽快地实现投资资金的回流。一般地讲，项目达到设计生产能力的时间短，表明投资经济效益好；反之，投资经济效益就差。但是这一指标在反映建设项目或单项工程的使用经济效益时也有一定的局限性，这主要表现在：一方面，利用这个指标无法评价投资额不同的建设项目投资经济效益的优劣；另一方面，由于达到设计生产能力的年限在建设项目的寿命期内只是一个较短的时期，以此来评价项目的投资经济效益难免有失偏颇，所以这一指标具有明显的阶段性特征。

3.3 可行性研究与投资决策

3.3.1 投资项目及运行周期

关于“项目”的概念，在不同的领域有不同的含义。世界银行对项目的解释是：“指同一性质的投资（如设有发电厂和输电线路的水坝）或同一部门内一系列有关或相同的投资，或不同部门内的一系列投资中间金融机构贷款，为它的一般业务活动提供资金，或向某些部门的发展计划发放贷款。项目通常既包括有形的，如土木工程的建设和设备提供；也包括无形的，如社会制度改进、政策的调整和管理人员的培训等。”①

“项目”也可以定义为具有一定的规模和价值、有明确的目标和资源约束的一项任务或工程，如建造一个工厂、一个农场、一所学校、一幢大楼、一条公路等。其中，投资项目是按照一个总体设计进行施工的，在财务会计上实行独立核算，并作为一个统一的独立法人的建设单位及其运作的建设工程。而项目投资则是以项目为投资客体，将资金投入建设和经营过程，以获取经济效益或社会效益的投资活动。投资项目具有时序性，一般要经历可行性研究、投资决策、工程建设、竣工验收、交付使用、生产经营、资金回流等环节，这一过程通常称为投资项目运行周期或投资项目发展周期，或简称为投资周期。

按照投资项目的运动规律，一个投资项目要依次经历投资前期、建设期和经营期三个阶段。投资前期的工作内容主要是项目论证和投资决策，包括投资机会判断和项目选择、编制项目建议书、可行性研究和项目评估。建设期的主要任务是进行建筑安装工程施工。经营期是建设项目的营运阶段，其主要任务是实现资金回流、获得投资效益。

3.3.2 可行性研究与项目评估

扩大社会再生产的规模和改善社会再生产的结构，需要通过基本建设和技术改造的方式来实现，并落实到具体的投资项目上。投资项目的特点是建设周期长，占用资源多，整体性强，且具有固定性。忽视这些特点就会拖延工期，浪费人力、物力和财力，错过最佳

① 《世界银行项目管理》编写组编：《世界银行项目管理》，中国财政经济出版社，1998 年，第 39 页。

投资时间。因此，在确定新的建设项目时，必须先弄清原有生产结构的状况，然后有针对性地确定建设项目，以提高整个社会的经济效益。这就要求我们在项目投资建设时，进行科学的决策，从多方案中选择出最佳投资行动方案，以保证社会扩大再生产的顺利实现。项目投资决策的关键是可行性研究和项目评估。以下简要介绍可行性研究和项目评估的基本内容。

3.3.2.1 可行性研究

我国项目的可行性研究，其内容主要包括：①总编（项目背景、必要性、意义、论证的依据和范围等)。②需求预测和拟建项目的规模。③资源、原材料、燃料及公用设施情况。④建厂条件和厂址方案。⑤设计方案。⑥环境保护。⑦企业组织、劳动定员和人员培训规划。⑧项目实施进度的建议。⑨投资估算和资金筹措。⑩社会及经济效益评价。根据以上 10 个方面的内容，综合提出项目是否可行的结论；同时，还要对项目的生产规模、厂址选择方案以及工艺设计等方面进行比较，提出最佳方案。

3.3.2.2 项目评估

我国的项目评估，其内容主要包括：①市场研究。一个投资项目是否建设，首先取决于市场需要，要研究国内和国际两个方面的市场。②技术分析。主要根据国家政策，对建设项目选用的工艺技术、技术装备的先进性和适用性进行评估。③建设条件的评估。资源是否可靠；工程、水文地质情况，原材料、燃料、动力供应是否有保障；运输条件、协作条件、环保措施是否落实；厂址选择是否合理等。④投资和财务效益的评估。主要是对项目投资可行性研究报告中的投资估算和财务的基本数据进行审查和评估。主要有：投资估算、资金渠道、投资构成、流动资金、生产规模、产品方案、产品成本、企业税收与利润进行再分析和估算。⑤企业经济效益的评估。主要是对项目建成后的盈利能力、贷款偿还能力进行分析评价等。⑥国民经济效益评估。主要是从整个国民经济角度对项目投资的经济效益进行分析和评估，评估的内容有：项目新增国民收入、投资回收期、外汇收入、相关项目的投资与环境、社会等方面所取得的经济效益。⑦不确定性分析。不确定因素主要指在项目建设过程中不可预见的诸多因素，如政府的、经济的以及建设条件等。在评估中，运用一定的科学方法，对某些不确定因素的变化进行分析和预测，找出影响建设项目经济效益的程度，从而寻找最优方案，作为最终决策的依据。⑧总评估。根据以上的研究和分析，能够更深入地获得丰富的资料，从而能够更客观地对项目投资做出建设条件的可能性、经济上是否合理和技术上的先进性、适用性的总评估。

在投资活动中，影响和制约投资效益的因素是多方面的，有主观因素、客观因素，可控制因素、不可控制因素，经济技术因素、非经济技术因素等。在客观因素中包括政治因素、人文因素、自然资源因素等，一般属于不可控制的因素。在主观因素中，包括市场、技术、规模、结构、布局、时序等因素，一般属于可控制的因素。主观因素和客观因素、经济因素和非经济因素并非决然分开，而是相互依存、相互渗透、互为作用、互为效应的，如政治因素会影响产业布局和产业结构、人文因素会影响市场。

3.3.3 投资决策

投资项目决策是依据可行性研究资料，运用定性分析和定量分析相结合的方法，选出最优投资方案的过程，即通过比较各种投资方案的优劣，最后做出决断和选择的过程。投资决策包括投资项目的微观决策和投资项目的宏观决策。投资项目的微观决策是从企业的角度来分析评价一个投资项目，主要采用经济效益来评价项目的优劣，确定最后的可行项目。因此，投资项目的微观决策也称为财务决策。由于投资项目的微观决策只是对项目内部的费用和效益进行分析，并不涉及项目对国民经济和社会产生的效益，因而决策带有片面性和局限性。投资项目的宏观决策是从国民经济的全局出发来分析评价项目的决策方法，它不仅考虑项目直接的、能以货币计量的效益，还考虑间接的社会效益，其目的是对项目的社会经济价值进行分析，以确定项目的实施是否对社会有利。因此，投资项目的宏观决策也称为社会决策。

投资项目的微观决策和宏观决策的区别主要表现在以下几个方面：①决策分析的角度不同。投资项目的微观决策是从企业的角度出发，运用财务分析方法对投资项目的优劣做出评价并加以选择。投资项目的宏观决策是从整个社会角度出发来考察、研究、预测和综合评价投资项目对社会的贡献，由此来决定项目的取舍。它既要考虑直接经济效益，也要考虑间接经济效益。②两种决策分析考虑的费用和效益内容不同。微观决策是按项目的实际收支，确定项目的费用和效益，因此，项目建设时的银行贷款利息和税收均作为费用。而宏观决策则着眼于国家或社会，项目耗用全社会有用资源来考察项目的效益和费用，要剔除没有物质损耗的费用和没有物质产出的效益，故税金、国内借款利息和补贴不计人费用和效益。③两种决策分析所使用的价格不同。微观决策分析时采用的是市场价格。宏观决策分析采用的价格是影子价格，也就是资源能得到最优利用时的价格。④两种决策分析所使用的汇率不同。微观决策使用的是官方汇率，并以行业基准收益率作为主要依据。官方汇率由于种种原因有时会脱离真实值，所以在宏观决策中常采用影子汇率。⑤两种决策分析所采用的收益率不同。微观决策采用的是从企业角度拟定的基准收益率作为折现率，宏观决策分析则采用社会收益率以及国际市场利率。⑥两种决策分析对转移支付和沉没成本的处理不同。发生在国内政府和企业之间的收付，称为转移支付，如税款、物价补贴等。转移支付款项对企业来说，或是耗费或是收益，在微观决策中应予以考虑；但对国民经济来说，一方失去另一方取得，因而不作为宏观决策的费用或效益。沉没成本在宏观决策中应予剔除。投资项目决策，既要就整个国民经济或某一个地区范围，从宏观上对项目的投资规模、投资结构等重大问题做出决策，也要从微观上对具体拟建项目在技术上、经济上从项目建设和生产经营的全过程考察项目投资的可行性。

投资项目的管理工作，是从项目的投资决策开始的。一个项目如何实施，管理工作如何开展才能最终取得较好的经济效益和社会效益，首先取决于能否正确地进行投资项目决策。为了保证投资决策的正确性，在投资项目决策中应遵循以下基本要求：①重视投资信息调查，科学地把握投资机会。投资信息调查既是制订行业规划和国民经济发展的重要依据，又是项目进行投资决策的科学依据。因为投资项目的决策，从市场调查和预测开始，通过信息收集把握投资机会，进而分析项目是否符合国家规定的投资方向和产业政策，经济规模是否合理；并通过市场调查与预测和综合分析，掌握国内外需求和供应，分析产品性能、品种、规格构成和价格有无竞争性。②在投资项目决策中要应用系统论的观点和方法。由于投资目标的多样性和复杂性，项目牵涉的因素众多，且处在不断运动变化之中。运用系统工程观点，也就是运用系统论的方法进行协调，使系统与环境相适应、系统之间相互适应，以达到预期项目生产经营以最小的投入获取最大的经济效益和社会效益的目的。③投资项目决策必须讲求经济效果，以提高经济效益为中心。正确处理效益与速度、质量和数量的关系。在速度上注意资金的时间价值和“好中求快”；在数量上注意规模经济和经济规模；在质量上注意合理的投资结构、产业结构和产品结构，从全局优化中取得宏观经济效果。④投资项目决策要有全局观念，当宏观决策与微观决策的结果出现不一致时，应从国民经济全局出发，微观效益服从宏观效益，以保证项目的社会效益。

投资决策的最终依据是项目评估，即对可行性研究报告的评估。作为投资决策依据的项目评估主要分析：①项目建设必要性。分析项目是否符合国家规定的投资方向和产业政策，经济规模是否合理，市场预测是否准确，产品的性能、品种、规格构成和价格是否符合国内外市场需求的趋势，有无竞争能力。②工艺技术方案。分析项目采用的工艺、技术、设备是否符合国家的技术政策，是否有利于资源的综合利用，是否有利于提高劳动生产率、降低能源与物资消耗、提高产品质量，采用国内研制的新技术、新工艺、新设备是否经过工艺试验和技术鉴定，是否适用、安全、可靠；引进的国外工艺、技术设备，是否符合国家规定和国情，是否与国内设备零件和工艺技术相互配套，有无盲目和重复引进。③建设和生产条件。分析项目建设地点的选择是否经济合理，建设场地的总体规划是否符合国土管理、城镇规划、文物保护的要求和规定，有无多占土地和提前征地的情况；建筑工程总体布置方案是否合理，建筑工程所采用的标准是否符合国家规定和贯彻节约方针；在建设过程中和建成投产后，所需原材料、燃料、设备的供应条件及供电、供水、供热与交通运输条件是否落实、保证；是否已取得协议和意向性文件，相关配套协作项目能否同步建设；建设项目的“三废”治理是否符合保护生态环境的要求，项目的环境保护方案是否获得环境保护部门的批准认可，建设项目所需的建设资金是否落实，资金来源是否符合国家有关政府规定以及是否可靠。④项目的效益。首先应对项目财务评价所使用的各项基础经济数据（如投资、成本、利润、收入、折旧和利率等）进行认真、细致和科学的测算和核查。分析这些数据估算是否合理，有无高估冒算、任意提高标准、扩大规模来计算定额和费率等现象；有无漏项、少算、压价等情况；这些基础数据的测算是否符合国家现行财经制度和国家政策的规定。在此基础上复核主要财务评价指标，还要评估可行性研究的国民经济评价中使用的主要评价参数是否符合国家规定，自行确定的产出物和主要投入物的影子价格，其依据是否充分、合理、可靠。在此基础上，更换主要国民经济评价指标。评估工作完成后，评估单位要汇总各方面的评估结果，写出评估报告，评估报告是对项目的可行性研究报告提出结论性意见和建议，报送决策单位，作为最后决策的依据。

投资项目决策是对投资项目进行调查、分析、规划、论证，并做出是否投资的决断的过程。投资决策过程中的每一环节，既相互独立，又分别作为投资决策系统中的一个有机联系的部分而存在。如果说决策体系是一个系统，则各环节就是投资决策体系中的子系统。投资项目决策的信息系统、规划系统、咨询系统、决定系统、监督与反馈系统联系起来，就构成投资项目决策保证体系。

投资项目决策的信息系统是投资决策信息的收集、传输、存储、转换（加工）和提供各个环节有机结合的统一体。投资项目决策的信息系统是投资项目决策的基础。只有依靠全面的、精确可靠的、真实的原始信息，才能加工出高质量的对决策有重大影响的综合投资信息，并在此基础上做出正确的决策。

投资项目决策的规划系统分为三个层次：①中长期投资计划。它是根据部门和行业的产品信息和资源信息来确定中长期投资的总体规模和总体结构。②部门或行业投资规划和地区或区域投资规划。部门或行业投资规划主要是根据部门或行业的技术发展情况和产品结构状况来规划投资方向。地区或区域投资规划主要是根据地区或区域的实际情况，如资源分布、利用条件等来规划投资的时空布局。③基本建设或更新改造的投资规划。它是在信息调查基础上进行的投资机会选择，对项目进行可行性研究和项目评估，择优建立项目库。

投资项目决策的咨询系统是对已建的项目库进行搜索分析的系统。具体地讲，也就是对投资行为进行综合的、系统的、科学的分析研究，对投资将取得的直接效益进行评价，提供公正可靠的方案或建议。投资项目决策的咨询系统为投资决策系统提供项目技术、经济和社会论证的准备。

投资项目决策的决定系统是根据已经取得的各种详尽信息，对投资项目做出具体的、确定的投资决策。投资决策应坚持效益原则和效率原则。效益原则就是决策者在投资决策中应保证投资利润最大化、国民经济和社会效益最优化，每个生产性企业的经营目的就是实现尽可能多的利润，推动企业的自我发展和满足职工的需要。因此，投资决策者在项目决策和执行中应重视项目的盈利性。同时，由于企业是社会生产的个体，要为社会承担一定的责任，投资决策者还应从社会经济发展的全局和长远利益出发，在重视盈利的同时，重视资金投向以促进国民经济的发展和社会效益的提高。效率原则就是要求决策者善于捕捉投资信息，做出正确机会选择，提高投资决策的效率。

投资决策者正确地做出投资决策，是投资取得良好经济效益的前提。由于不确定性因素的存在、主客观条件的变化，在投资经济活动中往往也会发生某些偏差。因此，需要建立投资项目决策的监督和反馈系统，也就是对投资执行过程进行监测，并把监测过程中得到的有价值的信息及时反馈给与其投资相关的各系统，以便采取有效措施，保证投资活动向预定目标运行。同时，也为提高投资决策水平积累经验。投资监督与反馈按对象可分为宏观投资监督与反馈和微观投资监督与反馈两方面。宏观投资监督与反馈系统主要是对社会或部门、地区的投资规模、投资结构进行监督和反馈，保证投资的社会效益；微观投资监督与反馈系统主要是对具体的建设项目在实施中出现的具体问题予以协调解决，并积累经验，达到项目在评估和决策时所确定的预期效果。投资监督与反馈可以根据具体情况，或由投资决策部门直接监督与反馈，或由审计部门对固定资产投资进行审计监督与反馈，或由统计部门实施对投资的监督与反馈。

拓展阅读

防范经济硬着陆　投资仍将挑大梁

中国政府2012年的年经济增长目标为7.5%。在全球经济依然在挣扎着复苏的时候，中国大幅下调增长目标自然引起全世界广泛关注。但需要指出的是，中国政府下调经济目标所表达的更多是一种政策姿态，而不是预测经济表现。正如国务院总理温家宝所言，降低增长率目标是为了“引导各方面把工作着力点放到加快转变经济发展方式，切实提高经济发展质量和效益上来”。

固定资产投资是中国经济增长的最重要引擎。中国是一个发展中国家，年人均收入不足5 000美元，仍有充足的空间可用于资本存量的增加，但投资增长率显然过高。问题不在于中国是否需要更多的投资，而在于中国的吸收能力是否能像过去十年那样适应快速的投资增长。

出于这样的考虑，投资率——在中国，投资占GDP的比重超过50%，而且还在不断上升——可以作为固定投资对经济的压力指标。中国经济投资增长耐受力已经到达极限并不是夸张的说法。

高铁项目问题就是这一问题的写照。2003年，中国上马了第一个高铁项目。作为2008—2009年全球金融危机时出台的4万亿元人民币刺激项目的关键部分，高铁建设投资可谓一日千里。到2010年底，中国运营高铁网络超过8 000千米，另有17 000千米在建。与此形成对照的是，西方国家花了半个世纪的时间才建造了6 500千米高铁线路。如此匆忙上马如此多的高铁项目，后续很有可能带来诸多问题和风险。

超过一国吸收能力的投资增长会快速恶化投资的效益，进而危害长期增长前景。现今在中国出现的迹象一点都不令人奇怪。为了扭转这一趋势，适当放缓投资增长不仅必要，而且是利润驱动的经济不可避免的过程。

中国的投资率必须下降到一个可持续水平，与此同时，另一个挑战是调整投资结构。多年来，房地产开发在中国的投资中独占鳌头，大约可占到GDP的10%和总投资的25%。但更多的资源应该被配置到建设人力资本、提供公共品、促进创造力和创新的项目中。但是，调整投资结构将不可避免地引起投资增长放缓，至少在过渡期内是如此，因而会拉低总体GDP的增长率。

过去30年来，国际贸易在中国的经济发展中扮演着关键角色。但是，全球市场已经无法吸收中国庞大的出口，何况欧洲和美国的经济低迷立刻会对出口需求形成冲击。此外，劳动成本的增加和人民币升值也将不利于中国出口部门，这些因素都将造成今年GDP增速放缓。

毫无疑问，中国需要较慢但更好的增长。问题在于，如果中国希望将GDP增长率由2011年的9.2%放缓为2012年的7.5%，同时又不想通过进一步提高投资率来恶化增长方式，那么年投资增长率就必须不高于7.5%。

无需复杂的计算就可以得出，除非政府已做好了忍受投资率进一步攀升的准备，否则GDP增长7.5%的目标意味着投资增长率的大幅下降。为了补偿由此产生的对GDP增长的不利冲击，在出口增长仍受全球需求萎靡约束的情况下，消费必须出现迅速增加，而这一点很难在短期内实现。换句话说，降低 GDP 增长率在 7.5% 的水平又不让中国增长模式更加非理性化，是一个艰巨的任务。

因此，更可能的是 2012 年经济增长率低于 2011 年，但仍显著高于 7.5%。相应地，投资驱动的增长模式将被进一步强化，尽管速度有所放缓，否则就难以避免政策引发的硬着陆。事实上，如何实现增长率放缓而不导致硬着陆是中国政府所面临的最严峻的挑战。硬着陆绝不是可选项。

中国的财政状况依然坚挺，因此中国不太可能不惜风险地“加速经济发展模式转型”。就算中央政府确实如此，地方政府仍会因地方债务问题继续追求尽可能高的增长率，同时在口头上支持经济减速呼声。这就是为何大部分经济学家在官方目标大幅下调的情况下，仍预测 2012 年的增长率将远高于 8% 的原因。

——摘自：《防范经济硬着陆　投资仍将挑大梁》，《中国证券报》，2012 年 3 月 30 日，http：//www. drcnet. com. cn/eDRCnet. common. web/docview. aspx？chnid = 1013&leafid = 3003&docid = 2848609&uid = 0303&version = integrated。

思考题

1. 什么是投资？如何对投资进行分类？
2. 如何理解投资主体、投资客体和投资环境？
3. 生产性投资项目的资金回流及其实现是什么？
4. 投资预算管理的目标和职能是什么？
5. 投资估算分为哪几种类型？哪些因素影响投资估算的精确度？
6. 如何评价投资项目的经济效益？
7. 项目可行性研究和项目评估的内容是什么？
8. 投资项目的微观决策和宏观决策的区别是什么？

推荐网站

1. 投资专题学习网，http：//course. jnu. edu. cn/ec/zwj/invest。
2. 中国投资咨询网，http：//www. ocn. com. cn。
3. 创投平台，http：//www. web - site - vc. com。
4. 上交所投资者教育网，http：//edu. sse. com. cn/newedu/home/home. shtml。
5. 深圳证券交易网投资者教育中心，http：//www. szse. cn/main/investor。

推荐阅读书目

1. 刘慧勇：《宏观投资学》，北京：中国人民大学出版社，1990 年。
2. 徐文通、林森木、李锡奎：《投资知识百科全书》，北京：中国金融出版社，1992 年。
3. 庄俊鸿：《投资学》，北京：中国财政经济出版社，1997 年。

4 国际贸易学：全球经济活动中的联系与秩序

4.1 国际经济运行的机理与贸易联系

4.1.1 经济全球化时代国际经济活动的新秩序

20 世纪 90 年代初，美国经济出现了衰退，失业人数增加。一些政治家为了得到选票，试图将国内经济的不景气归咎于外国商品进口太多，进而掀起一场“买美国货”运动，试图达到保护国内产业和就业机会的目的。但究竟哪些才是“美国货”呢？美国一家报纸就此问题进行了一项民意测验，列出了十种美国人比较熟悉的汽车，包括本田雅阁（Honda Accord）、丰田佳美（Toyota Camry）、福特护卫者（Ford Escort）、通用雪佛莱（GM Chevrolet）等，要求读者指出哪些是美国车，哪些是进口的外国车。

被测试者根据经验，自然就把本田、丰田车归为外国车，而把通用、福特视为“国产车”。而报纸揭晓的答案令读者大为吃惊：在美国出售的本田雅阁是在美国俄亥俄州的马里斯维尔生产的，丰田佳美是在肯塔基州制造的，而通用雪佛莱则是在加拿大的奥沙瓦组装的，福特护卫者中许多是在墨西哥的埃莫西约生产的。如果出于保护“民族工业”的目的，按照产品品牌或人们的感觉来购买本国车抵制外国车的话，得益的可能是外国工人，而受到伤害的恰恰是本国工人和国内的企业。

显然，全球化（globalization）使人们对产品民族属性的认知发生了混乱。全球化时代生产要素的全球流动以及跨国公司的全球化生产战略使产品的民族属性越来越模糊。

经济全球化是当前世界经济发展的显著特征，主要表现为消费的全球化、生产的全球化和国家之间经济相互依存性（economic interdependent）的加强。

消费全球化意味着商品和服务市场上国界的逐渐消失。随着贸易壁垒的逐渐消除和国际贸易的发展，各国的居民不仅在本国市场上可以购买到越来越多的外国消费品，同时也可以通过互联网在国际市场上直接进行消费。事实上，在现代社会里，没有一个国家能够生产本国消费的全部产品，也没有一个国家愿意只消费本国的产品。我们可以辨别一个产品的品牌属性，也可以辨别一个产品的最后生产地，但我们无法判断这一产品有多少百分比来自哪一个国家的生产要素。

生产全球化意味着生产要素的国家属性在逐渐消亡。企业在全球范围内寻找便宜的资源和建立生产网络。例如，中国的汽车制造商不会只使用本国的生产要素，而会根据需要购买发达国家的技术，通过合资或在国外上市获得国际资本，聘用美国或德国的高级管理人员，同时使用中国的技术工人和普通劳动力，从而建立自己的全球化生产网络。美国是一个充分利用全球资源的典型国家：日本的资本充裕，美国就通过出售债券和不动产来吸引日本资本；中东的石油便宜，美国就减少国内的石油开采，进口中东的石油；印度人和中国人在开发软件、发展信息产业中有优势，美国公司就重金聘用印度和中国的软件开发人才；墨西哥的农民勤劳且工资低廉，在美国农场中随处可见的都是墨西哥农民劳碌的身影。这种生产的全球化也表现为一些行业的跨国、跨地区转移，如随着劳动力成本的上升，许多劳动密集型产品的生产从发达国家（如美国、日本等）及新兴工业化国家和地区（如新加坡、中国香港、中国台湾等）转移到了劳动力资源充裕且工资低廉的发展中国家和地区。近年来对外直接投资（Foreign Direct Investment，FDI）和跨国公司的迅速发展也是生产全球化的表现之一。

生产全球化是消费全球化和竞争国际化的必然结果。全球化发展到一定阶段后，产品的价格会由世界市场的供求决定，成本的高低将成为决定企业竞争力的关键因素。产品的成本中包括两个部分：管理成本和生产要素的投入。在管理成本一定的前提下，投入要素价格的高低就成为产品成本以及企业竞争力的决定因素。例如，在电视机生产行业，如果美国使用工资高昂的本国工人，而日本将工厂迁移到中国、使用工资较低的中国工人，美国的电视机相对于日本的电视机将没有优势，从降低成本的角度考虑，它也应该将工厂迁到工资低廉的国家。又如，在汽车制造业中，如果中国企业使用的是价格较高的国产钢材、橡胶，而美国企业则使用质好价低的日本钢材和印度尼西亚橡胶，那么即使不考虑技术因素，中国的汽车也会竞争不过美国汽车。消费全球化的发展必然导致生产的全球化。

经济的相互依存性增强意味着各国必须采取更加开放和合作的态度。当今世界没有任何一个国家可以在完全隔绝的状态下生存，国与国通过商品、劳务的交换，以及资本、劳动力、技术、信息等生产要素的流通发生复杂的关系。一个国家在制定经济政策时必须充分考虑其他国家的影响。因为任何看起来孤立的事件都会产生意想不到的全局性影响，例如美国的次贷危机造成全球性经济衰退，希腊的债务危机导致整个欧盟实施紧缩性财政政策等。在这些复杂的关系中，发达国家对世界能源和原材料市场的依赖、发展中国家对发达国家资本和技术的依赖、工业化国家对国际市场的依赖、最贫困的国家对国际援助的依赖，以及经济快速增长带来的全球变暖等环境问题，都是长期以来一直受到全球密切关注的问题。随着交通、通信事业的发展，全球之间的联系越来越紧密，每一个地球村的公民，都会真切地感受到开放和合作的必要性和紧迫性。

经济全球化是世界经济发展到一定阶段的必然结果。经济全球化对国家、企业和个人都产生了巨大的影响，要求所有的经济活动参与者都必须具备国际性视野，在观念、生产方式和生活方式上都做出改变，以适应全球化的大趋势。对于不同的国家、不同的企业，甚至不同的阶层，全球化的影响也各有不同，既可能有积极的影响，也可能有消极的影响，但谁也不能改变这一趋势，而必须采取更加开放和合作的姿态，以顺应全球化带来的各种冲击和变革。

4.1.2 世界经济中的贸易联系

新罕布什尔州（New Hampshire）位于美国的东北角，秋天的红叶是这个州最迷人的风景，但这个州更著名的地方在于它是美国总统竞选预选的第一站，每次总统竞选时，民主党和共和党都要在这个州选举党的参选候选人。1996 年的情人节，恰好与关键的新罕布什尔州初选日期2月20日相距不到一周。这一天，共和党候选人帕特里克·布坎南在一家苗圃为他的妻子买了一束玫瑰，他趁此机会发表了一次演说，谴责美国日益增长的鲜花进口将美国的鲜花种植者挤出了该行业。确实，美国冬季玫瑰有一部分是由南美进口的，且南美玫瑰所占的市场份额日益上升。①

但是，你认同这位共和党候选人的演讲吗？

美国的二月份正值冬季，玫瑰花如果在美国生产，则必须是在加热的温室里，要有大量的能源、资本及其他稀缺资源的投入；而在南美，二月份正是夏季，玫瑰花可以在自然环境里以很低的成本生产。显然，二月份在南美生产玫瑰有着天然的优势。如果美国人用自己所擅长生产的计算机软件来交换南美国家的玫瑰花，一定是很合算的事情。

为什么各国专业化生产各自擅长的产品是合算的？

假定美国需要为情人节种植1 000万支玫瑰。生产这些玫瑰需要耗费美国的大量资源。而如果将这些资源生产计算机，可以生产10万台。就是说，生产1 000万支玫瑰的机会成本是10万台计算机。

这1 000万支玫瑰也可以在南美生产。由于南美有着生产玫瑰花的天然优势，同时，南美工人生产高技术产品的效率较低，在南美，生产1 000万支玫瑰的资源如果用来生产计算机则只能生产3万台。显然，南美生产1 000万支玫瑰的机会成本是3万台计算机，比美国的机会成本要低。

机会成本上的差异给各国提供了专业化生产的可能性。假如美国不再生产玫瑰，其节约的资源用来生产计算机；南美不再生产计算机，相应的资源用来生产玫瑰，则生产上的变化可以用表4－1表示：

表4－1 专业化生产的收益

	玫瑰（万支）	计算机（万台）
美国	－1 000	＋10
南美	＋1 000	－3
总计	0	＋7

从表中可以看出，如果将世界作为一个整体，生产的物质财富总量增加了（玫瑰数量没有增加，但计算机增加了7万台）。美国人可以拿其中的3万台电脑换南美的1 000万支玫瑰，南美人也不会不乐意接受，因为这和自己生产的数量是一样的。这时，美国人不仅如愿以偿地获得了1 000万支玫瑰，还多出来了7万台计算机。当然，美国可以拿全部的10万台计算机换南美的1 000万支玫瑰，美国人也不会不乐意（因为要自己生产的话也只能是生产这么多），但这时南美人一定会更加高兴。如果两个国家想平分这种合作的收益，美国人最好拿6.5万台计算机来交换南美的1 000万支玫瑰（到底要如何分配合作的收益？

① 保罗·克鲁格曼、茅瑞斯·奥伯斯法尔德著，海闻等译：《国际经济学》（第5版），北京：中国人民大学出版社，2002年。

这是一个十分有趣的问题）。

这就是国际贸易理论中的比较优势原理（law of comparative advantage）。根据这一原理，每个国家的居民可以通过把他们的时间和资源用于生产那些他们具有比较优势的产品上而受益。这也是国际贸易产生的基本原因。

美国经济学家杰弗里·萨克斯（J. Sachs）和安德鲁·沃纳（A. Warner）在 1995 年的一项实证研究中发现，在决定经济增长的诸多要素中，“开放”是最重要的因素之一。萨克斯和沃纳将“开放”定义为对贸易和国际收支的不干预和对本国经济的放松管制。如果用一国的进口值与该国 GDP 的百分比作为衡量一国贸易开放程度的话，那么证据显示，越是贸易开放程度高的国家，经济增长越迅速。在 1970—1984 年期间，贸易开放程度接近 20% 的国家，GDP 年平均增长率超过 3%；开放度在 15% 左右的国家，GDP 平均增长速度在 1% 至 3% 之间；而开放度在 10% 左右的国家，GDP 平均增长速度则低于 1%。1984 年至 1995 年数据显示了类似的结论。不同的是，20 世纪 80 年代后期以来，经济增长对贸易开放程度的要求更高了，对于开放程度在 15% 左右的国家，经济增长速度并不快，而 GDP 年平均增长率保持在 3% 以上的国家，平均贸易开放程度则达到 30%。萨克斯和沃纳的研究结果还发现，在所研究的 78 个发展中国家里，开放经济比封闭经济的增长速度平均高出 3 百分点：封闭经济中人均 GDP 的年平均增长率为 0.7%，而开放的发展中国家人均 GDP 的年平均增长率可达到 4.5%。同样，开放的发达国家的人均 GDP 增长率（2.3%）也高于较封闭的发达国家（0.7%）。按照这样计算的话，两个人均 GDP 相同的国家，可能会由于开放与封闭的不同选择，35 年以后，一国（开放经济）的人均 GDP 会是另一国（封闭经济）的两倍。由此可见，国际贸易不仅仅是国际商品交换，而且在经济发展中起着极为重要的作用。

上述理论可以找到很多佐证。1970 年，加纳与韩国的生活水平大致相同，当年加纳的人均国内生产总值为 250 美元，韩国为 260 美元。而到 1992 年，情况发生了极大的变化，韩国的人均国内生产总值达到 6 790 美元，而加纳仅为 450 美元。1968—1988 年间，加纳的年均国内生产总值增长率为 1.5%，而 1980 到 1992 年间仅为 0.1%；相反，1968 年到 1992 年间韩国的年均国内生产总值增长率高达 9%。其原因是多方面的，但两国对于国际贸易的态度是其重要的原因。世界银行的一项研究表明，韩国政府支持贸易，而加纳政府却不鼓励本国的生产商参与国际贸易。

加纳于 1957 年获得独立，是英国在西非的殖民地中最早获得独立的国家。该国对很多进口产品征收关税，实行进口替代政策以促进本国在某些制成品方面的自给自足，并且采取阻止本国企业进行出口贸易的政策。从加纳的可可贸易上可以对其政府的态度略见一斑。加纳拥有适宜的气候、肥沃的土壤和便利的海运航线，这一切都决定了加纳在可可生产方面具有绝对优势。1957 年，加纳成为世界上最大的可可生产国和出口国。此后，政府创设了一个由国家控制的可可推销委员会，它有权确定可可的价格，并且被指定为加纳生产的所有可可的唯一购买者。该委员会压低可可的国内收购价格，又以市场价格将收购的可可在世界市场出售。这样，它可能以 25 美分/磅的价格从种植者手中购得可可，再以 50 美分/磅在世界市场上出售。事实上，该委员会付给种植者的价格远低于可可在世界市场上的实际价值，这样一来就等于对可可的出口征了税，而国内收购价与出口价格之间的差额都进入了国库，这笔钱被用于政府的国有化和工业化政策。

1963—1979 年间，可可推销委员会付给加纳可可种植者的价格增长了 6 百分点，而加纳的消费品价格增长了 22 百分点，邻近国家的可可价格增长了 36 百分点。按实际价格计算，可可委员会付给加纳种植者的价格每年都在减少，而世界市场价格却在大幅度上升。在这种情况下，加纳的农民放弃了种植可可，转而生产一些能在国内市场销售出去的基本粮食作物。这样，在 7 年的时间里，加纳的可可生产和出口锐减了 1/3 以上。与此同时，加纳政府依靠国有企业建立国家工业基础的努力宣告失败。结果加纳出口收入的减少使本国经济陷入衰退，外汇储备下降，这严重地限制了该国购买必要进口产品的能力。

加纳采取的是内向型贸易政策，这使该国的资源转向其没有优势的基本农作物种植和制造业领域，而不再种植可可这一该国在世界经济中享有绝对优势的经济作物。这种资源的低效使用损害了加纳的经济，也抑制了该国的经济发展。

再来看看韩国政府所采取的贸易政策。世界银行把韩国贸易政策的特点归纳为“极为外向型”。与加纳不同，韩国政府强调对制成品的进口设置低障碍（对农产品则不同），并采取刺激措施鼓励韩国公司进行出口。从 20 世纪 50 年代后期开始，韩国政府逐渐将进口关税的平均水平从进口产品价格的 60% 降低到 20 世纪 80 年代中期的 20% 以下，并将大多数非农产品的进口关税降为 0。此外，受配额限制的进口产品的数目也从 20 世纪 50 年代后期的 90% 以上减少到 20 世纪 80 年代初的 0。同时，韩国政府给出口商的补贴也从 20 世纪 50 年代后期的占销售价格的 80% 逐渐下降到 1965 年的不到 20%，再到 1984 年则不给补贴。除在农业部门（农业部门的游说集团强烈要求对农产品实施进口限制）以外，韩国的贸易政策逐渐向自由贸易发展。

韩国的外向型贸易政策取得了成功，该国经济也发生了巨大的转变。最初，韩国的资源从农业方面转向劳动密集型的制造业，特别是纺织、服装和制鞋业。韩国拥有充足、廉价的而又受过良好教育的劳动力，这使它能在劳动密集型的制造业领域里建立“比较优势”的基础。近来，随着劳动力成本的提高，韩国经济已开始向资本密集型的制造业领域发展，特别是汽车、航空、家用电器和先进材料等领域。这一切都给韩国带来了巨大的变化。20 世纪 50 年代后期，韩国 77% 的劳动力都就业于农业部门，而在 21 世纪，这个比例已降到 20% 以下。同时，制造业在国内生产总值中所占的比例从不到 10% 增长到 30% 以上，韩国国内生产总值的年均增长率超过 9%。

4.1.3 规模经济与贸易优势

在广州，以石牌西为中心的电脑市场中，有太平洋数码广场、天河电脑城、南方科技广场、百脑汇、展望数码广场等 22 家电脑销售商城，超过 6 000 家商铺云集此地，市场年均销售额达 300 亿元，整个广东省 70% 的电脑产品从这里发出，成为目前广东省乃至华南地区最大的 IT 产品集散地。

1985 年广州市天河区建立，政府提出要依靠高校打造科技新区。1989 年 6 月，位于五山路一带的天河科技街顺势而生，全长不过 450 米的三栋两层楼，集中了 250 多家兼营机电产品和电脑配件的商铺。由于周围高校密集，借助“人才优势”的科技街形成了

“科、工、贸”专业电子市场。随着市场的发展，科技街的产业逐渐转化为两个分支，生产研发的部分转移到棠下高新产业开发区，批发零售的商家则集中到了天河路、岗顶一带。石牌西路开通后，黄埔大道与中山大道相连，交通便利，为石牌西电脑市场的发展提供了适宜的环境。

1994 年 5 月，倡导卖场与写字楼一体化经营的电子交易市场——广州太平洋电脑市场（一期）正式营业，并取得了极大的成功，被认为是中国最具影响力的电脑市场之一。此后，IT 商城有如雨后春笋般不断进驻周边市场，从天河电脑城、南方科技广场，再到最近几年新建的总统数码港和百脑汇，石牌西电脑市场龙头老大的地位逐步奠定。

为了配套电脑商圈的产品发货，石牌西一带更是开通了物流货运场，其中全省 100 多个电脑城都在石牌西的光华货运场设点发货，实现产品“一条龙”的配套营销，形成了“北有中关村、南有石牌西”的销售格局。

这是一种典型的规模经济效应。假如石牌西只有 1 间销售电脑的店面，每天出售 1 台电脑，设在广州郊区的电脑仓储基地不得不专程派一辆车将这台电脑送到石牌西的电脑销售店面（假定电脑销售店面不备现货），运费 100 元。但如果有 10 家电脑销售店面聚集到石牌西，每个店面每天出售一台电脑，这时仍然只需要一部货车将这 10 部电脑运送到店面，平均运输费用降低到了 10 元。当然，唯一的一家电脑铺面也可以通过扩大销售来降低运输成本，假如每天销售量由 1 台增加到 10 台，平均运输成本也会降低到 10 元。其中前者被称为外部规模经济，后者被称为内部规模经济。

如果生产和销售规模太小，因为部分固定投入的不可分割性，产品的平均生产成本比较高。随着生产规模的扩大，固定投入会得到充分的利用，从而降低产品的平均成本，这就是规模经济，或者称为规模报酬递增。规模经济可分为“内部的”与“外部的”两种。内部规模经济主要来源于企业本身生产规模的扩大，使分摊到每个产品上的固定成本降低。外部规模经济主要来源于行业内企业数量的增加所引起的产业规模的扩大。由于同行业内企业的增加和相对集中，在信息收集、产品销售等方面的成本会降低。外部的规模经济一般出现在竞争性很强的同质产品行业中。

比较优势理论可以较好地解释因各国生产要素禀赋不同而产生的国际贸易。当前相同发展水平、相同经济结构的国家之间的贸易量占到了全球贸易量的 70% 以上，那么如何解释同种类型的国家之间的贸易呢？规模经济效应可以提供较好的思路。简单地说，两个国家之间并没有生产要素上的优势，但如果两个国家通过协议或一些偶然的事件而产生分工，各自专业化生产某种产品，则因为规模经济效应（一国生产，供世界消费，可以使生产规模扩大，平均成本降低），也可以产生国际贸易。

假设日本和美国都是资本充裕的国家，都生产资本密集性的工业品，如汽车。但汽车的种类很多，至少有卡车和轿车两种。由于两国的生产技术和资源配置都相同，生产汽车的成本曲线也一样。在两国发生贸易之前，各国各自生产一部分卡车和一部分轿车：日本生产 100 辆卡车和 100 辆轿车，美国也生产 100 辆卡车和 100 辆轿车。由于各自市场狭小，产品的成本价格都很高，假设都等于 2 万美元。

如果两国允许贸易，市场就不再局限于本国。企业可以增加产量从而产生规模经济使成本下降。假设日本抢先将卡车生产扩大至 200 辆，并以每辆 1.5 万美元的价格向美国出口，就有可能占领美国市场，并使本国的卡车价格也下降。由于汽车的种类很多，在这种情况下，美国没有必要再继续生产卡车去与日本竞争，因为竞争的结果最多只是把日本卡车赶出美国市场，回到原来没有贸易时的状态，美国自己也不会因此获得利益。在这种情况下，美国可以将资源转移到轿车上，将轿车的生产扩大至200辆，并以较低的价格（每辆1.5万美元）向日本出口。这种分工和贸易的结果使两国生产成本和产品价格都降低，资源利用都更加有效，而各国的消费量都没有减少。事实上，由于产品价格的降低，各国的消费量都会增加。

由于工业产品的多样性，任何一国都不可能囊括一个行业的全部产品，从而使工业制造品生产上的国际分工和贸易成为必然。但具体哪一国集中生产哪一种产品，则没有固定的模式，既可以自然（竞争）产生，也可以协议分工。这种发达国家之间工业产品“双向贸易”（行业内贸易）的基础是规模经济，而不是技术不同或资源配置不同所产生的比较优势。

这种基于规模的分工可以使参与分工的国家获得多方面的利益。首先，贸易使参与分工国家的福利水平提高。贸易使报酬递增的产业由于市场的扩大而扩大，规模经济增加，降低了资源耗费，提高了各国的福利水平。其次，产品的多样化使消费者有更大的选择空间。各国参与分工和贸易，使消费者可以在更大的范围内选择自己需要的商品和服务。

4.1.4 国际贸易政策

2009年1月28日美国众议院通过了附有“购买美国货”条款的8 190亿美元经济刺激计划。2月10日，参议院批准了经济刺激计划，并进一步强化了“购买美国货”条款。根据该条款，不仅所有使用经济刺激计划资金的公共工程项目所用钢铁必须为“国产”，而且这些工程使用的其他制成品也须使用“美货”。“购买美国货”条款的出台，凸显出美国国内不断上涨的贸易保护主义“逆流”。

2009年初，意大利小城卢卡发起“意大利人吃意大利食品”运动，当地市政府禁止在该市古城墙范围内开设新外国食品餐厅。到1月30日运动蔓延至伦巴第地区及其首府米兰。在意大利总理贝卢斯科尼的推波助澜下，意大利最终掀起一场反外国食物风暴，有些城市禁止售卖外国食品的餐厅开业。有意大利报章形容此举为“针对外来移民的十字军东征”，政府中间偏“左”反对派指禁令歧视，等同“饮食业种族清洗”。

世界银行在2009年3月份发布名为《贸易保护：正在萌芽但趋势忧人》的报告，向在全球金融危机背景下再度兴起的新一轮贸易保护主义思潮发出警告。报告指出从2008年起G20集团中有17个国家采取了不同程度的新保护主义措施。尽管在2009年4月2日的伦敦峰会上二十国集团的领导一致同意促进全球贸易和投资，摒弃贸易保护主义，巩固经济繁荣的基础，并签署了《G20伦敦金融峰会公报》加以确定，但是随后的数月中全球贸易保护主义的硝烟似乎愈演愈烈。世界银行行长佐利克也曾经在2009年3月发表声明警告说，经济孤立主义会使世界重蹈20世纪30年代贸易萧条的覆辙，加剧经济困境。

经济学家已经证明，自由贸易是最好的制度安排，不同国家都能从自由的国际贸易中获得好处。但事实上，没有任何一个国家奉行完全自由的贸易政策。那么为什么会出现这么大的反差呢？

贸易保护的工具通常有关税及各种非关税壁垒（如进口配额、国内要素含量条件、政府补贴、倾销与反倾销措施、购买国货政策、技术标准、劳工标准、运输管制等）。自由贸易从总体上来说对一个国家是有好处的，但这种利益在国内各利益集团之间的分配是不均等的，有的利益集团得到的利益多一些，有些得到的利益少一些，有些利益集团甚至成为自由贸易的受害者。例如，当一个国家生产某种产品价格较高，不具有比较优势，这时从别国进口就是一种较好的选择。进口使消费者可以以更低的价格获得这种产品，同时，因为价格较低，消费者购买这种产品的数量也会增加。这样，消费者从进口中获得较多的利益。但是，因为进口导致产品价格下降，会使生产者利益受损，如果他们不能以更低的价格生产这种产品，他们将不得不减少产量，甚至停产。生产者利益的损失更具体地表现为资本所有者利益及劳动者利益的损失，他们成为自由贸易的受害者。因此，他们反对自由贸易，如果他们的力量足够强大，或者他们能够有效地组织起来，就有可能迫使政府制定贸易保护措施。

此外，贸易保护措施还有各种各样的理由或借口。例如，在发展中国家，流行的有幼稚工业保护论（认为发展中国家的某些产品与发达国家的直接竞争是不公平的，必须由国家进行必要的保护，待其成长壮大后再与发达国家进行竞争）、改善国际收支论（发展中国家的贸易逆差需要通过政府限制进口、扩大出口的贸易保护措施得到扭转）、改善贸易条件论（贸易条件指出口产品价格与进口产品价格的对比，限制进口有利于降低进口产品的价格，从而改善贸易条件）、增加政府收入论（例如提高关税率可以改善政府的收入）等。而在发达国家，也有保护就业论（减少进口、扩大出口可以保护本国的生产规模和就业岗位）、保护公平竞争论（认为很多发展中国家干预对外贸易会导致国际贸易的价格扭曲）、国家安全论（认为自由贸易增强了本国对国际市场的依赖性，会危及国家安全）等。

4.2 国际贸易的基本流程

4.2.1 国际贸易与国内贸易的不同点

20 世纪 90 年代中期，某美国公司从日本进口笔记本电脑，按合同须在收到货物后 30 日内用日元与日供货商结算。合同订立时美元对日元汇率为 1：120，每台电脑进口价 20 万日元，折合 1 667 美元。该种电脑在美国市场售价 2 000 美元，美国进口商每售一台可盈利 233 美元。该进口商只有等货物全部售完才有钱与日商结算。在合同订立后 30 日内，美元对日元贬为 1：95，但美国公司仍要依合同付给日商 20 万日元/台，按新汇率，电脑进口价为 2 105 美元/台，美商每台亏损 105 美元。

可见，国际贸易与国内贸易有着明显的不同，不仅贸易活动的规则不同，而且要承担更多的风险，如上述案例中的汇率风险。与国内贸易相比，国际贸易有以下特点：

第一，国际贸易面临更复杂的环境。国际货物买卖既然是国与国之间的商品交换，必然涉及两个不同国家或地区在经济体制、文化背景、法律体系和具体规则等方面可能存在的差异和冲突，受到有关国家对外贸易政策、措施以及外汇管制等方面的制约，其所涉及的问题远比国内贸易复杂。

国际贸易中涉及的法律规范有三种，即国内法、国际条约和国际贸易惯例。国际货物买卖合同的当事人都要遵守各自国家的国内法，而各国法律又往往存在不一致的地方，因而会产生法律冲突，必须按照一定的原则来选择适用的法律。国际货物买卖合同的订立和履行还必须符合当事人所在国缔结或参加的与合同有关的双边或多边国际条约。在法律适用问题上，除国家在缔结或参加时声明保留的条款外，国际条约优先于国内法。与国际贸易联系最密切的国际条约是《联合国国际货物买卖合同公约》。

国际贸易惯例也是国际贸易法的主要渊源之一，它是在国际贸易的长期实践中逐渐形成的一些有较为明确的和固定内容的贸易习惯和一般做法。通常是国际性组织或商业团体制定的有关国际贸易的成文的通则、准则和规则。但国际贸易惯例有它的特殊性，它对合同当事人没有普遍的强制性，当事人是否引用惯例、引用哪个惯例都可以自由决定，只有在合同中规定加以采用时，它才对当事人有法律约束力。而且当事人采用惯例时，也可以对其中的某项或某几项内容进行更改或补充。国际贸易惯例在国际贸易中发挥了不可替代的作用，是对法律的有效补充。常用的有《国际贸易术语解释通则》（INCOTERMS2000）、《跟单信用证统一惯例》（UCP600）、《托收统一规则》（URC522）等。

第二，国际贸易具有不稳定性。国际货物买卖受到交易双方国家的政治、经济以及其他客观条件的影响，比国内贸易具有更大的不稳定性，尤其是当前国际局势动荡不定，市场竞争和贸易摩擦愈演愈烈，各国货币汇率浮动频繁，货价经常波动，经济、金融危机此起彼伏，从事国际贸易的难度也越来越大。

第三，国际贸易面临更多的风险。国际货物买卖的交易数量和金额通常都比较大，从磋商到订立合同，一直到履行合同，间隔时间一般比较长，货物由出口国运到进口国大都需要经过长途运输，有的还需使用多种运输方式，所以买卖双方在交易过程中承担的风险也远比国内贸易大。

第四，国际贸易业务操作比较复杂。国际货物买卖的每笔交易除了买卖双方之外，往往还需要得到国内外的运输、保险、海关、检验与检疫和银行等部门的协作、配合，关系错综复杂。在这个过程中，除了国际货物买卖合同之外，还产生了各种合同关系，如与国内客户之间的国内购销合同、运输合同、保险合同等。

4.2.2 国际贸易的基本程序

国际贸易要经过交易前的准备、交易磋商、签订合同、履行合同四个步骤。

4.2.2.1 交易前的准备

进出口商在交易前需要获得与贸易有关的各种信息，通过对信息的分析，掌握国内外市场的行情特点，判定贸易的可行性，进而制订贸易计划。

以出口贸易为例，交易前需做好市场调研、制订出口商品经营方案或价格方案、出口报价核算等各项工作。

（1）市场调研。

出口商应通过各种途径广泛了解市场供销情况、价格动态，各国有关的贸易政策、法规、措施和习惯做法，以便从中选择适当的目标市场，并合理确定市场布局。

市场调研包括三个部分，即国别调研、商品市场调研和客户调研。国别调研主要是调查有关国家或地区的经济状况、对外政策、进出口商品结构和数量等。商品市场调研主要是调查有关商品及相关商品的品种、质量、消费、成本、价格、主要供需国及发展状况。客户调研则是要调查已经或有可能经营相关产品的客户的资信状况、经营范围、经营能力等状况。

（2）制订出口商品经营方案或价格方案。

出口商品经营方案是出口企业对出口商品在一定时期内所做的全面业务安排，通常包括国内货源情况、国外市场与目标市场情况、历史经营情况、计划安排和实现计划的措施，如市场安排、物色客户、广告宣传，贸易方式、价格、支付等交易条件的选择和运用，成本和经济效益的核算等。

国际货物买卖中决定交易能否达成的一个很重要的因素就是价格，商品的价格既要能被进口商接受，又要保证出口商有一定的利润。出口商和进口商在交易前都要进行价格核算。而国际贸易中的价格构成又比较复杂，因此价格核算中不但要考虑商品的成本和各种交易费用，还与贸易术语、计价货币、结算方式等有关。

贸易术语是交易磋商和订立合同时不可缺少的专门术语，相当于“对外贸易的语言”，是从事对外贸易工作必备的基础知识。在国际贸易中，单独像“运动服，80 美元一打”这样的价格是没有意义的，买方或卖方都无法从中确定该价格是否合适，因为国际贸易中的货物交接涉及许多问题。例如，出口国国内运输、出口报关、国际运输、货物运输保险、进口报关等手续由谁承办；相关费用由谁承担；货物运输过程中发生损坏或灭失的风险由谁承担等。只有明确了上述责任、费用和风险的划分，双方才能对交易的具体成本和收益进行核算，从而计算出具体的价格。如果每一笔交易都对上述各个环节进行逐一磋商，将会耗费大量的时间和费用，为了解决这一问题，就产生了贸易术语。

贸易术语是指用一个英文缩写来代表货物买卖中的价格构成、双方的责任、费用和风险划分，其简化了交易磋商的过程和合同内容。国际贸易中常用的是由国际商会制定的《国际贸易术语解释通则》，共有 13 种贸易术语，如表 4－2 所示。

表 4－2　常见的国际贸易术语

<table>
<tr><th>类别</th><th>名称</th><th>交货地点</th><th>运输</th></tr>
<tr><td>E 组</td><td>ZXW 工厂交货</td><td>卖方工厂</td><td rowspan="4">买方</td></tr>
<tr><td rowspan="3">F 组</td><td>FCA 货交承运人</td><td>交承运人（买方指定）</td></tr>
<tr><td>FAS 船边交货</td><td>指定装运港船边</td></tr>
<tr><td>FOB 船上交货</td><td>指定装运港船上</td></tr>
</table>

（续上表）

类别	名称	交货地点	运输
C 组	CFR 成本加运费	装运港船上	
	CIF 成本保险费运费	装运港船上	
	CPT 运费付至	交第一承运人	
	CIP 运输保险费付至	交第一承运人	
D 组	DAF 边境交货	边境指定地点（不卸货）	卖方
	DES 目的地港船上交货	目的港船上（不卸货）	
	DEQ 目的地港船上交货	目的港码头（卸到码头）	
	DDU 未完税交货	指定目的地（不卸货）	
	DDP 完税交货	指定目的地（不卸货）	

这 13 种贸易术语分为 E、F、C、D 四个组，每组各有自己的特点。如 E 组是启运组，卖方只需在自己的处所将货物交给买方处置，就完成了交货责任，其余所有手续均由买方承担。F 组是主运费未付组，其中贸易术语都是由买方安排运输并承担主运费，卖方需按照买方的要求交货。C 组是主运费已付组，要求卖方自付费用订立运输合同，CIF 和 CIP 还要求卖方办理货物运输保险。但 F 组和 C 组的贸易术语都属于象征性交货，装运合同，卖方只负责装运货物，不负责到货，风险在出口国已转移至买方，运输过程中的风险由买方承担。D 组是到达组，卖方需在指定目的地将货物置于买方控制之下才完成交货，属于到达合同，运输途中的风险由卖方承担。交易双方可根据具体的交易过程和特点选择合适的贸易术语。

商品价格的形成与贸易术语的选择有直接的关系，如 FOB、CFR、CIF 是国际贸易中最常用的三种贸易术语，都适用于水上运输方式，但三者的费用划分和价格构成不一样。FOB 俗称“离岸价格”，海运运费、保险都由买方承担，卖方只需在规定时间和地点将货物装上买方指定的船只，即完成交货。CFR 则是海运费由卖方承担，保险由买方自理。CIF 俗称“到岸价格”，海运运费和保险均由卖方承担。但三者的风险转移却是完全一样的，都是货物在装运港越过船舷时风险由卖方转移到买方。因此，同样一笔交易，以 CIF 成交价格是最高的，而以 FOB 成交价格是最低的。

（3）出口报价核算。

出口商进行出口报价时要考虑多方面的因素，其中最基本的是商品的成本、费用和利润，这是决定商品价格的最基本因素（商品价格 = 成本 + 费用 + 利润）。

成本的核算分为两种情况，生产企业将其产品直接出口的，成本就是其生产成本；出口商采购商品来出口的，出口成本应该是含税采购成本扣除出口退税后的余额。

费用核算是指特定出口业务所产生的除成本外的支出，包括国内费用和国外费用两部分。具体来说包括诸如国内运费、国际运费、保险费、佣金、垫款利息、银行手续费、业务费，还有报检、报关、装船等杂费。费用的计算比较繁杂，种类多，而且在不同的交易中由于使用的贸易术语、结算方式、货物种类、运输方式等的不同，会产生不同的费用，在每笔交易中需进行仔细核算。

利润主要是出口商预期通过交易而获得的利润，可以用成本利润率或者销售利润率来表示。

除此之外，出口商报价时还需考虑国际市场行情、市场竞争状况、需求状况、交易风险的大小、结算货币的选择等因素，在基本报价的基础上进行适当的调整。

4.2.2.2 交易磋商

交易磋商是指交易双方为达成某项交易，通过一定的程序就商品的品质、数量、价格、包装、支付和交货等主要交易条件进行协商，最后达成一致协议的过程。

交易磋商可以采用书面或口头形式，通常包括询盘、发盘、还盘和接受四个环节。其中发盘和接受是交易磋商必备的环节。

询盘就是交易一方向另一方询问交易条件，属于一般性的业务联系，没有法律上的约束力，在交易磋商中也是可有可无的。如买方询盘：“中国松香 WW 级 100 公吨，8 月份装船，请报 CIF 伦敦价。”卖方询盘：“可供中国松香 WW 级，8/9 月份装船，请递盘。”

发盘指交易一方向另一方提出各项交易条件，并愿意按照这些交易条件与对方达成交易、订立合同。发盘是交易磋商的必备环节，既是商业行为，又是法律行为，一项发盘发出后就产生法律约束力，如果对方完全同意发盘内容并及时答复，则双方合同关系成立。发盘通常应包括主要交易条件。如：“兹发盘 5 000 打运动衫，规格按 3 月 15 日样品，每打 CIF 纽约 85 美元，标准出口包装，5 月至 6 月装运，以不可撤销信用证支付，限 20 日复到。”

还盘是指受盘人不同意或不完全同意发盘人的条件，为了进一步协商，对发盘人提出修改意见。还盘一方面是对原发盘的拒绝，另一方面又做出了一项新的发盘，因此与发盘一样具有法律效力。发盘不是交易磋商的必备环节，可以有，也可以没有，还可以在发盘人和受盘人之间反复进行。如：“你 10 日电收悉，若价格每打 CIF 纽约 83 美元，5 月份装运可接受。”

接受指受盘人收到对方的发盘或还盘后，同意对方提出的交易条件，愿意与对方达成交易，并及时以声明或行为表示出来。接受是交易磋商的必备条件，也具有法律效力，受盘人只要在发盘有效期内表示接受，合同关系就已经成立。如：“你 12 日电我接受。”

4.2.2.3 签订及履行合同

交易磋商中，一方发盘或还盘，另一方接受，合同关系即告成立，在法律上对交易双方产生约束力。通常交易磋商成功后，双方还要签订一份书面合同，以明确双方的权利义务关系，并方便合同的履行。

合同签订后，买卖双方都应根据合同规定，各自履行自己的义务。出口商需要在规定的交货期内准备好合同规定的货物，按照合同规定进行包装，并将货物装运出去，提供合同规定的各种单据，根据合同规定采用不同的结算方式收取货款；进口商则要落实外汇，开立信用证，收取货物，支付货款。

4.2.3 国际货物买卖合同的主要内容

国际货物买卖合同应包括与交易有关的各项条件，主要有：

（1）标的条款。合同的标的条款主要是对双方买卖的货物进行描述，以明确双方交接货物的标准，主要包括品名、品质、数量和包装。

（2）价格条款。价格条款包括单价和总值两部分内容，这是交易双方磋商过程中关注的焦点，因为直接关系到双方的成本和收益，特别是单价部分。合同中的单价条款包括计价货币、计量单位、单价金额和贸易术语四个部分。

（3）交货条款。交付货物是卖方最基本的义务，涉及运输方式、交货的时间、地点和方式、装运地点、目的地点、是否允许分批装运或转运，有时还会包括装运通知和运费负担的相关规定。

（4）保险条款。为了避免货物在长途运输中遭遇风险而带来的巨大损失，通常需要办理货物运输保险。合同中的保险条款就是要明确保险承担的内容，通常需要规定投保人、保险条款、投保险别以及投保金额等内容。

（5）结算条款。国际货款结算，即货款的收付，比国内货款结算要复杂，因为各国使用的货币不同，而且在做法上也有很大差异，同时国际货款结算还涉及不同国家的有关法律、国际惯例和银行习惯等。国际货款的收付涉及使用何种货币、票据，以及在什么时间、以何种方式收付等问题。

国际贸易中常用的结算方式有汇付、托收和信用证三种，特别是信用证，已成为国际贸易中最主要的结算方式。国际贸易中的信用证通常是开证银行根据进口方的请求和指示，授权出口人凭所提交的符合信用证规定的单据，向其或其指定的银行收款。简单地说，信用证就是银行开立的有条件的付款承诺。

在信用证结算中，买方在合同规定期限内到指定银行开立信用证，开证行按买方指示开立信用证并通过通知行转递给卖方（受益人），卖方审核信用证无误后按合同规定将货物装运，并备齐全套货运单据，则卖方的交货责任已经完成，即凭信用证及全套货运单据到银行议付货款，只要单据与信用证严格相符，即可取得货款。议付行再向开证行寄交单据索偿，开证行偿付后即通知买方付款赎单，买方付款前有权审核单据，只要单据无误，即向开证行付款后取得全套货运单据，再凭货运单据向承运人提取货物。在此过程中，信用证付款的条件是严格的“单证一致，单单一致”。

（6）检验条款。国际贸易中买卖双方一般不会当面交接货物，而且货物要经过长距离的国际运输，当货物发生品质缺陷、数量短少、包装破损等情形时，需要明确责任，这就需要有个双方认可的检验机构进行检验并出具检验证书。双方需在合同中约定检验的时间和地点、检验机构、检验证书的种类、检验标准等内容。

（7）索赔条款。一方全部或部分不履行合同义务时，另一方有权就违约所造成的损失提出损害赔偿的要求。合同可就索赔依据、索赔金额、索赔期限等内容作出规定。

（8）不可抗力条款。不可抗力条款是合同中的免责条款，合同签订后如果一方因为遭遇意外事件而导致不能履行或不能按时履行合同，可依据此条款免除违约责任。

4.3 全球化时代的跨国管理

造纸业的进步与现代欧洲经济体系的形成孕育了 KNP 公司的发展。在第二次世界大战后的一段时间里，KNP 公司所属工厂虽然受破坏程度较小，但生产能力已大大降低。到 1960 年，KNP 公司率先生产镀膜纸，成为欧洲第一家生产这种纸的厂家，其利用的技术是通过许可交易从美国一家公司获得的。该公司的多家工厂分别生产不同用途的纸产品。

1986 年，KNP 公司收购了一家德国公司，该公司在联邦德国的 4 个地方生产纸箱。通过收购使 KNP 公司包装分部的生产能力扩大了 60%。除在德国的 4 家工厂外，KNP 公司在意大利和西班牙也设立了纸箱生产单位，每个单位都由该公司其他部门提供纸板原料。

自 20 世纪 70 年代以来，KNP 公司收购了一系列造纸厂，每次收购都是基于一种防御策略，防止竞争者抢占 KNP 公司产品现有的分销渠道。KNP 公司在比利时、法国和英国都有造纸厂，此外公司还拥有作为荷兰两家最大的造纸厂之一的一家公司 35% 的股权，以及另外一家公司的 51% 的股份。①

从许多方面看，KNP 公司都是开展跨国经营的典范。从 20 世纪开始的全球化浪潮已经席卷世界。经济全球化有利于资源和要素在全球的合理配置，促进了资本和产品的全球性流动，加速了世界经济的发展和繁荣。积极参与全球化过程给企业带来了新的发展机遇，同时也对企业管理提出了新的要求，跨国管理成为各类企业应对全球竞争的必修课。

4.3.1 企业通过全球扩张来盈利

全球扩张能够使企业以纯粹国内企业所不具备的方式来提高其盈利能力，这表现在以下几个方面：

第一，通过其核心能力在更大的范围内获得利润。核心能力（core competence）指企业所拥有的其他企业无法拥有和模仿的特质和技能。这种特质和技能可能存在于企业的各个增值环节，如研发、生产、管理、人力资源等。例如，丰田公司能够以更低的成本生产质量高超、设计精良的汽车；麦当劳在快餐的运作和管理上具有核心能力；沃尔玛在信息系统与物流配送方面有特殊的优势等。对于这些有核心能力的公司来说，全球扩张是利用其核心能力在更大的范围内创造价值，这种价值创造活动必然带来丰厚的利润。

第二，将特定的价值创造活动分配到那些具备最优效率的地区，实现区位经济效应。不同的国家在经济、政治、法律、文化等方面有巨大的差异，这些差异可能增加也可能降低实际的商业运行成本。或者如上一节所说，由于生产要素成本不同，某些国家在生产某些产品上有比较优势。对一个试图在全球竞争的市场上生存和发展的企业来说，他们会将其生产活动进行分解，然后将不同的环节放到最佳的地区（这里的生产要素优势、政治、法律及文化特点最适合这一环节的生产活动），从而降低生产成本，提高生产效率。假如一种产品的最佳设计人员在法国，就将设计作业活动放到法国；假如墨西哥劳工的装配作

---

① 郭焱：《跨国公司管理理论与案例分析》，北京：中国经济出版社，2007 年。

业效率最高，就把装配作业放到墨西哥；假如最佳的营销人员在美国，那么营销策略就在美国制定。全球化生产战略正是基于这样一种考虑提出来的。在全球范围内配置资源，实现资源配置的最优化。对全球资源的合理利用，也具有正面的意义，而现代通信和交通运输条件也使全球配置资源成为可能。

第三，实现更大的经验曲线经济效应。经验曲线指在产品的寿命周期内所观察到的生产成本有规律的下降曲线。研究表明，当一种产品产量提高时，其生产成本会随之下降。为什么生产成本会下降？解释可能有多种，其中重要的一个是规模经济理论，另一个是学习效应。规模经济在上一节已经做出说明，指通过大量生产某种产品以取得单位成本的下降，因为大量生产可以将固定成本分摊到更多的单位产品上，同时，大规模的生产会使企业专业化生产水平更高，并且可以使用更先进的设备以及更富有效率的人才。学习效应指的是成本的节省源于在实践中学习，个人可以通过不断重复某一项操作而使熟练程度不断提高。管理人员也会随着时间的推移将企业管理得更好。这样，随着人员熟练程度的提高和管理效率的提高，企业的生产成本也会下降。越是复杂的活动，学习效应越是明显。

4.3.2 全球化生产时代的管理

4.3.2.1 跨国企业的战略协调障碍如何

全球化公司业务职能庞杂，进行有效协调成为重要的问题。典型的协调原则是既能保证公司的整体步调一致，又能保证各地区的机构有相对的自治权，有各自相对独立的价值创造体系，尽量降低协调需求。那些需要在本国和外国公司之间转移核心竞争力而获利的公司对协调的需求较大。把技术与产品从国内转移到国外必须依靠协调来支持。而那些要通过全球配置资源的公司对协调的需求则更大。

跨国企业的协调往往面临很多障碍。各子单位的经理往往有不同的行动方向，因为他们的生产任务各不相同。例如，生产经理通常只关心生产的问题，如生产能力的利用、成本控制和质量控制；而营销经理则只关心营销工作，如价格、促销、渠道和市场份额。这些差异会阻碍不同部门经理之间的沟通。因为各部门业绩的判断标准不一样，各子单位之间甚至会出现互不尊重。

各子单位目标上的差异也导致了行动方向的不同。例如，一个跨国公司世界产品分部致力于成本目标，要求产品生产标准化的全球产品；而国外分公司致力于提高该地区的市场份额，需要生产非标准化的产品。在这种情况下，目标上的分歧可能导致冲突。

4.3.2.2 正式的和非正式的整合机制

子单位经理间的直接联系是最简单的整合机制。通过这种机制，各子单位的经理就能在产生共同关心的问题时相互联系。但有时这种直接联系往往不能实现，需要借助联络员进行联系。当两个子单位之间的联络需求比较大时，可以设置这样的联络员，因为联络员之间的关系是永久的，借助他们之间的合作和沟通，也可以减少协作中的障碍。

而当公司对协作的需求较高时，公司需要建立永久性的团队，其成员由各子单位中的人员组成。这些团队通常负责协调新产品的开发与上市。当经营或决策方面需要两个或更多子单位合作时，这种团队将十分有用。新产品开发和上市小组的人员通常来自研发部、生产部和营销部，通过通力合作，使最终开发出的产品既满足消费者的需要，又符合低成本原则。

而当协调需求更高时，公司将需要建立某种矩阵结构来解决协调问题，此结构中所有职能都被视为整合职能。该结构的设计目的在于取得子单位间最大的整体协调。在跨国公司中，这种以地理区域和世界范围的产品部门为基础的矩阵结构非常常见。在矩阵结构中，地理区域、产品部门和职能部门之间的关系，以及它们是否都可以直接向总部汇报都会因跨国公司的战略布局的不同而各有差异。

但正式的机构设置都不可能是尽善尽美的，都存在各种各样的缺陷或漏洞。这种缺陷或漏洞需要通过非正式的整合机制去弥补。

非正式的整合机制包括管理网络和组织文化。管理网络是企业中各经理之间进行非正式联络的机制。在这种管理网络中，每一个经理都是网络中的一个节点，他们之间并没有层级之间的区分。经理之间可以通过各种方式进行联系。一个好的网络要使所有的经理能够以最快的速度和最短的路径获得最直接的联系。这种关系网络是公司正常运作的“黏合剂”，现代信息技术为这种关系网络的建立提供了物质基础。电子邮件、视频会议、即时通信、群发系统等工具都有利于经理之间进行最紧密的联系。

组织文化是一个高层次的管理要素。组织文化超越各子单位行动方向上的差异，为经理们提供了一系列共同的价值观和准则。如果在子单位发生冲突时都能按照组织文化提供的价值观和准则办事，则可以在整体上保证公司的一致行动。公司怎样才能建立一个共同的文化？能否为公司建立一个共同的前景？这个问题至关重要。最高管理层须决定企业的使命，以及如何从组织的价值准则中反映这一使命。这种使命部分地通过管理培训项目进行传达和贯彻，更重要的是，在一些较为模糊的领域，或者在现有规章无法达致的领域，如果领导人能够按照企业使命来处理相关问题，长此下去，就有可能建立起一种共同的文化。当然，选择那些具有团队精神的人做经理，设立相应的激励措施，鼓励经理们为公司的整体利益进行合作，也是一个有效的做法。

4.3.2.3 跨文化管理

随着全球化的推进，跨文化管理也成为一个重要的管理方式。跨文化管理又称为“交叉文化管理（Cross Cultural Management，CCM）”，指在全球化经营中，对子公司所在国的文化采取包容的管理方法，在跨文化条件下克服任何异质文化冲突的跨文化管理，并据以创造出企业独特的文化，从而形成卓有成效的管理过程。其目的在于在不同形态的文化氛围中设计出切实可行的组织结构和管理机制，在管理过程中寻找超越文化冲突的企业目标，以维系具有不同文化背景的员工共同的行为准则，从而最大限度地控制和利用企业的潜力与价值。全球化经营企业只有进行了成功的跨文化管理，才能使企业的经营得以顺利运转，竞争力得以增强，市场占有率得以扩大。

每种文化背后都有一组隐含的假设，生活在该文化下的人通常不会觉察这些假设的存在，因为这些信念几乎是与生俱来、根深蒂固地埋藏于潜意识中的。一旦这些信念受到挑战，人们便会感受到文化冲击，觉得是外来的侵犯，然而事实上真正让人感到震惊的是：他们将会发现不同的文化内涵通常只是一体两面，甚至是特定尺度的两种极端。

管理人员要承认并理解差异的客观存在，克服狭隘主义的思想，重视对他国语言、文化、经济、法律等的学习和了解。当跨国公司的管理人员到具有不同文化的东道国工作时，往往会遇到很多困难，这反映出特有文化的语言、价值观念、思维形式等因素在跨文化管理中会形成障碍，产生矛盾，从而影响跨国经营战略的实施。理解文化差异是发展跨国文化管理能力的必要条件之一。理解文化差异有两层含义：一是理解东道国文化如何影响当地员工的行为；二是理解母国文化如何影响公司派去的管理人员的行为。不同类型的文化差异可以采用不同的克服措施：因管理风格、方法或技能的不同而产生的冲突可以通过互相传授和学习来克服，比较容易改变；因生活习惯和方式不同而产生的冲突可以通过文化交流来解决，但需较长的时间；人们基本价值观念的差异往往较难改变。只有把握不同类型的文化差异才能有针对性地提出解决文化冲突的办法。

4.4 面向国际市场的营销活动

苹果公司在日本的营销一直比在美国成功，但苹果公司在日本的成功并非轻易获得，因为日本的个人电脑市场运作方式和美国不同。日本企业在使用个人电脑提高生产率方面进展相对迟缓，日本经理喜欢面对面的接触而不是通过电子联络。另外，与美国相比，日本从事信息行业工作的人较少。这些情况表明日本办公室的个人电脑普及率无法与美国相比，这意味着苹果公司面对的是一个较小的市场。的确，苹果电脑公司的成功主要在消费者市场，苹果电脑鲜艳的色彩代表着时尚。在日本，要做好产品的销售必须全力做好市场调研。需求预测至关重要，营销者需要了解日本的宏观经济资料，并进行统计分析。但在收集这些资料之前，必须确定目标用户，进行市场调查。美国的营销者还必须越过太平洋，深入到日本的商店内、到日本的消费者家中和到办公楼里，在市场中亲身观察这些发展中的市场。

与国内的市场营销相比，由于国际市场营销活动受到双重环境尤其是各国环境的影响，营销组合策略复杂得多，难度也比较大。在产品策略方面，国际市场营销面临产品标准化与差异化策略的选择；在定价策略方面，国际市场定价不仅要考虑成本，还要考虑不同国家市场需求及竞争状况，而且成本还包含运输费、关税、外汇汇率、保险费等，此外还要考虑各国政府对价格调控的法规；在分销渠道方面，由于各国营销环境的差异，造成了不同的分销系统与分销渠道，各国的分销机构的形式、规模不同，从而增加了管理的难度；在促销策略方面，由于各国文化、政治法律、语言、媒体、生产成本等不同，使企业在选择促销策略的时候更复杂。

4.4.1 研究不同国家的消费者需求

在美国，每年推出或开发的新消费品（食品、饮料、健康用品、美容用品以及其他家庭用品和宠物产品）超过 33 000 项。但专家们的普遍估计是，这些新产品中高达 94% 的产品最终都不会成功，其中一个重要的原因是这些产品没有关注消费的需要和欲望。当一个人感觉缺乏食物、衣服和住所等基本生活用品时，需要就产生了。欲望则是基于某人的知识、文化与个性而产生的一种具体需要。假如你感到饥饿，就会有一种想吃东西的基本需要和意愿，于是你就产生了想吃苹果或者棒棒糖的欲望，因为根据以往经验及你的个性，你知道这些东西都能满足你饥饿的需要。通过在合适的场合创造出对好产品的知晓，有效的营销能够明确地塑造一个人的欲望。

的确，营销试图影响我们购买什么。但一个问题随之而来——在保护消费者利益方面，我们希望政府提供哪些帮助？例如，大多数消费者可能说他们希望政府保护他们免受毒品和不安全汽车的伤害而不是棒棒糖和软饮料的损害。为了保护司机和乘客的安全，政府是否应该限制司机在驾车时使用手机？这些问题并没有明确的答案，法律和社会责任问题之所以成为营销的核心，原因就在于此。

4.4.1.1 市场

市场由潜在消费者，即那些有意愿并且有能力购买某一具体产品的人所组成。所有的市场最终都反映在人上。比如当我们谈到一个企业购买了一台复印机时，我们指的其实是企业中某个人或某些人决定购买它。当人们意识到自己存在尚未满足的需要时，就会产生购买某种产品的意愿，但仅有意愿是不够的，人们还必须具有购买能力，比如权利、时间和金钱。人们甚至可以“购买”一个想法，比如要每年检查自己的血压，或者调低温度调节器以节约能源

4.4.1.2 目标市场

营销不是仅仅停留在了解消费者需要上，因为组织显然不可能满足所有消费者的需要，因此它必须将其努力集中在某一特定潜在消费者群体的需要上，这就是目标市场，即组织实施营销方所针对的一个或几个特定的潜在消费者群体。

4.4.2 营销组合

经典的4P营销组合模型在国际营销中仍然有广泛的应用，4P因素包括：产品（product），满足消费者需要的一种物品、一项服务或一个创意；价格（price），用以交换产品的东西；促销（promotion），买卖双方之间的沟通方式；分销（place），产品到达消费者手中的方式。这些因素属于国际营销中的可控因素。

不可控的环境因素是指诸多远远超出营销部门及其组织控制范围的因素。这些因素可以分为五组：社会因素、经济因素、技术因素、竞争因素与管制因素。例如，消费者自己的欲望和需要、技术变革、经济形势是扩张还是紧缩、竞争者采取的行动以及政府限制等。我们将这五种不可控的要素称为营销决策中的环境因素。这五种力量有时可成为营销加速器，拓展组织的营销机会；有时则成为营销制动器，限制组织的营销机会。

4.4.3 营销方案：如何构建顾客关系

当今迅速发展的国内与全球市场中的激烈竞争促使企业做出重大调整。管理者必须寻求在这一更加激烈的全球竞争环境中获得成功的途径。

这种状况推动了企业越来越重视“顾客价值”，即通过提供作为成功营销本质的独一无二的价值，以获得忠诚顾客。而新理念则进一步强调要努力理解顾客是如何感知到价值的。所谓顾客价值，就是目标购买者所获得的包括质量、价格、便利、及时送货以及售前售后服务在内的一系列特定利益的组合。事实上，企业目前想方设法给予忠诚且满意的顾客以更多的价值，因为每一元钱的价值都会得到丰厚的回报。

研究显示，企业不可能针对所有人无所不为。相反，企业必须想办法建立起长期顾客

关系，提供独一无二的价值并传递给目标市场。许多成功的企业传递卓越顾客价值可从三大价值战略中进行选择，即最优价格、最优产品或最佳服务战略。

企业可以通过实施具体的营销组合行动，建立起与其顾客的密切联系，进而实现有价值的顾客关系。建立并维持有效顾客关系的标志是关系营销，即将组织与其顾客、员工、供应商以及其他合作伙伴为了共同的长远利益而紧密联结在一起。需指出的是，这种共同的长远利益，不仅仅存在于组织与顾客之间，还必须兼顾其他重要的利益相关者，如供应商、员工以及制造商、分销渠道中的批发商或零售商等合作伙伴。在理想的状况下，关系营销能在组织与个体顾客间建立起一种私人的不断发展的关系。

4.4.4 国际营销的意义及趋势

积极开展国际市场营销，为企业开拓新的营销领域，可以寻求更广泛的市场，扩大企业的产品销售。国际营销通过以下两个途径增强企业获利能力：一是通过销售获得更大的利润回报；二是通过扩大销售来扩大企业的生产规模，降低产品单位成本，获得规模效益。对于跨国公司来说，开展国际市场营销，可以在全球范围内选择最有利的市场机会，保证企业的健康成长。同时，企业投身到激烈的国际市场竞争中去，可以使企业的各种能力得到磨炼，加快技术进步，提高经营管理水平。

当前的国际市场营销已经进入顾客导向时期。所谓顾客导向，是指一个组织将力量集中于不断搜集有关顾客需要的信息，实现组织各部门共享这些信息以及充分利用这些信息创造顾客价值。由于关注的焦点是顾客，因而近来开始强调顾客关系管理（Customer Relationship Management，CRM），即组织确认潜在购买者，理解他们的内在需要，并使之产生对组织及其产品的一种良好的长期感知，进而最终发展成为组织顾客的过程。这要求组织所有管理者与员工都必须参与其中并承担责任，要求充分运用信息、沟通和互联网技术。但不幸的是，众多昂贵的CRM计算机系统却没有给出预期的收益，因为它们无法准确识别出企业所要针对的顾客细分群体。

随着组织经营导向的转变，社会对营销者的期望也在发生变化。目前，营销活动的标准已经从强调生产者利益转向强调消费者利益。组织越来越重视其行为给所有群体带来的社会与环境后果。道德与社会责任行为的基本方针有助于管理者在消费者、组织和社会利益之间取得平衡。所谓社会责任，是指组织为更广泛的社会负责的思想。在营销决策中，组织必须要考虑到更广泛的社会福利。这其实就是一些营销专家所强调的社会营销观念，即组织应该在发觉并满足消费者需要的同时增加社会福利。社会营销观念直接关系到宏观营销，即基于社会福利的角度研究一个国家的商品和服务的总体流动问题。宏观营销涉及诸如营销系统是否造成营销成本高昂和广告浪费，以及在哪些方面造成了资源稀缺和污染后果等一系列问题。

思考题

1. 为什么说对外开放和自由贸易是全球化的基本要求和必然结果？
2. 企业在全球化过程中面临哪些挑战和机会？

3. 贸易产生的原因是什么？自由贸易给参与贸易的各国带来哪些利益？
4. 为什么说规模经济是导致国际贸易的重要原因之一？
5. 比较优势一定是竞争优势吗？
6. 简述国际贸易的基本流程。
7. 企业国际化经营会面临哪些挑战？
8. 企业国际化经营的动机是什么？
9. 国际营销与国内营销有哪些区别和联系？

推荐网站

1. 世界贸易组织，http：//www. wto. org。
2. 国际货币基金组织，http：//www. imf. org。
3. 世界银行，http：//www. worldbank. org。
4. 经合作组，http：//www. oecd. org。
5. 联合国贸易与发展会议，http：//www. unctad. org。
6. 中国商务部，http：//www. mofcom. gov. cn。

推荐阅读书目

1. 海闻、P. 林德特、王新奎：《国际贸易》，上海：上海人民出版社，2005 年。

2. 罗伯特 · J. 凯伯著，原毅军等译：《国际经济学》（第 8 版），北京：机械工业出版社，2002 年。

3. 保罗 · 克鲁格曼著、茅瑞斯 · 奥伯法尔德著，海闻等译：《国际经济学》（第 5 版），北京：中国人民大学出版社，2002 年。

4. 查尔斯 · W. L. 希尔著，周健临等译：《国际商务：全球市场竞争》（第 3 版），北京：中国人民大学出版社，2002 年。

5. 菲利普 · R. 凯特奥拉、约翰 · L. 格雷厄姆著，周祖城译：《国际市场营销学》（第 12 版），北京：机械工业出版社，2006 年。

5 财政学：为政府决策提供依据的经济学

5.1 财政学是什么

5.1.1 身边的财政学

你相信吗？作为社会一分子的我们，从在妈妈肚子中的第一天开始，就在不断地与政府打交道。

不用感到惊讶，因为妈妈为照顾肚子中的我们所吃的每一口粮食，去医院做的每一次检查，甚至去医院的途中所享受的交通等都离不开政府的工作；而且我们中的绝大部分人，更是出生在政府开设的医院里，在政府设立的学校内接受教育，在由政府维持治安与秩序的社会里生活；有的人直接进入政府工作，有的人在政府资助的机构中工作；当我们垂垂老矣，又由政府提供的社会保障体系为我们提供退休金，度过余生。而这里所说到的仅仅是我们所享受的政府提供的服务中很少的一部分。

而且，我们中的所有人，注意，不是绝大多数，是所有的人，不管有没有享受政府的服务，无论我们从事什么工作，都必须向政府缴纳税收。如果我们是作为生产要素的“打工者”，个人工薪所得，需要向政府缴纳个人所得税；如果我们是消费者，在购买产品和服务的同时，我们所支付的产品和服务的价格中实质上包含增值税、消费税等政府间接税；如果我们是资本所有者，去投资办企业，对于企业来说要缴纳的税就更多了，增值税、消费税都是由企业直接向税务局缴纳的。除此之外，企业有了利润要缴纳企业所得税，企业进口产品要缴纳关税，企业与其他经济主体订立营销合同要缴纳印花税。富兰克林说得好：在这个世界上，只有两件事是毫无疑问的，那就是死亡与税收（In this world nothing is certain but death and taxes）。

补充阅读

广州财政局公开本级预算

根据广州市财政局统一部署，昨日，2019 年广州市市级部门预算在本部门和广州市政府网站集中向社会公开。此次预算公开范围“全覆盖”。除经批准的整体涉密部门外，所有使用财政资金的部门应公开 2019 年部门预算。对部分涉密内容，须剥离保密内容后公开。

今年预算公开内容进一步细化。在去年公开11张表格的基础上增加到16张，增加了《非税收入预算表》《部门预算转移支付项目预算表》《政府购买服务预算表》等表格。支出预算功能分类、经济分类科目公开到支出明细底级科目，对部门收支增减变化原因进行说明，进一步细化部门预算年度主要工作任务及目标、目标设定所依据的政策，并对专业性较强的名词进行解释，使部门预算安排情况更加清晰。

此外，2019年部门预算扩大绩效目标编制范围，首次编制和公开部门整体绩效目标。

据介绍，2019年市本级部门预算全面聚焦粤港澳大湾区建设，扎实推动大湾区建设出新出彩。加大公共教育、社会保障、医疗卫生、文化体育、扶贫援建等领域的财政投入力度。深入推进三大攻坚战，做好“六个稳”（稳就业、稳金融、稳外贸、稳外资、稳投资、稳预期），全面实施乡村振兴，增强城市品质，努力改善民生，促进广州国家中心城市建设全面上新水平。

按照中央、省和市的统一部署，目前市级机构改革正在紧锣密鼓进行中。在这次机构改革中，有的部门撤并，有的部门部分职能划转。对此，市财政局表示：一是不涉及机构改革的部门，按正常程序公开；二是职能拆分后原部门取消的，如市更新局职能划分给广州市规划和自然资源局以及广州市住房和城乡建设局，将由上述两个部门同时公开原市更新局部门预算；三是调整职能并更改名称以及不同部门整体合并的，由新部门按规定负责公开原部门预算。

——摘自：《今年广州各部门咋花钱？预算公布》，大洋网，2019年2月3日。

可见，在现代社会里，政府部门已经成为我们生活里面不可缺少的一部分。无论我们愿意还是不愿意，政府部门俨然已经成为现代社会经济中与私人部门并列的一个“公共部门”。

随着近代社会经济的爆发式发展，各国财政亦逐渐到达了十分显著的地位。我们可以看到，在过去的一个多世纪里，各国的政府支出在整体国民经济中所占的比例不断增加，特别是20世纪中后叶，公共支出占整体GDP的比例，呈现了加速增长的趋势。如表5-1与表5-2所示。

表5-1 各工业国政府支出占GDP比例

	财政收入（亿美元）	财政支出（亿美元）	GDP（亿美元）	财政收入占GDP比例（%）	财政支出占GDP比例（%）
美国	2 524 000	2 979 000	14 204 322	17.77	20.97
日本	1 672 000	1 823 000	4 909 272	34.06	37.13
德国	1 614 000	1 579 000	3 652 824	44.18	43.23
法国	1 439 000	1 525 000	2 853 062	50.44	53.45
意大利	1 139 000	1 203 000	2 293 008	49.67	52.46

（续上表）

	财政收入（亿美元）	财政支出（亿美元）	GDP（亿美元）	财政收入占GDP比例（%）	财政支出占GDP比例（%）
英国	1 107 000	1 242 000	2 645 593	41.84	46.95
中华人民共和国	868 600	850 500	4 326 187	20.08	19.66
加拿大	608 300	606 000	1 400 091	43.45	43.28
俄罗斯	383 500	273 500	1 607 816	23.85	17.01

表5－2　西方各主要国家1870年至1996年政府支出占GDP百分比的情况

单位:%

	1870年前后	1913年	1920年	1937年	1960年	1980年	1990年	1996年
美国	7.3	7.5	12.1	19.7	27.0	31.4	32.8	32.4
日本	8.8	8.3	14.8	25.4	17.5	32.0	31.3	35.9
德国	10.0	14.8	25.0	34.1	32.4	47.9	45.1	49.1
法国	12.6	17.0	27.6	29.0	34.6	46.1	49.8	55.0
意大利	13.7	17.1	30.1	31.1	30.1	42.1	53.4	52.7
英国	9.4	12.7	26.2	30.0	32.2	43.0	39.9	43.0
加拿大	N/A	N/A	16.7	25.0	28.6	38.8	46.0	44.7

资料来源：维托·坦齐、卢德格尔·舒克内希特著，胡家勇译：《20世纪的公共支出》，北京：商务印书馆，2005年。

我们可以得出一个重要的结论：无论你是否乐意，在当前形势下，政府或者说公共部门，已经成为当代各国经济生活中拥有与调集的资源最多、影响最大的一个实体。一国经济不再是企业和家庭两部门经济，而是由政府、企业和家庭组成的三部门经济。因此，采用科学、客观的方法与理论，研究政府经济活动范围，研究政府经济活动对家庭、企业经济活动的影响，研究如何发挥政府经济活动对家庭、企业经济活动的积极影响，消除政府经济活动对家庭、企业经济活动的消极影响，以实现资源配置的优化、收入分配的公平，经济持续稳定发展，最大限度地提升国民福利水平，就成为当代应用经济学的一个重要任务。而从学理的发展角度来说，财政学就是经济学中专门研究政府收入、支出行为的一门应用经济学科，或者说财政学就是为协调家庭、企业、政府三者间经济关系提供决策依据的科学。

5.1.2　财政学的起源与发展

在古代，无论是中国还是外国，都自发地形成了政府的收入与支出体系，例如我国古代官制中的户部、度支等部门，古罗马的财务官等。在这些理财的实践活动中，自然有许多思想家对财政活动做出他们自己的阐述。但是，这些论述多分散在其对社会、政治、经济等方面的论说中，而缺乏一个完整的学术体系。应该说，真正意义上的财政学，是伴随着近代经济与经济学的不断发展而出现的。

经济学的创始人，古典主义经济学家亚当·斯密在其共5卷的《国富论》中，专门辟出第5卷全卷，论述作为共同财富（common wealth）的公共收入与支出。这一般被认为是财政学的创始。在其以后，李嘉图等人亦对财政学做了进一步的拓展。

在20世纪，伴随着经济危机而迅速走红的凯恩斯主义经济学，则明确将干预经济作为政府的基本职能之一，以谋求整体国民经济的稳定发展，降低经济萧条对人民生活的冲击。凯恩斯主义反映在财政学上，就是以新兴的宏观经济学为基础，重视财政政策在经济中的作用，并灵活运用多种政策，实现政府对经济的干预。

补充阅读

罗斯福新政

1929年10月24日，美国爆发了资本主义历史上最大的一次经济危机。

1. “美国往地狱里冲”

从10月24日开始的一周内，美国人在证券交易所内失去的财富达100亿美元。为了维持农产品的价格，农业资本家和大农场主大量销毁“过剩”的产品，用小麦和玉米代替煤炭做燃料，把牛奶倒进密西西比河，使这条河变成“银河”。到1932年，钢铁工业下降了近80%，汽车工业下降了95%，至少13万家企业倒闭，占全国劳工总数1/4的人口失业。城市中的无家可归者用木板、旧铁皮、油布甚至牛皮纸搭起了简陋的栖身之所，这些小屋聚集的村落被称为“胡佛村”，意在讽刺胡佛总统。除此之外，流浪汉的要饭袋被叫作“胡佛袋”，由于无力购买燃油而改由畜力拉动的汽车被叫作“胡佛车”，甚至露宿街头长椅上的流浪汉身上盖的报纸也被叫作“胡佛毯”。纽约大街上流行这样一首儿歌：“梅隆拉响汽笛，胡佛敲起钟。华尔街发出信号，美国往地狱里冲！”

2. “新政”把美国拉回人间

1933年3月4日，富兰克林·德兰诺·罗斯福就任美国第三十二届总统。罗斯福应对危机的一系列政策后来被称作“新政”（new deal），其核心是三个R：改革（reform）、复兴（recovery）和救济（relief）。罗斯福的“新政”并非一时的权宜之计，而是一场为保证资本主义制度的稳定发展，在资本主义经济机体内部进行的一场“伤筋动骨”的大手术。

罗斯福的“新政”处方先从整顿金融入手。在就职后的第三天，即1933年3月6日，罗斯福宣布全国银行“休假”，这是他所采取的重建银行和经济结构的第一步。3月9日，国会通过《紧急银行法令》，对银行采取个别审查、颁发许可证制度，对有偿付能力的银行，允许尽快复业。13日至15日，全国绝大多数银行经过财政部审核，在政府监督下，分批陆续恢复营业《1933年银行法》，建立由联邦承担责任的联邦储备体系。由于采取了这些措施，银行信用很快恢复，银行存款在不到一年的时间里增加了近20亿美元！

在整顿农业方面，从1933年5月开始，新设立的农业调整管理局着手开展了一场雷厉风行的行动，在春夏两季有计划地犁掉了大约 1 000 万英亩棉田，收购和屠宰了大约 20 万头即将临产的母猪和 600 多万头小猪、几千万头牛和羊。物缺则贵的无情法则发生了作用。随着农业生产的下降，加上 1933—1934 年遭到严重旱灾，农产品价格开始回升。从 1932 年到 1936 年农业总收入增加了 50%，出售农产品的现金收入（包括政府补贴）几乎翻了一番。保持平价的比例从 1932 年的 55% 上升到 1936 年的 90%。

1933 年春天，罗斯福政府制定了旨在整顿工业的《全国产业复兴法》，其内容共分两部分：第一部分的宗旨是订立可免受托拉斯法案限制的公平竞争规约；第二部分提出要成立“公共工程署”，并为此拨款 33 亿美元。罗斯福称之为“向工业界提出的艰巨任务”。7 月又提出订立“一揽子规约”的想法，规定如愿意合作的雇主应保证遵守全国复兴总署规定的最低工资和最高工时的标准。200 万雇主接受了“一揽子规约”，并在企业门口悬挂以印第安人的雷鸟为蓝本而设计的蓝鹰徽——服从规约的标志。

在“新政”中，“救济”是一个主要方面。在进行直接救济的同时，更主要的方面是以工代赈。罗斯福上任后从一开始就倾注了极大的力量兴办大规模的公共工程，以扩大政府开支来弥补私人投资下降而出现的空白，并解决部分就业问题。1935 年 4 月 28 日，罗斯福正式宣布工赈计划，明确规定对有工作能力的失业者不发放救济金，而是帮助其通过参加不同的劳动获得工资。

——摘自：《环球时报》（第 13 版），2002 年 3 月 18 日。

在 20 世纪 30 年代的“大萧条”及第二次世界大战后的相当一段时间内，凯恩斯主义占据了经济学的主流地位。然而，与凯恩斯主义相对的新古典主义经济学也在暗中发展。1952 年，著名经济学萨缪尔森发表了其关于公共品的划时代论文，论证了公共品与私人品在根本上的不同，以及其由政府进行统一供给的必要性。自此之后，在经济学界，“市场失灵”开始被普遍地接受为政府存在的前提与原因。

1959 年，美国著名学者马斯格雷夫出版了《财政学原理：公共经济研究》一书。在这部经典著作中，马斯格雷夫第一次使用了“公共经济学”的概念，由此，以公共部门经济学为代表的现代财政学，正式登上了经济学的舞台。

5.1.3 财政学的视角

5.1.3.1 政府与市场

财政学作为经济学的一个特殊分支，它在经济分析方法上的基本特点就是将整个国民经济划分为政府与市场两大部分，并从政府与市场的相互关系来研究经济。探讨政府与市场的关系是财政学的立论基础。现代的经济学已经对市场及其个体行为做出了十分细致的描述与建模，而现代的财政学正是基于这些分析之上，对市场运作的效率不足予以揭示，同时，客观地反映政府在纠正过程中可能出现的各种问题。财政学要研究的基本问题是：在现代社会中，哪些事应该由市场去做，哪些事应该由政府去做？为什么有些事要政府去做，有些事要市场去做？政府该做的事采取什么方式才能做得更好？政府与市场的分工范围及政府办事方式对国民福利水平产生怎样的影响？什么样的政府与市场分工模式及政府办事方式才能最好地增进国民福利水平？对这些问题，不同的人会有不同的看法，各个国家处理这些问题的方式也有很大差异，财政学试图通过理论研究寻求处理这些问题的基本指导思想。下面，我们将详细、深入地讨论政府与市场之间的关系。

补充阅读

沭阳：中国大政府主导经济的一个典型案例

江苏沭阳发明了一种“招商引资第一责任人代理负责制度”，就是将政府全部单位都纳入招商管理考核体系，如果招商任务完不成，一把手就要成为代理一把手，以示警告；如果继续完不成，就可能被降为副职。于是，那里几乎所有的政府部门都成了招商局，媒体形容说“没有与招商引资无关的人，没有与招商引资无关的单位”，甚至很多不相干的部门如检察院这样的机关都被动员利用各种人脉关系和资源去招商引资。

沭阳只是中国大部分地方政府的代表，政府的中心工作是招商，而所有的部门都必须围着这一中心工作转。某种程度上说，这样的政府完全成了一个大型代理公司。这与政府主要提供公共产品的职责大相径庭。

地方政府招商引资的原动力是什么？其一，经济发展以及GDP几乎成了考核政绩最重要的标准；其二，一个项目从谈成到落户再到最终生产，全程只有大量的寻租空间。单凭这两点，就足以调动全部政府人员参与到大规模的招商活动中来。诚然，地方政府尤其是贫困地区的地方政府这么做有不少客观上的原因。在竞争相对自由的市场上，各种生产要素是自由流动的，也就是说“商”或者“资”的流动往往与政府的主观愿望没有太大关系。如果说富裕地区或者工业发达地区有较好的区位优势，那么贫困地区同样有自身优势，如资源、土地或者税收。在拥有这几个优势的前提下，贫困地区的地方政府固然需要做招商努力，但也不至于目前这么夸张的程度。现在的情况只能说明一点，国内市场仍然没有到市场要素流动相对自由的程度，由于地方保护主义等因素，国内市场人为分割严重，市场要素流动到贫困地区往往要增加大量的附加成本。在这样的情况下，急于发展本地经济的贫困地区政府只好到处出击，以人脉、关系等各种手段进行招商引资；同时，还说明一点，这种情况下招来的企业往往多数是被先进地区淘汰的高污染、高能耗企业，因为只有这样的企业才最在乎劳动力成本和税收、土地政策，而且，这些通过各种非市场因素招来的企业也往往比较“难产”。事实正是如此。以江苏沭阳为例，不少招进来的大项目进展并不顺利，不少工厂停工，闲置的工厂土地累计在千亩以上。

经济发展是当前第一任务，但经济的发展和大政府主导经济是两码事，并不是政府掌控一切，经济就能发展得好。我们的改革方向应当是在经济活动中减少政府的分量，增加市场的分量；削弱政府的多余控制力，增强社会的自主性。当前的中国经济走到了改革开放以来的新高峰，GDP达到了世界第二，然而，这样的一种发展经济的整套制度并不足以支撑中国经济走得更远。沭阳是一个大政府主导经济的典型案例，它有太多值得反思的地方，值得作为解剖的麻雀，用来研究中国县域经济制度，为未来的经济发展找一个不那么捉襟见肘的新路径。

——摘自：《南方日报》，2010年8月17日。

5.1.3.2 效率与公平

财政学的特殊之处在于，它并不仅仅是经济学的一个分支，也同时兼具哲学的某些性质。经济学主要研究资源配置的效率问题，财政学作为经济学的一个特殊分支，不仅要研究效率问题，也要研究公平问题，而这正是财政学的魅力所在。很多时候，单纯追求经济效率，并不能带领我们到达真正美好的天堂。例如，单从效率角度而言，对偏远山区农村提供电力、电信、公路、学校等是不划算的，在经济上是亏本买卖；但是从公平角度来看，应该让全体人民都能共享经济发展的成果。维护社会公平是政府理所应当做的事情，因此，为偏远山区农村提供电力、电信、公路、学校等基础设施是政府的职责所在，并不是政府的额外施舍。再如，单纯的市场竞争，有可能使贫富悬殊加剧，最后因难以承受的贫富差距而导致社会分裂。而一个理性、文明的社会，是绝不会坐视这一情况蔓延而置之不理的。对此，财政学要研究如何通过政府财政的收入再分配，实现社会成员收入分配的公平，把贫富差距维持在社会公众可以承受的合理限度内。因此，在经济学所追求的效率之外，财政学还要考虑公平的需要，这与人类天生而有的人道主义立场是完全一致的。

在现代的经济学中，衡量社会公平往往采用基尼系数这一指标。基尼系数（Gini Coefficient）是意大利经济学家基尼（Corrado Gini，1884—1965）于1922年提出的，用于定量测定收入分配差异程度。

如图5－1所示，横轴代表的是从最贫穷到最富有人口的比例，纵轴代表的是总体财富的比例，分别将最贫穷到最富有的各比例人口所占有的财务比例以曲线画出，就形成洛伦兹曲线（Lorenz Curve）。图中45度线 OAM 表示的是完全平等的财富分配，也就是说，百分之 n 的家庭，刚好拥有百分之 n 的社会财富。而 OBM 表示的是实际的收入分配曲线，即洛仑兹曲线。设实际收入分配曲线和收入分配绝对平等曲线之间的面积为 A，即图中的阴影部分面积，实际收入分配曲线右下方的面积为 B，并以 A 除以（$A+B$）的商表示不平等程度，这个数值被称为基尼系数或洛伦兹系数。如果 A 为0，意味着基尼系数为0，即洛仑兹曲线与45度线重合，表示收入分配完全平等；如果 B 为0则系数为1，即所有的财富，集中于极少数人手中，收入分配绝对不平等。该系数可在0和1之间取任何值。收入分配越是趋向平等，洛仑兹曲线的弧度越小，基尼系数也越小；反之，收入分配越是趋向不平等，洛仑兹曲线的弧度越大，那么基尼系数也越大。

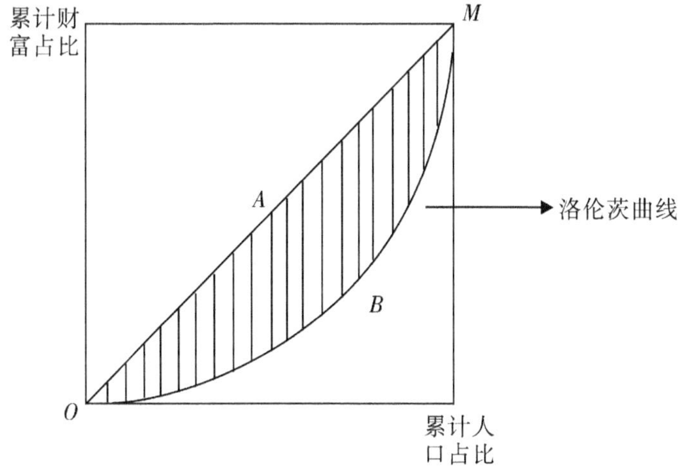

图5－1 洛仑兹曲线与基尼系数

由此可见，基尼系数的经济含义是：在全部居民收入中，用于进行不平均分配的那部分收入占总收入的百分比。基尼系数最大为1，最小为0。前者表示居民之间的收入分配绝对不平均，即100%的收入被一个单位的人全部占有了；而后者则表示居民之间的收入分配绝对平均，即人与人之间收入完全平等，没有任何差异。但这两种情况只是在理论上的绝对化形式，在实际生活中一般不会出现。因此，基尼系数的实际数值介于0～1之间。

按照联合国有关组织规定，基尼系数若低于0.2表示收入绝对平均；0.2～0.3表示比较平均；0.3～0.4表示相对合理；0.4～0.5表示收入差距较大；0.5以上表示收入差距悬殊。

补充阅读

香港基尼系数创45年来新高

香港特区政府公布2016年基尼系数为0.539，比2011年上升0.002，创45年以来新高。基尼系数是国际公认反映社会贫富差距的指标，在20世纪70年代，香港的基尼系数在0.43左右，还算比较温和；但自20世纪80年代开始基尼系数显著攀升，从1986年到1996年的10年里更是由0.45大幅跃升至0.52。此后基尼系数一直处在0.5或以上的水平，显示香港的贫富差距已经相当令人触目惊心。

2013年9月28日，香港特区政府公布了首条官方贫困线，收入低于香港居民收入中位数50%的即为贫困。以此标准衡量，目前香港的贫困人口为101.8万，占整体人口的19.6%。而与此同时，香港这样一个弹丸之地，却产生了为数众多的世界级富豪。2016年《福布斯》杂志的数据显示，全香港最有钱的50个人所掌握的财富达到了1.38万亿港币，是2016年香港特区政府可动用财政储备的1.37倍。

当然，香港那近两成的贫困人口只是相对贫困，在香港福利制度的庇护下，这些人的生存基本没有问题。如果收入太低的话，可以向政府申请领取综合社会保障援助（简称“综援”）。在此之外，港府2011年筹划成立了关爱基金，该基金由政府出资50亿港元，同时向商界筹募50亿港元，目的在于为低收入人群提供“综援”等政策不能覆盖的多方面支持。香港的公共医疗水平高、覆盖面广，近20%的政府预算都投入到公共卫生领域，确保不会有市民因经济原因而得不到适当的医疗照顾。任何香港居民生病住院，每天的费用只需100港元，一切膳食、住院、化验、药物及手术费用均包括在内。此外，香港实行的是完全的自由贸易政策，政府几乎不对任何产业进行特别保护，也没有进口税和消费税，因此可以充分进口廉价的生活必需品，这使得香港的日常消费水平相比其他很多国际大都市要低很多，很多商品进口到香港的售价甚至低于在原产国售价。因此在香港，不存在挨饿受冻、看不起病、上不起学等通常人们所理解的“贫困”情形。

然而，根据香港树仁大学的一项调查，有76%的香港成年市民认为现在的生活“颇痛苦”及“非常痛苦”，而在这些人中，大部分人认为住房问题是导致其生活痛苦的最重要原因。在香港，TVB电视剧里的大房子是只有极少数人才能享受到的奢侈品，一家四五口人住在四五十平方米的房子里，床三面靠墙才是大部分人生活的常态。而且不少人的家里还雇有来自菲律宾或印度尼西亚的女佣，使得住房环境更加逼仄。由于房子小，很多人往往在外面逗留到很晚才回家，节假日也很少待在家里。但就是这样的居住条件，也往往要耗尽大部分人一生的积蓄和精力，每平方动辄10万港元以上的房价，使得终身为房奴是普遍现象。房价的高昂，压缩了很多人的梦想，导致香港年轻人的创业愿望普遍很低，“上楼”才是最实际的“香港梦”。楼价的高昂，也提高了营商成本，业主加租成了很多中小企业的噩梦。被米其林推荐是很多餐厅的梦想，但在香港不尽然，因为餐厅一旦被推荐，业主闻风加租几倍几乎是肯定的事情。

——摘自：新浪财经网，www. http：//finance. sina. com. cn/roll/2017-06-28。

需要指出的是，实践中，效率与公平往往是此消彼长的关系。例如中国在改革开放前普遍实行的“大锅饭”制度，就是一个追求绝对公平的制度。在此制度下，所有的人都按照统一原则分配生活必需品。这种制度对每个个体而言都是公平的，但是其效率是极低的，没有人有积极性去增进生产、改进技术。假如整个社会都陷入这样一种强求平均的思想形态，那么社会将会抹杀一切的创新，从而使整体人民都只能挣扎于饥饱之间。

然而，一味地强调竞争与市场的作用，也可能为社会带来另外一种不安。竞争虽然带来进步，也带来淘汰。整体社会经济单纯竞争的结果，必然导致贫富悬殊，这将使得广大人民群众感到不满而要求改进。可见，作为一个合格、负责的政府，并不能简单地将社会进步交予市场，而必须采取措施，在公平方面弥补市场的不足，而这又会在一定程度上损害效率。故此，公平与效率，是财政学中需要权衡的一对重要关系。

5.1.4 学习财政学的好处

作为一个现代的社会公民，了解财政、税收方面的知识，对我们的日常生活是大有裨益的。

（1）通过财政学的学习，我们可以联系现实，深入地了解政府的运作，进而把握政府政策的内涵，从而更早、更好地做出适应。

作为一个现代公民，要行使好自己的公民权利，选择出一个好的政府，监督政府更好地为国民提供公共服务，就必须能够知道现行政府做了什么，做的效果如何，以及政府即将做什么，做这些对增进国民福利有多大帮助。那么，如何才能够了解政府做了什么呢？对此问题，美国萨缪尔森教授曾经说过：“你要想了解美国联邦政府做了什么事，只需要翻看一下联邦政府预算就行了。”因此，作为公民可以通过政府预算来了解政府以往做了什么，下一年度即将做什么。但是要看懂并能够深入分析政府预算，就必须具备现代财政学的基本理论知识。

例如，2018年，我国一般公共预算收入、政府性基金预算收入、国有资本经营预算收入分别实现了18.3万亿元、7.5万亿元、2 900亿元，在不包括社会保险基金预算的情况下，这三本“国家账本”的总收入已经超过26万亿元。这三项预算在2018年的支出规模分别为22.1万亿元、8.1万亿元、2 159亿元，支出加总超过30万亿元。除了落实已有减税降费政策，未来还有什么安排？根据当前经济形势和各方面支出需求，我国财政政策在2019年的思路是：“深化增值税改革，继续推进实质性减税；全面实施修改后的个人所得税法及其实施条例，落实好六项专项附加扣除政策，减轻居民税负；同时，配合相关部门，积极研究制订降低社会保险费率综合方案，进一步减轻企业的社会保险缴费负担。”

因此，我们学习财政学，对政策进行一定程度的解读，从宏观角度看，使我们更清晰地把握形势，把握未来国内外经济发展的动向；从微观角度看，未尝不会为个人带来一种机会，比如对就业、投资等行业的选择，正是与这些国家大政方针息息相关的。

（2）税收知识是十分实用、切身的学问。

正如上文所说，税收与死亡，都是人生无法避免的两件大事。你的任何一个交易，事实上都牵涉税款。例如我们购买一个苹果，表面上看我们并没有缴纳税款，但实质上，税收已经包含在苹果的价格内了，这就是税收学上的间接税。又如你毕业参加工作后获取工资就要缴纳个人所得税，这时如果你了解个人所得税方面的知识，就可以保证你不吃亏，维护你的正当利益。拿中国大陆的税制来说，就有每月 5 000 元法定扣除额的规定，除此以外个人所缴纳的养老保险金、失业保险金、医疗保险金、工伤保险金、生育保险金及住房公积金也可以作为扣除额从你的工薪所得中扣除，并且还可以减去赡养老人支出、子女教育支出等专项附加扣除，余下的部分才是应纳税所得额，以此按照规定的累进税率缴纳个人所得税。如果两家公司提供的税后薪酬都是 6 000 元，但是 A 公司愿意为你缴纳“五险一金”，另外一家 B 公司不愿为你缴纳“五险一金”，你愿意选择哪家公司呢？如果你没有税收知识，你可能就随便选择哪家公司，反正薪酬都一样嘛。但是你有了税收知识后，你就会毫不犹豫地选择 A 公司。另外，当月工薪所得是 6 000 元时，你只需要缴纳所得的 0.5% 作为所得税款；但如果月工薪所得为 25 000 元，那么就要缴纳所得的 10.36% 作为所得税款。也就是说，收入越高，课征的个人所得税率也就越高，这就是税收学上的累进税率。而作为企业，如能聘请高水平的税务专家进行专门的税收筹划，那受益就更大了，这是因为企业纳税时政府有各种优惠政策规定，如税收减免、加速折旧、可扣除费用、出口退税、投资抵免等，有的企业还可以享受财政补贴，而这些政策规定只有税务专家才能灵活、合理地运用。在美国，一个税务规划师年薪可以有 15 万美元，现在我国的大公司也设立了专门的税务部。因此，学好了税收知识对就业是相当有益的。税收贯穿于我们生活的每一个环节，因此了解税收的各项规定、政策，是十分重要的。

补充阅读

2018 社保改革个税调整新政策，这两类人直接受益将提薪增收！

人生在世谁都不能够避免工作和上班这一过程，毕竟含着金钥匙出生、一辈子衣食无忧的少，再说父母留给子女的财富也有用完的那一天不是吗？只要是工作和上班最关心的就是工资和收入了，实际到手的工资和收入会扣除个人所得税，但是很多人根本不知道个人所得税如何计算。

咱们就来看一下关于工资收入的个人所得税，2018 年 8 月 31 日通过了修改个人所得税法的决定，个税起征点从每月 3 500 元上调至每月 5 000 元。新个税法从 2019 年 1 月 1 日起正式实施，在 2018 年 10 月 1 日至 12 月 31 日期间，按照规定先执行新税法过渡期政策，未来有人不用缴税也有人所缴个税减少。

一、月薪 3 500 ~4 999 元的工薪族不再缴税

首先，10 月 1 日起 3 500 ~4 999 元的工薪族不再缴税了，以前个税起征点为 3 500 元只要达到就开始缴个税，新个税法将个人所得税起征点提高至 5 000 元，意思也就是说 3 500 ~4 999 元这部分工薪群体，以前需要缴个人所得税但是未来就不用再缴税了，因为新个税法从 2018 年 10 月 1 日起已经开始实施了。

二、中等收入以下群体减税幅度最明显

其次，10 月 1 日起中等收入以下群体所缴个税大大减少，也就是说改革后中等收入以下群体减税幅度最明显，那么中等收入以下群体减税幅度到底能有多大呢？新个税法实施后纳税人比例由原来的 44% 降至 15%，也就是有 29% 的中等收入以下群体将不用缴税了，月入两万元以下的人降税比例大部分在 50% 以上。

——摘自：华股财经网，http：//www. huagu. com/shangyezixun/201812181984772. html。

5.2 财政学学习什么

5.2.1 财政学理论——“市场失灵”与政府的存在

自经济学建立之日起，人们便普遍认为，市场是最优的制度。在市场中，关于产品的供需信息，均由价格反映，因此在市场交易的基础上，就自然而然地达到了最优的状态，也就是所谓的“效率”。而对于效率，经济学家迄今所能给予明确界定的经济效率准则，是由意大利经济学家费尔弗雷多·帕累托（Vilfredo Pareto，1848—1923）提出，并以他的名字命名的帕累托效率。它指的是这样一种状态：如果社会资源的配置已经达到任何重新调整都不可能在不使其他任何人境况变坏的情况下，而使任何一个人的境况变得更好，那么这种资源配置就是最佳的，也就是有效率的。如果至少一个人处境变好了，其变动结果又未使任何人处境变坏，则这种变动就称为“帕累托改进”（Pareto Improvement）。因此，帕累托最优就是帕累托改进不可能发生的状态。

事实上，回顾经济学史，在理论上通过严格的讨论而证明市场的效率，是近期的事情。经济学对于市场效率的讨论，早在亚当·斯密提出“看不见的手”之时已经开始，然而直至 1959 年，美国数理经济学家罗拉尔·德布鲁（Gerard Debreu，1927—2004）才用严谨的数学方法，证明了市场产生效率的命题，并因此而获得了 1983 年的诺贝尔经济学奖。

但在德布鲁的证明中，市场只有在完全竞争的环境下才可能是高效的。而我们知道，完全竞争的市场是一个十分严格的假设，在现实中几乎是不存在的。因此，在现实生活中，我们经常发现，市场并不能自发地调配好资源的分配，从而产生了帕累托改进的余地，对此，我们概括为“市场失灵”（market failure）。现代经济学认为，正是因为“市场失灵”，所以公共部门，也就是政府，就有必要介入到社会经济中，发挥其作用。“市场失灵”与政府纠正，是财政学的永恒话题。值得注意的是，财政学除了注意“市场失灵”，也关注“政府失灵”，也就是政府在其运作过程中，作了不必要的干预，或是干预的方法不当，从而造成了无效率的情况。

一般地讲，“市场失灵”现象可以见诸以下几种情况。

5.2.1.1 外部性

在市场中，人们通过交易实现资源的交换与配置，而当人们从事某些经济活动时，可能对交易个体以外的其他人产生一些影响，这些影响对于他人可能是有益的，也可能是有害的。然而，无论有益还是有害，都不属于交易关系。这些处于交易关系之外的对他人的影响就被称为“经济活动的外部性”（externality）。例如，建在河边的工厂排出的废水，污染了河流，从而对河边的居民造成损害。工厂排废水是为了生产产品获取利润，工厂与购买其产品的顾客发生了交易关系，但工厂由此造成的对居民的损害却可以无须向他人支付任何赔偿费，这种影响就是工厂生产的外部性。当这种影响对他人有害时，被称为“外部不经济”；当这种影响对他人有益时就被称为“外部经济”。现实生活的经验告诉我们，假如不加限制，可以预见，如工厂将毫无限制地排放污水，而居民只能逆来顺受，忍受污水的危害。此时，政府的存在，对于纠正这一现象就变得十分必要。

经济学对于这种现象，有一个十分有趣而又充满意味的解决方案——科斯（Coase）在其著名论文《社会成本问题》中指出，假如产权是清晰的，那么市场上的各方完全可以通过交易来达到最优的状态。回到前面例子中，假如居民确实清楚其拥有“不受污染”的权利，那么工厂就不能再肆无忌惮地排放污染，而必须向居民征得同意，通过一定的补偿，来换取一定的排放量。科斯指出，在此情况下，尽管市场是失灵的，但并不一定需要政府的干预。

事实上，在现实中很难保证在任何情况下，产权都是清晰的。更重要的是，保证产权的清晰，本身就需要政府公权力发挥作用。因此，外部性问题的解决，最终还是需要政府进行干预。

补充阅读

美国的排污权交易制度

排污权交易制度又称买卖许可证交易制度，它确定一个地区污染物排放总量，在不超过该排放总量的前提下，允许各排污单位通过货币交换的方式相互调剂排污量，从而减少排污量以保护环境的制度。它把环境容量转化为一种商品，即出卖环境的纳污能力，并将其纳入价格机制的一种环境经济手段。排污权交易包括两部分的内容：一是政府管理机构向企业发放排污许可证，企业则根据排污许可证向特定地点排放特定数量的污染物，即实行排污许可制度；二是排污权可以转让、可进行买卖交易。排污权交易主要是利用市场机制，给排污企业提供一种决策上的选择自由，即污染企业可以根据自身的实际情况，在自行治理污染物和购买排污权之间进行决策，改变以往消极地、被动地接受政府管理的方式。

排污权交易制度起源于美国，并在美国的《清洁能源法》及其修正案中得到确立。排污权交易制度在实践应用中具有如下特点：一是低成本性。在排污水平一定的前提下，治理成本较低的排污者发现治理污染比购买排污权更经济，治理成本较高的排污者则发现购买排污权比治理污染更划算，于是低治理成本的排污者将排污权出售给较高治理成本的排污者，通过交易从而达到治理成本的最小化。二是效益性。在某些区域排污问题确定的情况下，排污交易可使排污量在有关当事人之间合理配置，既有利于刺激企业降低排污量，又能避免造成资源的闲置和浪费，从而使环境质量的改善更加经济和富有效率。此外，排污权交易可使污染控制的决策部分地转移到污染企业的经营者身上，使环境管理机构从复杂的决策、环境评价过程中解脱出来，有利于环境管理机构充分地发挥监督管理职能，提高管理的效率。三是兼顾环境利益与经济发展。当经济增长导致新的污染源加入管理系统时，污染者向管理当局或其他当事人购买预先或剩余的排放量，使总的污染负荷不变。新建、改建和扩建的企业通过排污权的交易得到发展，同时又保持环境质量水平不变。

——摘自：高长思：《关于排污权交易制度的若干思考》，《环境法治与建设和谐社会——2007 年全国环境资源法学研讨会（年会）论文集》（第三册），2007 年。

5.2.1.2 公共品

“公共品”（public goods）一词事实上是针对“私人品”（private goods）一词发展起来的。相比起私人品，公共品具有消费或使用上的非竞争性、受益上的非排他性两大特征。

所谓消费或使用上的非竞争性，是指对于同一公共品，增加一个人的消费，并不会增加生产该公共品的成本，或者更直观地说，不会增加该公共品的量。换句话说，对于一定量的公共品，它可以供给任意多人消费。例如对于公共媒体，增加一个电视观众并不会导致节目制作、信号发射等成本的增加。同时，非竞争性也假设了消费公共品不存在着任何的拥挤问题，同一公共品，由一百人消费与由一万人消费是没有区别的。例如对于国防，同一支军队的保卫力量，在很大程度上与其保护的人群并不具有特别大的联系。

所谓受益上的非排他性，就是指没有任何人能够独占地消费与使用公共品，而将其他人排斥在外。非排他性可以是技术上的，也可以是经济上的。例如洁净的空气，作为一个公共享用的环境，虽然可以通过人为方法将其予以独占，但成本十分大（要建立起一整套的空气隔绝与换气措施），使得将其独占变得近乎不可能。

日常生活中常见的公共品，有国防、社会治安、医疗等。但是，在现实生活中，纯粹的公共品是基本不存在的。例如上述的国防，保卫一个一百万人的国家，与保卫一个十亿人的国家，毕竟还是有很大的区别。同时，所谓的排他与否，也可能随着技术的进步而有所改变。因此，在我们生活中可以接触到的公共品，往往都不是纯粹的公共品，而是准公共品。

公共品是不可能通过交易由私人提供的，这是因为公共品是所有人一并享用的，因此每一个人都会存在“搭便车”的心理，拒绝为公共品支付。所以，公共品的生产与提供，一般需要政府提供，并且公共品所需的资金，也是以强制性的税收手段获得。

当然，凡事都有例外，在现实生活中，确实出现了一些私人提供的公共品，例如科斯所说的“灯塔”。这些情况，有待我们在财政学的课堂上进一步剖析。

补充阅读

我国高速公路的发展历程

道路是一种很典型的公共品，在历史上，由于难以实现其排他性，因此道路建设进展十分缓慢。我国的高速公路发展比西方发达国家晚近半个世纪的时间，从20世纪80年代末开始，经历了20世纪80年代末至1997年的起步建设阶段和1998年至今的快速发展阶段。

在改革开放初期，随着我国国民经济的快速发展，公路客货运输量急剧增加，公路交通长期滞后所产生的后果充分暴露出来，特别是主要干线公路交通拥挤、行车缓慢、事故频繁的问题尤为突出。为改善主要干线公路交通紧张状况，从第六个五年计划开始，公路交通部门重点对干线公路进行加宽改造。尽管有些路段加宽到15米甚至20米以上，但成效甚微。为了寻求缓解我国公路交通瓶颈状况的有效途径，公路交通部门开始深入研究发达国家解决交通问题的经验。根据发达国家的实践经验，建设高速公路是解决主要干线公路交通紧张状况的有效途径。

这一时期，社会各界对修建高速公路问题非常关注，对于“中国要不要修建高速公路”的问题在认识上并不统一。直至1989年7月，在沈阳召开的高等级公路建设现场会上，时任国务院副总理的邹家华同志指出，“高速公路不是要不要发展的问题，而是必须发展”，“这样的结论是明确的，这已经不是理论问题”。认识的统一，为我国高速公路的快速发展奠定了基础，拉开了中国高速公路发展的序幕。

1988年上海至嘉定高速公路建成通车，结束了我国大陆没有高速公路的历史；1990年，被誉为“神州第一路”的沈大高速公路全线建成通车，标志着我国高速公路发展进入了一个新的时代；1993年京津塘高速公路的建成，使我国拥有了第一条利用世界银行贷款建设的、跨省市的高速公路。为了集中力量、突出重点、加快我国高速公路的发展，1992年，交通部制订了“五纵七横”国道主干线规划并付诸实施，从而为我国高速公路持续、快速、健康发展奠定了基础。

到1997年底，我国高速公路通车里程达到4 771千米，10年间年均增长477千米。相继建成了沈大、京津塘、成渝、济青等一批具有重要意义的高速公路，突破了高速公路建设的多项重大技术“瓶颈”，积累了设计、施工、监理和运营等建设和管理全过程的经验，为1998年后的快速发展奠定了基础。

2002年底，我国高速公路通车里程一举突破2.5万千米，位居世界第二位，2003年底接近3万千米。除西藏外，各省、自治区和直辖市都已拥有高速公路，有15个省份的高速公路里程超过1 000千米。辽宁省和山东省已实现了省会到地市全部由高速公路连接，长江三角洲、珠江三角洲、环渤海等经济发达地区的高速公路网络也正在形成。随着高速公路里程的不断延伸，规模效益逐步发挥，人们切身感受到高速公路带来的时间、空间观念的变化，在山东、辽宁、广东、江苏等地，省会到地级市当天可以往返，这在过去是难以想象的。

从起步到高速公路通车1万千米，我国用了12年时间；从1万千米到突破2万千米，我国只用了3年时间。可以说仅仅15年，中国高速公路的发展走过了许多发达国家一般需要30~40年才能走完的路，创造了世界瞩目的“中国速度”。

——摘编自：中国公路网，http：//glwold. bjszhd. cn/zt/zt_ info. php？id=111。

5.2.1.3 垄断及自然垄断

学习过经济学的同学都知道，垄断是一种低效率的方式，并且它存在着明显的“无谓损失”（deadweight lost）。由于垄断将会削弱竞争，使市场缺乏活力，因此，很多国家都通过法律等手段遏制垄断。2007年，我国颁布了《反垄断法》，对垄断行为进行严格的规管。

但是，有一种垄断确实十分特殊，例如电信业。要架设起一个完整的电话网络，需要十分巨大的投资。然而，一旦电话网络架设完毕，每一个用户接入所需的成本，相比起这个用户分摊的建设电话网络的成本，却是小得可以忽略的。用一句经济学的行话来说，就是每一个新增用户的边际成本，是小于平均成本的。因此，假如强制性地要求电信企业按照完全竞争市场的方式，以边际成本定价，那么这些企业将永远无法收回投资。这些行业通常被称为“自然垄断”行业。

在自然垄断行业，往往需要政府来进行投资，举办新企业。这是因为，一方面，创办这些企业所需的资金十分巨大；另一方面，假如由私人创办，则由于其垄断性质，将必然损害消费者的利益。在我国，电信、石化、铁路等行业，均由国家投资建设，实行公营。但是，现实中，这些企业虽然为公营事业，却也凭借其垄断地位获取了相当的超额利润，这在财政学上，也被看成是一种“政府失灵”。

对于垄断企业，政府往往采取管制与拆分两种手段进行治理。对于自然垄断等特殊情况，应该采用价格管制、运营管制等手段，遏制企业在市场上获取过高的超额利润。而对于过分膨胀的垄断企业，政府可采用拆分的方式，将企业拆分为几个互相竞争的小企业，并禁止其互相持股或合并，从而人为地重新营造了竞争的环境。在我国，电信与网通分离就是一个很好的拆分垄断企业的例子。

补充阅读

AT&T 的拆分

AT&T和电话发明者亚历山大·贝尔紧紧联系在一起。1876年，贝尔发明了电话，第二年成立了贝尔电话公司。1885年，AT&T作为贝尔电话公司的子公司诞生，专门经营长途电话业务。1892年，AT&T建成世界上第一条长途电话线路，这条从纽约到费城的电缆拉开了人类长距离通信的序幕。人类历史上第一个跨洋电话、第一个全球性电话的光荣也都记在这家公司名下。

在接下来的百年中，贝尔实验室和AT&T在美国电信界的统治地位无可撼动，用“如日中天”来形容它的影响力绝不为过。在AT&T鼎盛时，它的员工超过100万人，而且AT&T不仅是当时美国电信业的绝对垄断者，其持有AT&T公司股票的股民之多，也超过当时任何其他美国公司。

到20世纪80年代，AT&T拥有22家遍布美国各地的地方贝尔电话公司，几乎垄断了美国的州内、洲际和国际电话业务，并利用对市话系统的控制，限制长话竞争对手接入当地电话系统，AT&T实质上形成了对长话业务的垄断。此外，AT&T控股的公司提供了几乎全部贝尔系统的设备，电信设备生产也在AT&T的垄断之下。

AT&T的规模实在太过于庞大，其他电信业经营者对此无不怨声载道。虽然庞大的规模是合法经营所得，但当规模本身给市场的其他进入者造成很大威胁时，反托拉斯法就不得不出手了。

美国监管部门认为，AT&T已经严重阻碍了美国电信行业的健康发展。1913年和1949年，AT&T两度面临反托拉斯法诉讼，最后都一一化解。但1974年美国政府再次出手，事不过三，AT&T 10年抗争失败，终于难逃拆分厄运。

1982年1月8日，一桩影响深远的企业拆分案被写入历史。AT&T主席查理·布朗和里根政府的反托拉斯小组负责人比尔·巴克斯特在华盛顿法庭的晨会上宣布，电信“巨人”AT&T将面临拆分。

1984年1月1日，AT&T这家当时资产达1 500亿美元的巨无霸公司终于被一分为八。

——摘编自：搜狐网，http://it.sohu.com/20050315/n224703374.shtml。

5.2.1.4 信息不对称

当我们完成大学的学业，迈向社会，寻找工作机会的时候，将不可避免地遇到信息经济学中的所谓信息不对称问题：我们自己的能力究竟如何，只有自己才知道，而未来的潜在雇主是不知道的。这一信息不对称将很可能带来各种问题，其中最为显著的就是所谓的逆向选择问题：由于无法确认求职者真正的能力水平，企业只能根据市场的平均工资水平支付薪水，但这将引起高能力人才的流失，而这一流失又将进一步降低劳动力市场的平均能力水平，于是企业进一步下调工资水平……由此所引起的恶性循环，在经济学中被称为“逆向选择”。面对信息不对称所带来的逆向选择，政府可以也必须有所作为，而其中一项措施就是毕业证书。由于能力经常与受教育水平相互联系，因此当一名学生从政府手中获得相应的毕业证书时，也就由政府的公信力为其学历进行了背书，进而证明了其能力。在信息经济学中，通过毕业证书显示自身能力的这一做法，被称为“发送信号”（signaling），是解决信息不对称问题的一个重要思路。

补充阅读

诺贝尔经济学奖得主：迈克尔·斯宾塞

您买房的时候是否对某开发商金碧辉煌的外部包装和“败絮其中”的信用记录产生过质疑？您炒股的时候是否产生过散户似乎永远只能跟在信息灵通的庄家身后拾一两根残穗的无奈？这一道道“身边的经济学”问题不仅仅困惑着我们这些普通的经济参与者，也曾经激发一位斯坦福教授思索的灵感，最后造就他摘取2001年诺贝尔经济学奖的桂冠。

他，就是美国斯坦福大学商学院研究生院名誉院长迈克尔·斯宾塞，一位因其“不对称信息市场”理论而被瑞典皇家科学院认为“揭示了当代信息经济的核心”的著名经济学家。

斯宾塞的获奖研究显示了信息在当代经济社会的绝对重要性，在他看来，信息不对称现象简直无处不在。以劳动力市场上用人单位与应聘者之间的信息不对称为例，为了谋到一个好职位，应聘者往往从服装到文凭挖空心思层层包装，能力低的人总是把自己打扮成高能力求职者，模仿他们的求职信号，这使得他们发给雇主的“信号”良莠难辨。信息不对称就这样影响了效率的实现。斯宾塞提出，有效的信号必须是高成本的信号。如果发送这样的信号太便宜、太容易，人人都可以发出这样的信号，那么信号也就失去了传递能力信息的作用，失去区分的作用。例如应聘者如果拥有哈佛文凭或者更高学位，传递给雇主的信号就更有可信度、更与众不同。

——摘自：刘超：《人民特稿：诺贝尔学人纵论中国经济》，人民网，2004年11月9日。

5.2.1.5 其他情况

除了上述几种常见的情况外，在二手汽车交易市场上的信息不对称、保险市场的逆向选择与道德风险、不确定性的存在等，均有可能造成“市场失灵”，在财政学的课堂上，我们将详细地探讨这些案例。

5.2.2 财政学实务——财政收入与财政支出

既然财政学首先是关于理财的学问，那么收入与支出自然就是其两大根本的内容。

5.2.2.1 公共收入

在财政学中，涉及收入的内容，主要是指公共收入的部门，而其中主要内容就是税收学。税收学，顾名思义，就是反映税收理论、政策、制度和管理内容的一门学科。它主要包括以下内容。

（1）税收原理与理论。

什么是税收？为什么要征税？税收有什么职能、原则？这些都是税收基本原理所需要解决的问题。19世纪美国大法官霍尔姆斯说：“税收是我们为文明社会付出的代价。”对税收的内涵可以从以下几个方面来理解：①国家征税的目的是满足社会成员获得公共产品的需要。②国家征税凭借的是公共权力（政治权力）。税收征收的主体只能是代表社会全体成员行使公共权力的政府，其他任何社会组织或个人是无权征税的。与公共权力相对应的必然是政府管理社会和为民众提供公共产品的义务。③税收是国家筹集财政收入的主要方式。④税收必须借助法律形式进行。

然而，这些问题只是税收理论中最基本的议题而已。随着现代经济学的发展，税收理论早就跨越了单纯定性分析阶段，开始大量地采用微观经济学的分析框架与体系，深入剖析税收与经济之间的关系。其中，税收理论最关注的，就是税收的效率问题，也就是税收所带来的扭曲性问题。针对某一商品开征的税收，它必然会改变人们对商品的消费量，从而产生所谓的“扭曲效应”。现代微观经济学已经用严格的数学推导，证明了通过将商品税改为所得税，政府可以在获得同样税收收入的前提下，增加个人的效用（至少不会比商品税的效用低），从而实现帕累托改进。在税收经济学中，拉姆齐法则、科利特—黑格法则等一系列的理论，都是讨论如何设计扭曲最小、效率最高的商品税制度，从而实现既定税收收入下的帕累托最优。

任何对商品所开征的税收，都或多或少地会被转嫁到其他人的身上。例如针对奢侈品开征的奢侈税，将很大程度上被转嫁到最终消费者身上。研究税收的转嫁问题，也是微观税收理论的重要部分。

除此之外，从宏观经济的角度看，如何衡量一个地区人民的税收负担是否过重，是税收负担学说的中心议题。按照税收占 GDP 比例的“宏观税负”口径，我国目前整体的税收负担与国际相比并不算高，但是在税收的结构等方面存在很多不合理之处，也就自然让人们感觉到国内的税负比较重。

补充阅读

“死亡税率”背后的真相

日前，有关媒体相继报道“死亡税率”问题，有关人士认为，“死亡税率——当前经济持续低迷的真实原因”，“税率之重，接近企业的‘死亡线’”，“我国长期实行重税主义的后果，就是经济动力和活力的下降”。归结起来，其核心要义就是：税负过重严重影响企业生存空间，是导致经济下行压力的主要原因。情况果真如此吗？

一、“死亡税率”之说，严重误导了社会公众

源自有关媒体的报道，“当前我国企业实际税费负担接近40%，对企业来说意味着死亡”，或称作“死亡税率”。这一说法的提出，足够吸引社会公众的眼球，激起了社会公众特别是企业界对经济下行压力加大的情绪宣泄，引发社会公众对税负问题的误解，带来一系列负面效应。所谓的“大部分企业利润率都不到10%”与“30% ~40%的税费负担”存在怎样的内在关联？需审慎对待，尚难以简单评价！至于30% ~40%的“死亡税率”是“我国当前经济持续低迷的真实原因”这一结论，严重曲解和低估了导致经济下行压力的深层次原因。实际上，形成经济增速下滑的诱因是多方面的，既

有体制因素，又有制度因素，也有市场环境变化的因素。如果按照这一逻辑思维，是否可以这样递推出：只要企业税费负担降低了，经济下行压力就会得到遏制。显然，经济运行状态的转变远非这样简单。至于“中国宏观税负与经济增长之间呈负相关关系”这一推论，事实上，我国宏观税负近些年来一直稳中有降，特别是一系列减税降负政策的陆续出台，企业的税负大大减轻，但同期经济增长却出现了较大幅度的波动，由最初的两位数的高增长到目前6.7%的增长。可见，简单推论出宏观税负与经济增长之间呈负相关的结论，是不能成立的。

二、正确看待宏观税负的水平

宏观税负并没有一个统一的口径，通常结合政府收入构成状况，分为大、中、小口径：大口径宏观税负是指政府全部收入占GDP的比重，按照IMF统计口径测算，2012—2015年我国宏观税负接近30%，远低于发达国家平均水平42.8%，也低于发展中国家平均水平33.4%；中口径宏观税负是指税收收入和社会保障缴款之和占GDP的比重，按照OECD测算口径，2012—2015年我国宏观税负23.4%，而2014年OECD国家平均水平为35.5%；小口径宏观税负是指税收收入占GDP的比重，2012—2015年我国宏观税负为18.5%左右，并逐年下降，按照IMF数据测算，2013年发达国家为25.9%，发展中国家为20.4%。

此外，我国企业所得税税率为25%，高新技术企业适用15%税率，世界上征收企业所得税的126个国家标准税率平均为23.7%，欧盟国家所得税标准税率平均为22.1%，OECD国家平均为24.8%；我国增值税标准税率为17%，还有13%、11%和6%的低档税率，增值税国家标准税率平均为15.7%，欧盟国家增值税标准税率平均为21.6%。

综上可以看出，我国的宏观税负水平总体上还是比较低的。当然，由于不同税种的计税依据不一，税率设定不同，对企业而言，衡量企业税负的轻或重，不能简单片面只看税率的高低，税率并不等于税负，应当从多维度综合衡量。

——摘自：李万甫：《“死亡税率”引发的税负问题思考》，国家税务总局，2016年12月21日。

（2）税收制度与实务。

目前，我国的税收制度包括增值税、企业所得税、个人所得税等十多个税种。每个税种的税基、税率等都存在很大的差别。增值税，只针对生产过程中的增值额征税。例如，销售货物的收入是100万元，而购入货物的成本是80万元，那么税务只会针对从购入到售出过程中的增值额（100万元减80万元）20万元进行征税。而企业所得税则针对企业的税前利润进行征税，例如一家公司本年度的营业额为100万元，利润仅为5万元，企业只需要就5万元的利润以25%的税率缴纳企业所得税12 500元。可见，不同的税收之间，存在着很大的差异。采取如此多样化的税收制度，既有从经济效率方面的考虑，也有从社会公平角度的考虑，更有从社会引导与管理方面的考虑。税收制度与实务正是研究具体税收体制、税收业务、企业税务筹划等问题的学问。

补充阅读

上海重庆房产税试点一年实际仅征收数亿元

自2011年1月28日在上海和重庆推行以来，我国房产税试点终于迎来了“周年大考”。

在此期间，两地政府部门甚少公布试点情况，但外界对试点的效果、征税额度等，却自有一番考量。

按照上海易居房地产研究院综合研究部部长杨红旭的分析，由于征税范围较小，税率不高，一年来，两地实际征收的房产税最多不过几亿元，“不会超过10亿元”，对当地的财政收入和房地产调控的贡献甚微。按照两地的试点方案，上海的房产税主要面向增量房征收，税率分为0.4%和0.6%两档；重庆则将征税范围扩大至存量高端商品房，税率分0.5%、1%和1.2%三档，且仅面向主城区。但在外界看来，试点总结出的产权确定、征税标准、征收方案等技术基础将可能作为未来推广的重要支撑，在此基础上，今年房产税的试点范围很可能继续扩大。

对于房产税的征收数额，上海、重庆官方甚少公开。2011年1月，重庆方面预计，重庆在开征房产税的第一年预期可征得2亿元左右的税收，征收金额将全部投入公租房建设。但重庆市财政局副局长何志明2011年曾表示，房产税征收后10个月，重庆主城区应税住房8 563套，征收率在99%以上，征收金额超过9 000万元，与预期相差甚远。而上海方面一直没有公布房产税的征收数额。杨红旭向《每日经济新闻》记者表示，由于缺乏足够的数据，外界很难对房产税征收额进行精确的测算。

据悉，由于涉及房屋确权、填表、报税等程序，房产税的缴纳多集中在2011年末，上海甚至出现拖延至春节后的现象。因此，实际征收数额可能尚在统计之中。即便如此，杨红旭仍认为，按照试点的征税范围和税率，两地的税额加起来也不过数亿元，“不会超过10亿元”。

如此规模的房产税收入，能否对地方财政和房地产调控带来帮助？官方数据显示，2011年上海地方财政收入完成3 429.8亿元，同比增长19.4%；同期，重庆市地方财政收入超过2 900亿元，增幅超过40%。相比而言，两地不超过10亿元的房产税收入对地方财政贡献甚微。

与此同时，尽管2011年末上海、重庆的新建商品住房价格均实现持续数月的环比下跌，但其原因普遍被归功于“限购令”和保障房建设的效果，而非范围有限的房产税试点。

2011年初，上海推出房屋“限购令”，将外地人的限购门槛设置为“连续两年的纳税和社保缴纳”证明，成为除北京外全国最严厉的限购政策。同时，重庆则启动大规模的保障房建设（以公租房为主），覆盖面积甚大。

——摘自：《每日经济新闻》，2012年2月2日。

（3）国际税收。

随着全球经济一体化的不断发展，对外贸易的不断加深，国际税收的重要性也进一步凸显。譬如一个美国的企业，在中国就其年度利润缴纳了所得税，那么当它把利润汇回美国时，是否还要再缴纳一次美国的所得税？这就是国际税收中常见的重复课税问题。

重复课税往往是由不同国家采取不同的国家管辖权原则，税收管辖权出现重叠而导致的。在国际税收中常见的三种税收管辖权即收入来源地税收管辖权、公民税收管辖权、居民税收管辖权。收入来源地税收管辖权是指纳税人必须对来源于本国的收入、财产等依法纳税，而不论纳税人是否为本国公民。公民税收管辖权是指本国所有公民，都必须对其收入、财产等依法纳税，而不管这些收入、财产的来源是否为本国。类似地，居民税收管辖权就是指本国所有居民，都必须对其收入、财产等依法纳税，而不管这些收入、财产的来源是否为本国。

可以想象，在现实中，这三种管辖权很容易出现重叠。例如 A 国采取了收入来源地税收管辖权，B 国采取公民税收管辖权，则对于 B 国公民在 A 国取得的收入，将同时按 A 国收入来源地税收管辖权及 B 国公民税收管辖权的要求而必须分别在 A、B 两国就同一笔收入缴纳所得税，此时就出现了重复征税。在图 5 -2 中，重复征税即为重叠阴影之处。

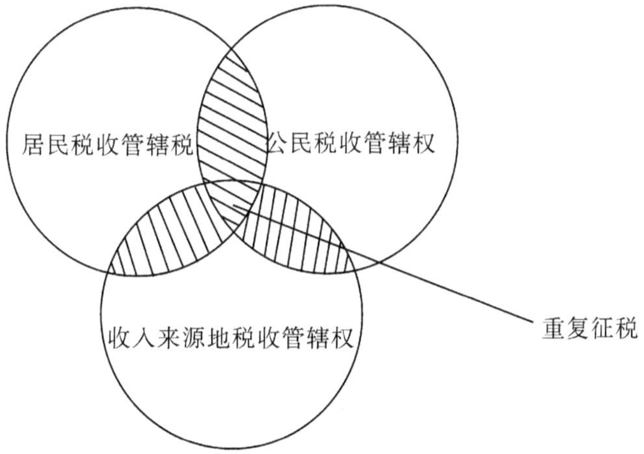

图 5 -2　税收管辖权的重叠

解决这一问题，则往往需要国际的税收协定，协调不同国家税法之间的差异。对此，联合国、经济发展合作组织（OECD）等都进行了大量的协调工作，协助各国建立起税收协定，避免重复征税。同时，某些国家也会采取单方面的措施，对于已经在国外纳税的收入，在国内予以免税。

除了上述税收的内容，在我国，当涉及政府收入时，往往还有一大块非常有中国特色的内容，那就是非税收入。这里面既包括政府收费的收入，也包括例如国有企业的经营收入等。在我国，这部分资金所占的比例不小，因此也存在许多值得关注的问题。

在公共收入领域，还有一个我们相对了解较少的话题，那就是国债。一个国家或地区的政府，以其信用为担保，对外发行债务，是一件十分重大的事情。在经济上，公债可能造成十分深远的影响，例如 2015 年希腊政府破产即是明证。因此对于公债的发行，需要细致、谨慎的考虑，这就有赖于财政学的协助了。

补充阅读

希腊财政危机

希腊的银行系统和政府危机使希腊处于崩溃的边缘。据预计，希腊2010年的债务将达到希腊同期GDP的135%，远高于欧盟80%左右的平均水平。我们不禁要问：作为欧盟的成员，希腊怎么会陷入如此的困境？

面对这个问题，你也许会首先想到更大规模的金融危机。诚然，美国的次贷危机带来了全球的经济海啸。对于绝大多数陷入困境的国家，它都是罪魁祸首，但在希腊的问题上，却有其特殊性。希腊的银行并没有过多涉及来自美国的不良资产，只能说间接被美国影响。

希腊是一个工业产值只占GDP总值20%的国家，因此它不像中国靠出口拉动经济增长。希腊的支柱产业是国际的服务，尤以船运和旅游业闻名。然而，由于经济危机的爆发，人们纷纷收紧腰包。旅游，不同于生活必需品，更像是给人带来享受的奢侈品。人们大量缩减旅游计划，因此也大大地影响了希腊在旅游业方面的国民收入。更糟糕的是，随着国际贸易的降温，海运市场的需求也受到了限制，希腊的海运产业也达到了21世纪以来的最低水平。两项支柱产业的萎靡不振，极大地影响了希腊的GDP。

然而，赚不到钱，只是这次希腊政治和银行危机产生的一个方面。在另一方面，希腊国民银行的负债投资策略给希腊经济带来了巨大的负担。

在次贷危机爆发之前，希腊大量地从海外（主要是德国）借贷资金，来进行大规模的海外投资。但是希腊并没有将钱投入美国，却投入了相对不发达的市场，例如土耳其和巴尔干地区。其中最具代表性的个例是希腊国家银行投巨资收购了土耳其的金融银行，这笔巨资也是眼下巨额债务的主要构成。

随着2009年报的出炉，希腊的一系列数据更是让人们对于这个国家的信心产生了极大的动摇。因为希腊2009年的GDP并没有达到预期的成长，其债务也没有降低，2009年希腊的实际赤字竟达到全年GDP的12.7%，远远超过预期的6.9%。而这超过6%的误差也远远超过了欧盟与之相关的赤字误差不超过3%的规定。2010年，希腊的赤字预算也是达到了预期GDP的9.4%。这些因素给希腊的信用评定造成了很大的影响，进而造成了很难从金融市场融资的现状。一旦希腊不能在金融市场得到足够的融资，它可能不得不面临破产的窘境。

——摘编自：新浪博客，http://blog.sina.com.cn/s/blog_624ecf4d01010nc2.html。

5.2.2.2 公共支出

在政府支出方面，财政学关心的是以下的问题。

（1）公共支出原理与理论。

正如前述，在存在公共品、外部性等“市场失灵”的情况下，需要政府介入，以公共支出的形式组织相应的产品与服务。然而，在具体的支出上，存在很多值得思考的问题：市场与政府的界限在什么地方？公共品是由政府直接生产提供，还是由政府出资，由私人生产……这些都是公共支出理论所要解决的问题。例如同样是公共品，在政府与私人的关系来看，可能存在三种不同的模式：一是完全由政府组织规划、出资、生产、提供；二是由私人的慈善机构自愿提供，例如各地的慈善教育、慈善医疗等；三是由政府出资，但是由私人进行生产提供，这种模式在市场化程度高的国家如美国，十分常见。

补充阅读

美国私营监狱生财有道

美国改造公司（Corrections Corporation of America，CCA）是一家上市公司，是美国最大的私营监狱承包商。它与联邦政府或州政府签订合同，如公共监狱般进行日常管理。私营监狱与公共监狱的最大的区别是：私营监狱拘禁犯人是为了盈利。

在美国，私营监狱体系和公共监狱体系相辅相成，互为补充。但私营监狱的存在，在民间向来颇受争议。

塞尔温·卡德纳斯2009年4月21日在美国休斯敦家中被入境和海关执法局官员带走。出生于洪都拉斯的卡德纳斯在1990年来到美国，当时他32岁，在一艘船上工作，属合法入境。但后来，他滞留休斯敦长达20年，生了4个孩子，都是美国公民。

入境和海关执法局把卡德纳斯交到隶属于CCA的休斯敦诉讼中心。根据合同，入境和海关执法局每天为中心支付人均90美元。

据司法统计局数据，私营监狱收押人员约占全美收监人员总数的10%，数量多少根据政策调整而波动。法律越严苛，收监者越多，CCA越从中受益。该公司自2000年起获得非法入境者收押合同，其股价从1美元飙升至23.33美元，吸引了诸多投资商，潘兴广场资金管理公司是其最大股东。

除入境和海关执法局外，CCA还与其他联邦政府机构和19个州监狱系统有业务往来。它的最大竞争对手是GEO集团，后者规模比CCA小一些。这两家公司合起来年收入超过30亿美元，而整个行业年收入也不过50亿美元。

在休斯敦，入境和海关执法局与CCA的合同规定，在执法局办理驱逐出境手续期间，CCA负责1 000名非法入境者的生活起居，直至他们离开美国领土。如果他们是墨西哥人，则由CCA用一辆大巴送至墨西哥边境；如果他们来自其他国家，则把他们送到机场，看着他们登机飞走。

CCA表示，它承担的职责与政府监狱没什么不同，只是效率更高。联邦政府或州政府若要建一座新监狱，通常需要6年时间，而CCA只需要18个月，而且费用不到一半，监狱标准甚至超过政府监狱，曾得到美国改造协会的高度评价。

——摘自：搜狐新闻网，http：//news. sohu. com/20110528/n308779690. shtml。

（2）公共支出实务。

现实中，政府的支出需要在不同的部门、不同的职能之间进行协调安排。以我国中央人民政府为例，国务院下属数十个部委，其执行的职能涵盖了从卫生到教育、从工业到环保等方方面面。当财政资金需要在各部门之间分配时，应遵循什么原则？如何评估、考核公共服务的效益？不同类型的支出有什么特点？应该怎么安排？这些都是公共支出实务所研究的问题。

研究公共支出，可以从公共支出的三个层次来考虑：

第一，公共支出项目的投入（input），即公共支出的资金额，反映了政府财政在某一方面的投入与支持力度。例如教育方面，其投入即各级财政投入的教育经费。在我国，绝大部分的基础教育都由地方财政承担，中央只承担少数高等教育的财政支出。

第二，公共支出项目的产出（output），即公共支出项目的直接产出。同样以教育为例，该项目的产出包括师生比例、学校数量等指标。

第三，公共支出项目的效益（outcome），这是公共支出项目为社会、经济、文化等方面带来的效应。在教育中，可以体现为受教育年限的提高、升学率的提高等。

政府与财政在不同项目上投入的不同，实质上反映了政府对履行不同社会职能之间的偏好，也是我们最容易感受到的。例如政府在教育上增加投入，我们就能明显感觉到社会办学水平提高，设施更新，师资增强；又如政府在市政上增大投资，我们则明显能感觉到绿化环境的优化，市容的改善。我们经常批评政府在某方面的投入不足，但我们应该要意识到，政府的资金实际上是有限的，不可能在所有项目上都有十分大的投入与倾斜。

补充阅读

财政支出结构的国际比较

目前，世界上各大市场经济国家的财政支出结构存在着以下特点：①各国直接用于经济建设的支出均未达到30%。若将燃料和能源、农林牧渔、矿产制造和建筑、交通通信四者大致看作经济建设支出，则美国为4.28%，英国为1.49%，印度为9.53%，印度尼西亚为7.47%，泰国为16.12%。前二者为工业化国家，市场发育程度较好，政府干预经济弱，经济建设支出所占比重较低。后三者属于发展中国家，市场发育较差，政府干预经济力度较大。②各国交通、通信与其他经济支出相比所占比重较大。泰国最高为9.06%，美国最低为0.86%，反映出各国都注重基础设施建设以促进社会经济发展。③在经济建设支出中，农业所占比重较大，特别是发展中国家，如印度和印度尼西亚农业所占比重超过交通通信，反映农业在国民经济中的重要性。④工业化国家社会保障与福利所占比重一般接近或超过30%，发展中国家不足10%。⑤国防费因各国情况不同而有所差异，印度最高为15.41%，印度尼西亚最低为3.48%。⑥一般公务支出除印度外均不超过15%。⑦工业化国家卫生费较高，发展中国家较低。泰国教育费较高，为17.31%；美国最少，为1.8%。但无论如何，各国对教育和卫生都较重视。⑧环保和住房都占一定比重，印度尼西亚最高，为 13.56%；英国最低，为 2.24%。⑨总体而言，这些国家财政支出均显示出公共财政特征，即社会保障、教育、卫生、国防、一般公务支出较高，经济建设支出特别是直接经济支出较少，交通通信所占比重相对较大。当然，由于各国政治、经济体制、文化传统及经济发展水平不同，就某项支出而言，所占比重也存在差异，如社会保障方面。

——摘自：陈颂东：《财政支出结构的国际比较与我国财政支出结构优化》，《改革》，2004 年第 1 期。

在实践中，政府决定在某一公共项目上投入资金，需要通过十分复杂的决策过程，而评估项目的可行性则是其中最核心的环节之一。考虑到公共项目，特别是公共投资时间跨度一般都很大（可能长达数十年甚至数百年），有必要考虑项目在未来的效应，因此在公共项目的评估中，一般都会考虑货币的时间价值，采用净现值、内部收益率等方法进行评估。

净现值（net present value）是评估项目可行性及效益时常用的一种方法。净现值将某项待评估项目在未来各期预估的收入与支出之间的差额，以一定的折现率，折为现值，并且相加，从而得出净现值。净现值使原来由于各期收入支出不同而难以比较的各投资项目，可在现值的同一基础上，进行比较。对于净现值为负的项目，理论上属于不可接受的项目；而对于净现值为正的项目，一般地应选择净现值最大的项目进行。

需要注意的是，计算净现值时所选择的折现率对净现值的计算结果有很大影响。例如选定一个相对较高的折现率，意味着未来的资金价值相对较低，从而使那些在近期资金流入较多的项目，获得相对较高的净现值。在实践中，常选用银行利率等公开市场的利率，计算净现值。

要计算净现值等评估项目可行性的指标，就必须明确公共项目的成本与效益。相对而言，公共项目的成本还是比较容易核算的，但是项目的社会效益往往缺少直接的数据，对此，必须采取各种方式进行推算。例如我们经常面临的问题：如何为一个生命估价？或者是如何为一个小时估价？这就需要我们采取一些间接的方法，例如为生命估价时，考虑其未来工资的贴现总和；又或是让人们回答：如果可以让死亡率降低万分之一，愿意支付多少钱，这也是推算生命价值一个十分巧妙的方法。在现代社会，环保越来越受人们重视，公共投资项目的环境评估，往往成为项目可行性评估的核心。在这一方面，就需要大量地应用上述估算项目成本与效益的方法。

5.2.2.3 财政管理与财政政策

各国政府在实际运行中，都通过预算管理与财政体制，对各级财政收支予以管理。

（1）预算管理。

“预算”一词，事实上并非汉语原有的词汇，而是日本在翻译“budget”一词时所创制的“和制汉语”。我们这里讨论的预算，指的是政府预算，也就是经法定程序审核批准的政府机构的集中性收支计划。一份财政预算，就是一个期间政府的财务计划。对于预算，可以从资金使用的角度理解，正如 John Mikesell 所说，预算是“决定向 A 项目而不是

B 项目分配一定数额的资金，其依据是什么”①。另外，预算也可以从法律的角度理解为对政府资金收支的授权，未经预算允许，政府的资金不得随意挪用。

在我国，税务机关根据预算预计年度的税收收入等数据，并予以执行；各级政府机构根据预算，按照一定的规则，从国库里面支取资金支持其运作。因此，预算是财政管理实质的反映。

补充阅读

美国联邦政府的“关门”危机

持续 34 天 21 小时 18 分钟，美国政府“关门”在创下这个“史上最长”的尴尬纪录后，终于在上周末暂告结束。

当地时间 25 日晚，根据与国会达成的协议，特朗普签署一项为联邦政府运行提供 3 周资金的短期支出法案，结束美国历史上持续时间最长的联邦政府部分“关门”。随后，美国行政管理和预算局向关闭的联邦政府部门发出恢复运行通知。在《华盛顿邮报》网站上，记录这次“关门”时长的计时器定格在 34 天 21 小时 18 分钟。

英国广播公司 26 日称，特朗普曾誓言否决任何协议，除非它包括 57 亿美元的修建美墨边界墙预算。然而他签署的协议并不包括这笔预算。许多美国媒体认为特朗普“输了”。《华盛顿邮报》称，特朗普总统从这次僵局中一无所获，未能得到修墙资金，“民主党赢得一次胜利”。《纽约时报》驻白宫记者写道，“对于一位一心想获胜的总统来说，这是一次刺痛的失败”。

对于“失败”或“退让”的说法，特朗普坚决否认。他 26 日发推特说：“我希望人们读到或听到我在边界墙问题上的讲话。这绝非退让，而是在照顾数百万因政府关门而受到严重伤害的人。”他还提醒，预算只能维持 21 天。此前在白宫玫瑰园讲话时，特朗普说：“我有一个非常强大的替代方案，但我现在不想用它，希望没有必要。”美国媒体分析认为，特朗普曾考虑在边界宣布全国紧急状态，如果国会在 3 周的临时开支期间达不成协议，他的这一选项仍然摆在桌面上。

“关门”危机拖累了特朗普的支持率，这或许是他突然同意结束停摆的原因。美国广播公司和《华盛顿邮报》联合进行的最近民调显示，37% 的美国人认可特朗普的工作，58% 的人不赞同。净支持率比上次调查下降 8 百分点。支持修墙的保守派阵营中也有一些人对特朗普结束政府停摆表示不满。不过福克斯新闻网称，“总统尚未侵蚀其支持根基”，特朗普不能冒险让支持者觉得他在边界墙问题上“屈服”。“德国之声”称，政府“关门”给许多人带来痛苦，这里没有赢家。

——摘自：《美史上最长“停摆”暂告结束，特朗普的国情咨文演讲有戏了?》，《环球时报》，2019 年 1 月 28 日。

① 约翰 · L. 米克塞尔著，白彦锋、马蔡琛译：《公共财政管理：分析与应用》，北京：中国人民大学出版社，2005 年，第 31 页。

（2）财政体制。

所谓财政体制，是指国家通过规定各级政权管理财政收支的权限和各企事业单位在财务管理上的权限，据以处理国家各级政权之间、国家与企事业单位之间的财政分配关系的管理制度。

世界各国根据自身的情况，都会划分不同级别的政府与财政，例如，美国就划分为联邦、州和地方三级；而日本则划分为中央、都道府县、市町村三级。在我国，财政主要划分为中央、省、地方三级，并且实行的是分税制的财政体制，不同税种的收入划归不同级别的政府。在分税制体制下，如何合理划分各级政府的财权事权，是争论得很激烈的一个话题。

补充阅读

我国的分税制改革

为适应市场经济发展的需要，在借鉴市场经济国家成功经验并充分考虑国情的基础上，我国于1994年进行了分税制财政体制改革，建立了崭新的财政体制。新体制的基本内容，按照1993年12月15日国务院发布的《关于实行分税制财政管理体制的决定》，包括以下三个方面：

1. 根据中央和地方政府的事权确定相应的财政支出范围

中央财政支出主要包括：中央统管的基本建设投资，中央直属国有企业的技术改造的新产品试制费、地质勘探费等，国防费，武警经费，外交和援外支出，中央级行政管理费和文化、教育、卫生等各项事业费支出，以及应由中央负担的国内外债务的还本付息支出。地方财政支出主要包括：地方统筹的基本建设投资，地方国有企业的技术改造和新产品试制经费，支农支出，城市维护和建设经费，地方文化、教育、卫生等各项事业费和行政管理费，价格补贴支出以及其他支出。

2. 按税种划分中央财政与地方财政收入

基本原则是，将一些关系到国家大局和实施宏观调控的税种划归中央，把一些与地方经济和社会发展关系密切以及适合于地方政管的税种划归地方，同时把收入稳定、数额较大、具有中性特征的增值税等划作中央和地方共享收入。中央固定收入主要包括：关税，消费税，海关代征的消费税和增值税，中央企业所得税，铁道部门、各银行总行、各保险公司总公司集中缴纳的收入等。地方固定收入主要包括：营业税，地方企业所得税，个人所得税，城镇土地使用税，固定资产投资方向调节税，城市维护建设税，房产税，车船使用税，印花税，屠宰税，耕地占用税，农牧业税，对农业特产收入征收的农业税，契税，国有土地有偿使用收入等。中央和地方共享收入包括：增值税（中央分享75%、地方分享25%），证券交易税（中央和地方各分享50%）和资源税（其中海洋石油资源税归中央）。

按税种划分中央与地方财政收入后，要相应分设中央与地方税务机构。中央税种和共享税种由中央税务机构负责征收，共享税按比例分给地方。地方税种由地方税务机构征收。

3. 实行中央对地方的税收返还制度

税收返还制度就其性质而言，是一种转移支付，是年年都有的经常性收入返还。中央财政对地方税收返还数额，以1993年为基期年核定。按照1993年地方实际收入以及税制改革后中央和地方收入划分情况，合理确定1993年中央从地方净上划的收入数额，并以此作为中央对地方税收返还技术，保证1993年地方既得财力。1994年以后，税收返还额在1993年技术上逐年递增，递增率按全国增值税和消费税增长率的1∶0.3系数确定，即全国增值税和消费税每增长1%，中央财政对地方的税收返还增长0.3%。

——摘编自：法律图书馆，http：//www.law-lib.com/lawhtm/1994/24697.htm。

5.2.3 与财政学的亲密接触

在财政学的课堂上，我们如何更好地掌握这门学科，并做到学以致用呢？

5.2.3.1 夯实基础

财政学是发展自经济学的一门学科，因此它的基础是当代的经济学，特别是微观经济学对于经济主体行为的分析，奠定了现代财政学以及税收学分析的基础。

学好财政学，就必须对经济学，特别是当代微观经济学的理论，有扎实的掌握。包括消费者行为、一般均衡理论、福利经济学等，我们都应该有基本的理解，才能进一步学习财政学里面的公共品、外部性、无扭曲税收等理论。

当然，在学习财政学之前，我们需要的是夯实经济学的基础，而在学习财政学的过程中，我们就要注意夯实财政、税收学的基础，为我们的未来打好基础。例如，我们要学会从市场与政府的角度，分析每一个具体的问题；学会使用税收的基本常识，来分析我们日常生活中遇到的税收问题……这些问题的解决，都需要我们扎实地掌握财政学知识。

因此，在学习财政学的过程中，我们要付出相当的努力。任何一个学科的掌握，都是汗水的积累。除了上课听老师讲以外，课后也应该多做复习，对于书上的难点，例如，各种模型、各种计算方法等，应该彻底搞通、搞透，使其了然于心，这样运用起来才会得心应手。

5.2.3.2 开阔视野

正如上文所说，财政学事实上是一个多学科交叉的学科，经济学、社会学、政治学都与财政学密切相关。因此，我们鼓励学习者们在学习财政学的过程中，多接触不同学科的知识，采用多个不同的角度去观察社会。

诺贝尔经济学奖得主贝克（Becker）在其得奖演说中说："经济学是关于人选择的学问，而社会学是关于人为什么没有选择的学问。"社会学强调整体社会形态对个体的影响，其考虑问题的角度与经济学是迥然不同的。但是，在财政学的公共视角下，社会选择却是一个十分重要的议题。因此，尝试从社会学、政治学等相关学科的角度，对财政的一些问题作解读，将十分有益于我们对财政学、公共经济学的掌握。

补充阅读

经济学与财政学的衍生分支——教育经济学

教育经济学是研究教育和经济的相互关系以及教育投资的经济效果和经济规律在教育领域发生作用的性质、特点及其表现形式的科学。它是经济学与教育学之间的边缘学科。

教育经济学以教育领域的经济问题为研究对象。学科任务是在遵循教育规律的前提下，从劳动力培养以及科学知识传递、积累、发展与教育的关系的角度，阐明经济规律在教育活动中的作用和特点，考察教育投资的分配与效果。比如，探讨教育在社会再生产中所处的地位及其外部联系；分析教育内部经济结构及规律；研究在一定社会形态中教育的经济规律，以把握经济、教育、社会发展等基本问题。

教育的经济意义，在亚当·斯密的著作里就有论述。一般说来，教育经济学的发展主要经历了三个阶段：①萌芽阶段。1924 年，苏联斯特鲁米林（C. T. Струмилин）发表了《国民教育的经济意义》一文，第一次用数学统计方法对教育的经济效益作了定量研究，被称为教育经济学的先驱者之一。1935 年，美国沃尔什（J. R. Walsh）出版的《人力资本观》，成为英语国家最早的教育经济学专著。②形成阶段。20 世纪 50 年代中后期，美国舒尔茨（T. W. Schultz）撰写了一系列教育与经济增长关系的著述，提出了人力资本理论。1962 年，英国韦锥（J. E. Waizey）出版了《教育经济学》（*Economics & Education*）一书，标志着教育经济学这门学科的最终形成。③发展阶段。20 世纪 60 年代后，各国对教育经济学的研究十分重视。20 世纪 70 年代起，美、英等国的一些高等学院增设了教育经济学的有关课程。法国的狄龙大学建立了教育经济研究所。20 世纪 70 年代末，教育经济学的研究在我国兴起，报刊上发表了许多相关文章，一些有关书籍也相继出版。

随着经济的进步和教育的发展，教育经济学的研究领域日益增大，并出现了一些新的学科分支，例如在苏联就出现了职工教育经济学（亦称“职工技术教育经济学”）。苏联学者认为，职工教育经济学是在政治经济学、国民经济计划学、劳动经济学和教育经济学、财政学等学科的接合处上形成的。其特点是与职业培训、政治思想教育等结合起来。其学科任务包括：研究工人、干部再教育的一般和特殊规律；研究函授教育、广播电视教育等职工教育形式发挥职能作用的形式和手段；研究职工教育的经济条件，如建设规模与专业，投资计划和发展趋势等。其主要研究的内容是：①职工教育经济学的理论和方法论原理，如职工教育的社会经济作用，职工教育经济学的对象、学科体系以及与其他学科的联系等；②社会主义制度下职工教育的经济问题，如职工教育的预测、经济和社会规划、组织和管理、物质技术基础与拨款等；③职工教育的经济效果。

——摘自：中南财经政法大学编：《经济科学学科辞典》，武汉：经济科学出版社，1987 年。

5.2.3.3 善用资源

财政税收学的学习，有大量的资源可供我们使用。首先，我们经常接触的互联网，就有大量的资料可供参考。例如，在财政部的网站（http：//www.mof.gov.cn）和税务总局的网站（http：//www.chinatax.gov.cn）上，有大量的可供我们阅读的财政税收的热点专栏。无论是有关中国各年的财政收支的基本情况，还是目前中国税收制度的基本规定等财政税收热点问题，都可以通过这些专栏一览无遗。国家统计局网站（http：//www.stats.gov.cn）也是值得浏览的网站，里面的统计数据是我们经常要参考的。中国学术期刊网也是我们必须经常浏览的地方，这里汇集了自1994年至今的国内公开出版的所有学术期刊上的论文全文，只要输入财政税务有关的关键词或期刊名称，就可以搜集到我们感兴趣的研究论文。

另外，想了解各种学科背后的故事，我们还可以上维基百科（http：//zh.wikipedia.org）看看。例如，在这里可以查到英国财政部的英文原称是Her Majesty's Treasury，即女皇陛下财政部，简称HM财政部（HM Treasury），通称财政部（The Treasury），是负责开展与执行政府的公共财政政策和经济政策的政府部门。

最后，我们还可以到学校图书馆坐坐，那里有可供阅读的各种财政学专业书籍和专业期刊。

5.2.3.4 深入实践

任何学习都讲究“知行合一”，唯有将书本上得来的理论付诸实践，使其在实际环境与行动中“发酵”，才能生成真正属于个人的知识。

作为一个学习财政学、税收学的学生，参与社会实践的机会是十分多的。财政系统、税务机关、会计师事务所等机构往往都安排了相应的实践基地。但是，我们并不是只有到对口的机构去，才能展开我们的实践。

事实上，深入实践，更重要的是提醒我们要用实践的意识，从财政学的角度，去审视我们日常生活里面的点点滴滴，发掘出里面所包含的意义。例如，我们在学习完中国税制以后，我们每次外出进餐后向服务员索取发票，我们就知道，这是督促商家依法纳税的好行为；而拿到手的发票，我们仔细端详，就会发现，上面所盖的章是税务局的章，联系我们学到的知识，我们就知道，我国实行“以票控税”制度，主管发票事务的是税务部门，因此所有发票均由税务局监制、发放。同时，由于我们是普通消费者，得到的发票上标明是“增值税普通发票”。而假如企业索取发票用作进项抵扣，则很可能得到“增值税专用发票”。由此可见，小小一张发票，包含了许多关于财政税收的学问。生活中我们只要多想多问，自然处处都能看见财政学知识的影子。

思考题

1. 在你的日常生活中，存在什么“市场失灵”的例子吗？

2. 在日常生活中，有什么例子反映了公平与效率之间的取舍呢？

3. 在什么场合下应该由市场主导，什么场合下应该由政府主导？

4. 在日常生活中，除了上文中的例子，你还能举出什么公共品的例子吗？请就非竞争性与非排他性进行论述。

5. 你日常的各种行为中，哪些为你身边的人带来了外部性的效应？

6. 是否存在“带有外部性的公共品”呢？

推荐网站

1. 中华人民共和国财政部，http：//www. mof. gov. cn。
2. 中华人民共和国国家统计局，http：//www. stats. gov. cn。
3. 联合国，http：//www. un. org。
4. 世界银行，http：//www. worldbank. org。
5. 国际货币基金组织，http：//www. imf. org。
6. 美国财政部（U. S. Department of the Treasury），http：//www. treasury. gov。
7. 英国财政部（HM Treasury），http：//www. hm－treasury. gov. uk。
8. 法国财政部（Ministère de l'Economie，des Finances et de l'Industrie），http：//www. economie. gouv. fr。

推荐阅读书目

1. 罗森、盖亚著，郭庆旺、赵志耘译：《财政学》（第8版），北京：中国人民大学出版社，2009年。

2. 斯蒂格秋茨著，郭庆旺等译：《公共部门经济学》，北京：中国人民大学出版社，2005年。

3. 约翰·利奇著，孔晏、朱萍译：《公共经济学教程》，上海：上海财经大学出版社，2005年。

4. 费雪著，吴俊培译：《州和地主财政学》，北京：人民大学出版社，2000年。

5. 海曼著，张进昌译：《财政学：理论在政策中的当代应用》，北京：北京大学出版社，2006年。

6. 布里姆莱、贾费尔德著，窦卫霖等译：《教育财政学：因应变革时代》，北京：人民大学出版社，2007年。

7. 李萍：《财政体制简明图解》，北京：中国财政经济出版社，2010年。

6 统计学：定量分析的必备工具

6.1 为什么学习统计学

6.1.1 什么是统计学

统计学就是告诉我们正确处理数据的方法的科学。这里的“处理”是广义的，具体包括数据的收集、整理、分析和解释等过程。那么什么是数据呢？其实就是关于事物、现象、过程的特征表现的模拟和记录，可以简单地理解为“有根据的数字、文字或符号”，或者是“有着特定内涵的数字、文字或符号”。例如，100 这个数字，在数学上就是单纯的偶数或者自然数，没有特定的内涵，它在统计上不能称为数据。倘若将它赋予特定的内涵，例如“刘军 2012 年的体重是 100 千克”，此时 100 就是“刘军”这个个体的“体重”的特征表现，计量单位是“千克”，这样“刘军 2012 年的体重是 100 千克”就构成了统计上的一条数据，或者一例数据。简言之，在统计实践中，数据都有着特定的描述对象。

一般来说，统计学并不对单独的一条或者一例数据感兴趣，而是对一组具有相似性质的数据感兴趣。例如，统计上对待“刘军 2012 年的体重是 100 千克”这一例数据，不会只当个案处理，而可能会提出一系列问题：刘军的体重在整个成年人的群体当中是偏重还是偏瘦？如果是超重的话那么超重多少？整个成年人群体的平均体重是多少？刘军的体重跟他的身高有没有关系，这种关系在整个成年人群体当中有何表现？也就是说，统计学观察问题，往往从整体和全局出发，力图找出一类具有某些相同性质的事物或现象的共同数量表现、数量关系、数量变动和数量规律；对于个别事物或现象的认识，都要放到它所属的类别和群体当中去考察它在其中所处的位置。这里的“一类具有某些或某种共同性质的事物或现象”所构成的整体就是统计学中的基本概念——总体，而构成总体的基本元素，即“个别事物或现象”就是统计学中的总体单位或个体。

6.1.2 为什么要学统计学

为什么要学习统计学？很简单，因为统计学可以指导我们正确地处理数据，获取有用的信息，从而更好地决策，获得成功。

很显然，人们对任何事物和现象的认识，首先就是对这些事物和现象的特征给予记录，并留下大量的具有特定内涵的数据。接下来，通过对这些数据进行科学的处理和分析，从而达到深入认识这些事物和现象的目的。而要对这些数据进行处理，得到有意义的信息和结论，往往不得不借助统计学的方法，可以说统计学是定量分析的必备工具。定量分析可以让你更加精准地认识世界，把握机会，获得成功。历史上的成功人物，无不善用统计分析这个工具。

三国演义中有一段赤壁之战前诸葛亮舌战群儒的故事。刘备和诸葛亮在曹操几十万大军压境之际，决定东联孙吴共同抵抗曹操。但孙吴阵营中文官均有投降之意，而武官则力主拼死一战。吴侯孙权也举棋不定，心中无底，虽然想奋起反抗，但担心曹操兵力甚多，自己没有胜算把握，所以一直烦闷不已。而诸葛亮就利用统计分析的方法，说曹操虽然有号称百万之众，但很大一部分是收编袁绍和袁术的降兵降将，尚未完全整合，战斗力很差；另有相当一部分是荆州降兵降将，这些人之所以投降，是形势所迫，而不是真的想为曹操卖命；而剩下来的曹操自身所带的精锐，由于出身北方，并不习惯于南方水土和生活，且不习水战，因此战斗力也很差。诸葛亮通过统计分类分析，把曹操的兵力总体进行了科学合理地考察，最后据此断定曹操此次战胜的可能性微乎其微，甚至是必败。在这样依据翔实数据的精准深入分析之下，孙权才“茅塞顿开”，下定决心作战。可见，如果诸葛亮不借助统计的分析方法，摆出数据依据，能否说服孙权最后做出进行赤壁决战的决策，还真未为可知。实际上，后来诸葛亮利用草船来向曹操“借箭”，也要事先花费一番心思算算自己在几个小时之内收到 10 万支箭的各方面的要求：他得计算好曹兵射箭的频率（每分钟发射多少支箭），计算好曹兵参与射箭的人数，还得估算自己草船上的靶子中箭的可能性（比例），然后合计该出动多少艘草船，每艘船安装多少草靶，持续呐喊诱使曹兵放箭多长时间等，如此才能在几个小时之内确保能获得 10 万支箭。否则，如果他不进行统计计算，就草草地与周瑜立下军令状，很可能会因派船不够，或靶子不够，或者持续时间不够，而达不到收 10 万支箭的目的，最终被周瑜军法处置了。由此可见，与其说诸葛亮“神机妙算”，不如说他是一个精于统计计算和统计分析的大师。

事实上，从古代帝王征战治国，到当今现代国家的治理，无不需要以统计作为了解国情国力、提供决策依据的基本工具。古代帝王等统治者要了解自己的统治疆域面积、人口数目、壮男数目、钱粮数目，才能决定税收数目，决定是征战还是休养生息。现代国家大部分都成立了专门的政府统计机构来时时刻刻收集和分析统计数据以对国家的经济社会发展状况进行统计监测，为政府的政策决策提供基础支持。我们耳熟能详的 GDP（国内生产总值）、CPI（消费者价格指数）、经济增长率、外贸进出口额、基尼系数、平均工资、房地产价格指数、股票价格指数等一系列概念，都是用来反映和监测国民经济某一方面发展特征的统计指标。这些统计指标的具体数据所给出的信息，对于国家、企业和个人都是十分有用的。

有人对证券投资特别是股市投资感兴趣，而股票价格瞬息万变，如何把握价格变动的规律成为关键，因此统计分析方法成了股价技术分析派的必备工具。打开任何一个证券行情软件，从股票报价信息、历史价格展示的 k 线图，到价格即时走势图，都是统计数据、统计指标、统计表和统计图的集中展现，如果不懂统计，就会在这个统计数据的森林当中迷失方向。

有人对创业感兴趣，希望能在不远的将来亲手建立和发展自己的公司和企业。而在现代市场经济条件下，商场如战场，企业必须时时刻刻搜集着自身、竞争对手、国家乃至世界竞争环境的统计数据并进行有效的分析，进行市场调查和研究，来帮助自己做出正确的生产、管理和营销决策，获取更大的利润，在竞争中立于不败之地。

随着数据生成、保存和传递技术的提升，当今世界成了一个知识、信息和数据“爆炸”的时代，摆在我们面前的是数据的汪洋大海，如果没有有力的处理手段和工具，任何人都会在这片汪洋大海中迷失方向。统计学就是来帮助我们处理这些数据，提取决策依据的最有力武器，是指引我们在数据这片汪洋大海中顺利前行的灯塔。

补充阅读

统计应用：质量管理中的 6 σ

统计的应用领域十分广泛，其中一个非常重要的应用领域就是企业质量管理。在统计学中，σ 代表总体的标准差，用以说明总体集合中各个数据取值的差异程度。现实世界中，对任何企业而言，同一条生产线生产出来的同种产品，也不会存在两个在质量特性方面完全相同的产品，因为生产过程中总会由于各种各样的原因使得产品的质量特性发生波动。例如，某螺母生产企业生产的同型号螺母，标准直径要求是 15mm，但可能实际生产出来的螺母直径并不完全都是 15mm，更有可能的情况是由于各种偶然因素的影响，绝大多数螺母直径处于 15mm 左右。对服务型企业也是如此，许多服务细节的标准要求可能在实际操作执行过程中由于各种因素的影响而出现细微差异。这些差异就是所谓的质量波动，也正是由于波动的存在，才需要进行质量管理，把这种“波动”或“差异”控制在合理的范围之内，否则就会出现不合格产品或者不合格服务。比如上述厂家或客户对螺母直径给出了一个合格标准为 15 ±0.05mm，也即直径低于 14.95mm 和高于 15.05mm 的螺母都是不合格品。很显然，为了尽可能地提高合格品率，就必须监控螺母生产过程，改进生产流程，减少螺母直径的波动幅度，让尽可能多的螺母直径处于合格范围，从而提高企业的效益。

6 σ 是质量管理当中使用的一个专业术语，是指偏离正态分布的中心 6 个标准差。就产品或服务而言，它表示在生产或服务过程中缺陷率不超过 3.4ppm，也就是说，每生产 100 万个产品或每进行 100 万次服务，平均而言不合格产品或不合格的服务频数不超过 3.4 个或 3.4 次，这是非常低的不合格率，也是非常严格的质量标准，要做到这点非常不容易。

6 σ 质量管理是非常流行的质量管理理念，已经成为一些著名的国际大企业的质量管理方法，很多企业也因此而受益匪浅。例如在实施了 6 σ 管理之后的 3 年内，摩托罗拉公司就节省了约 9.4 亿美元的资金。此外美国通用电器公司（GE）、宝利来（Polaroid）和德州仪器（Texas Instruments）等公司也采用了该管理方法。目前国内一些大型企业也陆续引入了 6 σ 质量管理理念，致力于提升企业产品和服务的质量水平。

实际上，传统将不合格品率控制在 1% 甚至 0.5% 的要求对于产量庞大的现代化生产线而言，都是不能接受的质量水平。因为对于那些动辄上千万、上亿的产量（如汽车、手机等）而言，如果不合格品率在 1% 的话，也意味着每 100 万件产品中约有 1 万件产品因质量问题而不合格，1 亿件产品中就有 100 万件产品不合格，这种质量水平对处于激烈竞争市场背景下的企业是致命的，会极大地降低顾客满意度，也会极大地增加售后服务部门的工作负担。所以，以致力于降低不合格率来提升产品和服务质量水平的 6σ 质量管理理念从一诞生就受到了各界的追捧。

——根据贾俊平《统计学》（第2版）相关材料改写。贾俊平：《统计学》（第2版），北京：清华大学出版社，2006年，第1页。

6.1.3 怎样学习统计学

对很多初学者来说，统计和统计学显得高深莫测。统计学有着太多的公式和计算，没有良好的数学功底，就不能学好统计，因此很多对数学“犯晕”的读者，一开始就从心理上对统计学存有胆怯之心。其实，这里存在一个比较大的误会。的确，数学是统计学的重要基础和工具，但统计学绝对不能等同于数学，更不能等同于高等数学。实际上，统计和统计学既不神秘也不高深，我们在日常生活当中，处处都在应用着统计，甚至时刻都离不开统计。

例如，每个人通过多次的经验都会对自己的饭量有一个比较准确的把握：一顿能吃多少米饭，能吃多少菜，需要花多少钱。这样，无论自己做饭还是出外就餐就知道准备多少分量。进一步则可以根据饭菜的价格来推算个人乃至家庭的单位时间的生活费用支出。这就是统计上讲的对一个平均水平或者某个分位数或总量水平的估计问题。

又如，几乎人人都会经历的购买选择问题：到市场上去买花生、水果等食品，很多人不仅仅要查看颜色等卖相，还要通过品尝来确定是否符合自己的口味。通常的做法是从箩筐里头随便拿一颗或几颗花生尝尝或者试吃一片（瓣）水果就可以作出判断，因为同一批次花生和水果在口味等买主所关心的性质特征方面具有比较高的均匀同质性，因此买主见微知著，根据一颗花生或者一片水果的口味就可以判断这一批花生和水果的口味是否满足自己的需要，而不需要把一箩筐花生或一批水果尝完之后再决定是否购买。这就是统计上利用样本（样品）来对总体的某些特征进行推断（即统计推断）的问题：用来品尝的花生和水果就是样品（样品的集合就是样本），而这些样品的口味和其他特征是用来判断卖主的一批花生和水果（总体）的口味和其他特征的依据。这些统计推断行为，每个人几乎天天都在进行，例如尝菜、品酒等。当然，这些统计推断行为是很简单的，所需的样品的数目（样本量）也很少，主要因为食品的口味、气味等受人关注的特征在同一批物品当中具有高度的同质性，因此可以根据一颗、一口或者一片，就可以比较准确地做出推断。实际生活中更为复杂的统计推断行为也无处不在，特别是当观察或研究的对象和总体比较复杂，或者推断结论带来的决策后果比较严重的时候，人们就需要讲究科学的方法和程序抽取更多的样品来谨慎推断所关注的总体的某些特征。例如，要考察一个有着100名学生的班级的学生平均身高，这个时候就不能只随便挑一名该班的学生来量量身高，然后以此身高作为全班的平均身高，因为此时该班全部学生这个总体的每一个成员（个体）的身高不具备前述的均匀同质性，而是有很大的差异性，此时若仅以一个同学的身高就简单估计全班同学的平均身高，犯错误的可能性就很大，或估计误差（平均身高的估计值与平均身高真实值的差距）就非常大。那么，究竟需要抽取多少学生？该怎样抽取这些学生？抽完量完身高后该怎样推断全班平均身高？这些都需要依靠科学的理论依据和方法来判断，统计学就是提供这种科学的理论依据和方法。

总之，人们在日常生活中衣、食、住、用、行等各个方面面临选择的时候，都有意无意地利用着统计学的方法、实践着统计学的思想来帮助自己认识问题，做出决策。这并不是因为统计学有多么神奇和高深，而恰恰是因为统计学本身就是从实践当中总结而来，又与实践应用密不可分，而且几乎所有领域的人类实践，从前述的日常生活到工农业生产的计划、检验、组织、管理，到政府治理决策的制定、效果监测和评价，到自然科学和社会科学领域的研究，只要是需要定量分析的地方，统计都是必不可少的工具。

因此，统计的意义在于应用，而学习统计学的最好办法和最终目的，就是不断地应用统计学的思想、技巧和方法，去认识问题、分析问题和解决问题。经过一段时间之后，你就会发现你的选择和决策越来越有依据，也渐渐会发现自己无形中就成了一个统计高手了。

补充阅读

统计和文科的关系

统计在一般人的心目中，是最不“文科”的学科了。要是有人说统计的好话，多半是在说它的用处。医疗领域的专家必须有统计知识，才能了解医学研究报告的内容；企业经理需要懂统计，因为大量的数字需要经过有效浓缩，才能看得出所以然；老百姓需要了解统计，才能知道民意调查和消费者物价指数（CPI）到底是怎么回事。因为数据（data）和偶然性（chance）无处不在，所以我们的广告词可以这样写：每个人都用得到统计，甚至因统计而获利多多。

以上说的是事实。我还可以进一步地说，对于大多数学生来讲，这本书所强调的“观念”，以及用语言来说明的方式，帮助学生为将来学习统计所打下的基础，要优于一般以“方法”为主的介绍方式。美国统计协会（American Statistical Association）和美国数学学会（Mathematical Association of American）的联合课程委员会就曾建议，任何统计的入门课程，都应该“强调如何做统计思考”而且内容应该“多一些数据和观念、少一点公式和推导过程”……

应该学习统计观念的另一个理由是：统计其实属于文科领域。人文教育强调基本的思维能力，也就是可以应用在各种情景的一般探索方法。传统的人文学科中呈现了这些方法，比如文学和历史研究、人类社会的政治分析及社会分析、探讨大自然的实验科学，以及数学领域中抽象概念及演绎的力量。统计可归类于文科领域，因为根据不确定的经验数据（empirical data）做推论，用的也是类似的一般思维方法……数据和偶然性，普遍存在于我们的日常经验当中。虽然我们用数学工具来处理数据和偶然性问题，但数学所提供的观念，却不是纯然数学的。事实上，心理学家已经提出具有说服力的论点，认为若想要加强我们对日常生活中所遇到的数据或偶然性现象做出合理推论的能力，精通数学并没有多大帮助。

——摘自：戴维·S. 穆尔著，郑惟厚译：《统计学的世界》，北京：中信出版社，2003年。

补充阅读

统计学就在你身边：鳗鱼的公共繁殖场所

费雪在 1952 年的一篇文章中列举了一个例子，说明如何利用基本的统计量的知识引出一个重要的发现。

20 世纪早期，哥本哈根卡尔堡实验室的施密特（J. Schmidt）发现不同地区所捕获的同种鱼类的脊椎骨和腮腺的数量有很大不同；甚至在同一海湾内不同地点所捕获的同种鱼类，也发现了同样的倾向。然而，鳗鱼的脊椎骨的数量变化不大。施密特从欧洲各地、冰岛、亚速尔群岛和尼罗河等几乎分离的海域里所捕获的鳗鱼样本中，计算发现了几乎一样的均值和标准偏差。

施密特由此推断：所有各个不同海域内的鳗鱼是由海洋中某公共场所繁殖的。后来名为“戴纳”（Dana）的科学考察船在一次远征中发现了这个场所。

——摘自：C. R. 劳著，李竹渝、石坚等译：《统计与真理：怎样运用偶然性》，北京：科学出版社，2004 年。

6.2 统计如何处理数据

那么，统计是如何处理数据的呢？可以简单地总结为一句话：科学地搜集数据，保证数据真实、合适和及时，然后将数据整理成为合适的格式，再利用统计学的方法对数据进行浓缩和概括，以获取数据中所包含的数量规律性，最后再对这些数量规律性结合专业背景给予统计解释。

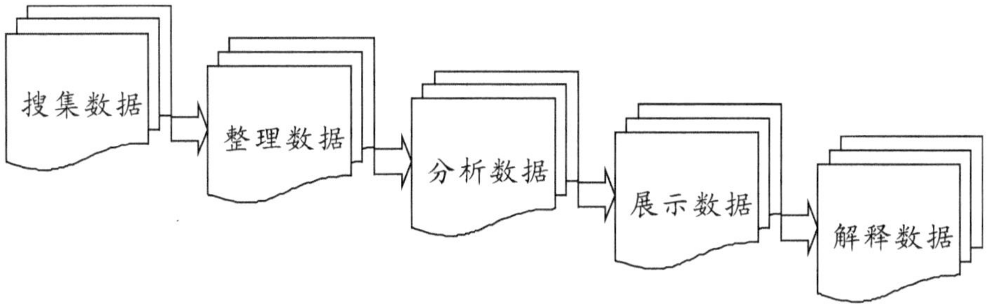

图 6－1 统计处理数据的基本流程

一般地，统计处理数据包括 5 个基本环节（如图 6－1 所示），分别是搜集数据、整理数据、分析数据、展示数据和解释数据。

6.2.1 搜集数据

俗话说“巧妇难为无米之炊”，如果没有合适的数据，再好的统计方法也无用武之地。

因此，搜集合适的数据，是统计分析工作的起点。如前所述，数据其实是人们对世界进行认识、计量、测量的结果，是对事物、现象和过程的特征表现的记录和反映。因此，在确定研究问题之后，就得设法找到能够表征和反映研究对象真实情况的数据。

一般而言，数据的来源分为两大类。一类是间接来源，所获得的数据又称为二手数据或二手资料。例如公开出版的统计年鉴、专业年鉴、地方志、期刊、新闻报纸、网络媒体、电子数据库等发布的数据，还有一些各种组织内部储存的尚未公布的资料。二手数据的获取成本相对较低，在分析和研究过程中要善于使用这些数据。另一类是直接来源，是指研究者亲自组织进行统计调查和实验来获得原始数据，所得数据又称为一手数据或一手资料。如企业自身或者委托调查公司进行市场调查获得的数据，如孟德尔做豌豆杂交实验获得的数据，伽利略做自由落体实验获得的数据，这些都是研究者亲自组织或者委托他人获取的新鲜数据。搜集一手数据有时候耗费很大、持续时间很长，也有很多方法和技巧需要注意。当然，一手资料和二手资料是针对使用者而言的，所有的二手资料，最初都是他人的一手资料。统计学有两个学科分支来专门阐述统计调查和科学实验的技巧，分别是抽样调查（或市场调查研究、市场调查与分析）和实验设计，有兴趣的读者可以查阅相关书籍。

无论是哪一类数据，都需要确保数据满足以下三个基本要求，简称“3Shi”原则：①真实（Shi）性，即数据不能是虚假捏造的，也不能是错漏的，要能反映研究对象的真实情况。这是对数据质量的起码要求。虚假错误的数据，即使用最高明的统计方法，也不能得出什么有用的结论。②合适（Shi）性，即获取的数据要与所研究的问题相对应，与研究的目的相吻合。比如不能拿中国人口的数据来研究美国的消费问题，因为数据不能支持研究目标。③及时（Shi）性，即获取的数据要保证即时有效。除非是进行历史对比研究，否则数据的时间状态不能距离当前太远，因为得到的结论早已经时过境迁，根本不能用于现在和未来，就等于做了无用功。例如不能用 20 世纪 50 年代中国成年男性的平均身高来估计当前中国成年男性的平均身高。

6.2.2 整理数据

数据整理就是对得到的数据进行审核、筛选和简单的分类汇总，以保证数据在进入下一个环节之前是真实、合适和及时的。具体来说，从各个渠道得来的数据，是真是假、有没有错漏、是否符合研究目的，确定这些都需要一个检查的过程，具体包括逻辑检查、常识判断、对比分析等。比如，中国某高校一项问卷调查中发现一份问卷，在有关受访者身份问题上填写“学生”，而在年龄一栏写着“80 岁”，这种情况在中国大陆一般不太可能发生，最后发现是调查员记录错误，如果这些错误的数据进入分析流程，肯定不会得到正确的结论。因此要把这些错误数据核实修改过来，这就是所谓的数据“清洗”过程。再进一步，为了保证数据符合研究目的和目标，还需要对已有数据进行筛选：将符合条件的数据筛选出来以进入分析过程，或者将不符合条件的数据删除掉，以防影响分析结果。

当然，现在的统计分析过程绝大部分是通过统计软件来实现的。任何一个统计软件都对数据的格式有专门的要求。常用的 Excel、SPSS、SAS、Eviews、Stata 和 R 语言等统计分析软件，对统计数据的格式要求有很大不同。因此，在使用这些软件之前，必须将数据整理成合适的格式。

6.2.3 分析数据

数据分析的目的就是寻找数据背后隐藏的数量规律性，从中提取有用的信息和结论，供决策使用。这个过程是统计学研究的核心内容，包括很多具体的理论、方法和技巧。但基本的分析思路很简单，主要就是："概括浓缩、以小见大。"

面对纷繁复杂的数据，如果不进行概括浓缩、化繁为简，是没有办法认识隐藏在数据背后的信息和规律的。统计对数据的"概括浓缩"，主要有三大法宝：

第一个法宝就是分类汇总。将一大堆数据按照某种或某些标准或特征进行分类，分别计算频数、比例和总数，就可以将数据变得秩序井然、结构明晰。比如对于全体中国人，就可以按照年龄、性别、身高、民族、籍贯、党派、宗教信仰等标准进行分类，然后分别计算这些类别的人口总数和比例，就可以很好地认识中国人的各种结构和分布特征，为制定各种政策和决策打好基础。

第二个法宝就是计算平均数。利用平均数来概括数据分布的中心位置或一般水平，这也是我们通常感兴趣的特征。比如投资股票的年平均收益率是多少，某地方的平均房价是多少等。平均数往往是进行比较判断的基准。例如，假设 2012 年中国成年男性平均体重是 65 千克，本章开篇的例子中"刘军 2012 年的体重是 100 千克"就明显地高于这个平均数，说明刘军属于偏重的类型。

第三个法宝是计算方差或标准差。依此来概括反映数据的差异程度，防止被平均数"欺骗"。比如，对过去的数据分析发现投资股市的年平均收益率是 20%，这比 2012 年定期一年存款的年利率 3.5% 以及投资于某债券的年利率 5% 要高出许多，那是不是应该据此决定投资于股市呢？未必，因为这个 20% 很可能是多数参与者亏损和少数人盈利之后的一个平均结果，比如绝大部分散户亏损 50% 以上，而少部分庄家收益 500% 以上，即实际参与股市的各个个体的收益率差别很大，而平均数只是反映了股市的综合平均盈利水平，并不等于每个参与股市的人都能获得这个收益，这就是投资股市的风险。而一年期的定期存款收益率 3.50%，这对所有的定期存款者都是一样的，没有任何差别，此时 3.50% 就具有完全的代表性，它既是平均水平，也是每个参与者必然获得的收益。因此，选择投资于定期存款享受无差别收益还是选择投资股市来冒着较高风险来获取可能较高的收益，就完全取决于个人的风险承受能力了。统计上往往用方差和标准差等指标来反映数据取值的差异程度，后续内容将予以介绍。

此外，统计上还设计了很多统计指标或统计量来概括反映数据的信息和规律，这些内容在统计学专门教材当中都有非常详细的介绍。

另一种数据处理技巧："以小见大"，主要是指通过总体的一部分（样本）数据特征和规律来推断总体数据特征和规律的过程，统计上称为统计推断，主要包括参数估计和假设检验这两个过程。这是统计学最具有技巧的地方，也是有一定难度的内容，将在后续部分予以讨论。

6.2.4 展示数据

很多时候，统计上利用统计图和统计表来直观地展示数据整理分析之后的结果，让数据的统计规律一目了然地展现在我们面前。

统计表是集中有序展现统计数据的表格，一般包括五个部分的内容。放在表格上方的总标题，具体包含表号和标题，标题必须明确表中数据是关于何时、何地和什么内容的说明（简称 When、Where 和 What 的 3W 原则）。表格中通常是以二维的形式来表现数据，分别有行标题和列标题，然后就是数据资料。表格下方通常放置表外附加相关内容，如数据的来源，某些指标怎样计算等解释说明。

制作统计表除了保证内容方面明确无误之外，还要求形式美观。特别需要注意的是，统计表两端不封口，除了把行标题和列标题和数据资料隔开的横线和竖线之外，尽量少画横线和竖线，让表格看起来清新而又简单，让人看着舒服。

至于统计图，则形式更加多样。不同类型的数据，最适用的统计图往往不一样。例如反映结构比例数据的往往用饼图，反映时间序列数据趋势往往用线图，反映组别频数差异往往用条形图或柱状图等。此外还有圆环图、圆锥图、脸谱图、雷达图、散点图等，这些图都在不同场合针对不同的数据有着不同的展示功能。目前进行统计图形绘制用得最多的软件就是 Microsoft Excel，它有着强大的制图功能，而且图形也很美观。需要注意的是，统计图的标题也要遵循 3W 原则，而且图的编号连同标题一般都需要放在图的下方，而图形的宽与高的比例往往大致符合 6∶4 或 7∶3 的黄金分割比率（0.618）。

6.2.5 解释数据

当根据设计的统计指标和统计量概括反映出数据的信息和规律之后，还需要从统计上对这些结论进行解释，看这些结论在统计上是否可靠有效，能否说明问题等，这就需要掌握很多统计学的基本理论才能做出科学的说明。

补充阅读

三块钢板的启示

“二战”期间，在美国空军中曾流传过三块钢板的故事。

第一块钢板的故事是关于运输机飞行员。在飞越驼峰航线支援中国抗战时，美军的运输机队常常遭到日军战斗机的偷袭。C-47 运输机只有一层铝皮，日军的零式战斗机在屁股后面紧追，一通机枪扫射，飞机上就是一串窟窿，有时子弹甚至能穿透飞行座椅，夺去飞行员的生命。情急之下，一些美军飞行员在座椅背后焊上一块钢板。实际上，在与日本飞机激战时，中国空军的飞行员早就用过这个办法。就是靠着这块钢板，他们从日本飞机的火舌下夺回了自己的性命。

第二块钢板的故事是关于一位将军。诺曼底登陆时，美军第 101 空降师副师长唐·普拉特准将乘坐滑翔机实施空降作战。起飞前，有些人自作聪明，在机头位置副师长的座位下装上厚厚的钢板，用来防弹。但他们没有想到，由于滑翔机自身没有动力，与牵引的运输机脱钩后，必须保持平衡滑翔降落，而沉重的钢板让滑翔机头重脚轻，一头扎向地面，普拉特准将也摔断了脖子，成为美军在当日阵亡的唯一将领。

第三块钢板的故事是关于一位数学家（统计学家）。“二战”后期，美军对德国和日本法西斯展开了大规模战略轰炸，每天都有成千架轰炸机呼啸而去，返回时往往损失惨重。美国空军对此十分头疼：如果要降低损失，就要往飞机上焊防弹钢板；但如果整个飞机都焊上钢板，速度、航程、载弹量等都要受影响。

怎么办？空军请来数学家（统计学家）亚伯拉罕·沃尔德。沃尔德的方法十分简单。他把统计表发给地勤技师，让他们把飞机上弹洞的位置报上来，然后自己铺开一张大白纸，画出飞机的轮廓，再把那些小窟窿一个个添上去。画完之后大家一看，飞机浑身上下都是窟窿，只有飞行员座舱和尾翼两个地方几乎是空白。沃尔德告诉大家：从数学家的眼光来看，这张图明显不符合概率分布的规律，而明显违反规律的地方往往就是问题的关键。飞行员们一看就明白了：如果座舱中弹，飞行员就完了；尾翼中弹，飞机失去平衡就要坠落——这两处中弹，轰炸机多半就回不来了，难怪统计数据是一片空白。因此，结论很简单：只需要给这两个部位焊上钢板就行了。

第一块钢板是传奇，机智的飞行员用它挽救了自己的生命，战场上曾有过许多这样的传奇故事，但这种传奇往往像火花一闪即逝；第二块钢板则是教训，是用宝贵的生命换回来的教训，谁都知道焊钢板的人也是好心，但结果完全相反；而第三块钢板是升华，他用科学的方法，从实战经验中提炼出规律，你可能想象不到，这块讲科学的钢板挽救了数以万计的飞行员的生命。

——摘自：颜军：《三块钢板》，《才智（才情斋）》，2007 年第 1 卷。

6.3 统计学包含哪些内容

统计学对数据的搜集、整理、分析、展示和解释各个环节都有很多理论和实践技巧的总结，也发展出了相应的分支学科，这里对其中的基本内容进行介绍。

6.3.1 数据搜集

如前所述，数据搜集阶段是进行统计分析工作的基础阶段，此阶段的首要任务是提供统计分析所需的真实、合适和及时的数据。那么，如何保证搜集到的数据满足“3Shi”要求呢？主要有两个方面的措施：事前设计（预防）和事后检查（补救和评价）。这两方面的措施都非常重要，是获得高质量数据的重要保证。

6.3.1.1 事前设计（预防）

在社会经济领域，通常将数据搜集称为统计调查。无论是搜集一手数据还是二手数据，事前都需要精心设计调查方案，以此决定向谁搜集数据、搜集什么数据、通过什么途径搜集数据、采取什么方法搜集，而且要通过角色换位考虑来争取受访者的配合和支持。

统计调查中，对一手数据的搜集方式主要包括全面调查、抽样调查和定期统计报表等方式。全面调查就是将所研究的全体对象一一进行调查，最典型的例子就是政府统计调查的普查形式，例如中国每 10 年逢尾号为 0 的年份进行的人口普查，就是对每位中国人的信息一一进行调查登记。中国有 13 多亿人，分布范围又非常广，全国要在同一个标准时间统一组织调查，要花费巨大的人力、物力、财力和时间，所以一般关于重大国情国力的摸底普查，只有政府有能力来承担，而且也不可能经常进行。这样，负责组织实施普查的领导机构——国家统计局就需要成立专门的普查领导执行机构来制订详细周密的调查方案，确保获得的数据不重、不漏、不误。

另一种形式是抽样调查，这是政府统计和民间统计最常使用的调查方式。因为抽样调查是通过对总体的一部分单位所构成的样本进行的调查，花费的人力、物力、财力和时间相对要少一些。而且统计学可以从理论上证明，在概率论基础上设计出来的随机抽样方案，可以有效保证样本数据特征对总体数据特征的代表性，即“以小见大”，通过样本的情况来对总体的情况做出较为准确的预测和推断，这样既省了钱，又达到了提供决策支持信息的效果，所以被广泛使用。目前所有的市场调查研究，几乎都是抽样调查。

定期统计报表是政府统计系统中按照规定的时间、格式、报表内容要求各种企事业单位填写，然后逐级汇总上报的一种统计调查形式。目前统计报表制度是我国政府获得国家基本统计数据资料的一个非常重要的常规性统计制度。

在上述三种统计调查形式当中，抽样调查还存在一个重要的样本抽取过程。按照样本抽取过程是否遵循随机原则，可以分为随机抽样（或概率抽样）和非随机抽样（或非概率抽样）。统计上有专门的抽样技术课程来具体讲解如何抽样以保证样本更好地代表总体，以及如何利用样本的数据特征更为准确地估计和推断总体的数据特征。统计上的“以小见大”效果如何，关键在于如何抽样以及如何估计，这就是所谓的抽样设计。

抽样设计做好之后，接下来的问题是如何向被调查者搜集想要的数据，目前最常使用的数据搜集载体就是调查问卷或调查表。一份设计优良的调查问卷或调查表，可以让受访者更乐意、更容易准确无误地传递出调查者想要的信息；反之，如果问卷设计不当，即使非常努力地去访问，也得不到想要的数据和信息。

此外，调查组织机构和人员分工安排、调查具体实施监控方案设计等内容，都是充满着理论性和操作性技巧的细节问题，设计处理得当，就能顺利达成目的；否则，整个数据搜集过程随意行事，甚至弄虚作假，就不可能获得真实合适的可靠数据。

自然科学领域的数据搜集，除了观察和调查的形式之外，还有一种非常重要的方式，就是做实验。事实上，实验的本质就是一种抽样，因为实验的特点就是在同样条件下可以重复进行，理论上可以重复无限次，但实际过程中，我们只能做有限次，这有限次实验的数据就构成了一个样本。问题是：为了研究一个问题，达成某项研究目标，需要做多少次实验才是合适的？很显然，做实验要耗费材料、时间、人力和财力，多一次实验就多一份支出，但实验次数太少又不能说明问题。所以，有专门的统计实验设计课程来教我们如何以最少的实验次数达成实验目标，获得最好的效果。目前所有的实验数据的分析，都需要统计学提供方法给予检验、证明和支持。

因此，在数据搜集工作中，事前设计的基础打好了，功夫做足了，那么整个数据搜集的过程就有了科学保证，得到的数据也就有了基本的质量保证。

6.3.1.2 事后检查（补救和评价）

事后检查是指数据搜集过程中和过程结束之后，需要对数据的质量进行检查，及时纠正和修改可能出现的错漏，最后在数据分析和使用过程中，还可以对数据的代表性质量进行常识性和理论性检查，看数据结论是否符合经验常识判断，由此再反过来评价整个调查方案的优劣。

首先，数据搜集上来之后对其进行审核、筛选、核实、修改、调整等检查措施。例如，进行一次问卷抽样调查，将回答好的问卷记录及时录入计算机，对这些电子数据资料需要进行回答错漏的逻辑检查以及录入错漏的对比检查，防止在问卷回答记录环节以及数据录入环节出现工作错误，导致数据错漏、不能反映真实情况。

其次，经过初步审核、检查、修正、调整之后，数据进入分析使用环节。可以通过将数据的分析结论与经验常识进行对比，依次对整个数据的代表性程度和质量优劣进行一个综合验证评价，从而对整个数据搜集方案设计的优劣进行总结，为以后的数据搜集积累经验。

应该说，数据搜集工作是整体统计数据处理分析工作的第一阶段，也是最需要实践经验、组织管理经验积累的环节。因此，多操作、多总结是逐渐提高数据搜集质量的必经之路。相关的理论、技巧和经验总结在抽样技术、抽样设计、抽样调查、市场调查与分析、市场研究、实验设计等文献中有详细介绍，有兴趣的读者可以自行查阅。

6.3.2 **统计描述**

前面所述的“概括浓缩”是统计对数据进行描述的基本思路。专门讲述数据描述理论、方法和技巧的统计学分支称为描述统计学。统计上主要通过统计指标来“浓缩”总体或样本集合数据所展现的信息。具体描述总体特征的统计指标，又可以称为总体参数；而描述样本特征的统计指标，又可以称为统计量。

一般而言，统计指标通常包括以下几个方面的构成要素：指标名称、指标取值（或属性值）范围、计量单位。指标名称是研究者的约定概念，也是研究者考察总体或样本特征的切入点，有着特定内涵，这种内涵往往集中体现在指标名称上面，一般研究者会对指标名称的内涵有详细解释和说明。指标取值（或属性值）范围是根据指标内涵确定的其外在可计量的数量或属性表现的取值范围，表示指标本身的外延。例如人体身高这个指标，现实中的人身高总是处于一定的范围，但究竟是多大范围又不确定，因此我们就把这个取值范围扩大到正数即可。指标计量单位受限于指标的内涵、外延和计量约定，分为无单位、有名单位、无名单位和复合单位。无单位是指指标为品质指标时，指标属性表现是一种性质判断，不存在计量活动，因此就没有计量单位。如“张三的性别为男”，“男”就是“张三”这个总体单位的“性别”标志的属性值，没有计量单位，属于无单位。有名单位就是通常所见的实物计量单位、价值计量单位等，如“张三的身高是170厘米”，“王五的体重65千克”，“杜芳的月收入是40 000元人民币”等，这里的“厘米”“千克”“元人民币”都属于有名计量单位。无名单位在指标为反映结构、比例、比率等特征的时候出现，如“A班男生比例为0.65”，“某国2012年三次产业结构为5：55：40”，“某国2012年人口自然增长率为3‰”等，这些指标数值的计量单位分别是1，1%，1‰，称为无名单位。复合单位是指前述的有名单位的积或商的组合形式，如“某个医院某月的诊疗总量为1 000万人次”，“某地区某年11月份的货物周转总量为1亿吨千米”，“A家庭某年全年耗电量为1 000千瓦时”，“某汽车的最高速度为180千米/秒”等，这里的“人次”“吨千米”“千瓦时”“千米/秒”都属于复合单位。

统计指标按照不同的标准可以进行不同的分类，这里只按照表达浓缩信息的角度不同将统计指标分为绝对量指标、相对量指标、平均指标和变异度指标。

6.3.2.1 绝对量指标

绝对量指标是反映总体、样本或总体单位的绝对水平、绝对规模、绝对大小的指标，其计量单位通常是简单的有名单位或乘积式的复合单位，可以简称为绝对指标。例如，某地区某年的地区生产总值是10万亿元人民币，某人身高183厘米，某学校有1 000名在校学生，某地区的货物年周转量为2 000万吨千米等。对总体或样本等集合而言，绝对量指标通常是表达总体和样本的总规模、总水平和总数量，因此往往又被称作总量指标。按照时间状况的不同，绝对量指标又可以分为时期指标和时点指标；按照计量单位的不同，绝对量指标又可以分为实物量指标、价值量指标和复合单位指标。

6.3.2.2 相对量指标

相对量指标是反映总体、样本或总体单位的相对水平、相对规模和相对大小的指标，简称相对指标。“相对”一词在这里是“相对比”的意思，基本的计算形式是绝对指标“相除”而得到，因此计量单位就可能会因为分子分母的绝对指标单位一致而变成无名单位（如倍数、百分之一、千分之一等），或者变成除商形式的复合单位（如米/秒、元/斤）。有时候相对指标也可以“相除”得到新的相对指标，此时往往是无名单位，例如，中国高铁的最高速度是380千米/小时，而中国汽车的最高时速是200千米/小时，计算得到高铁时速是汽车时速的1.9倍。实际上，根据“商式”对比所产生的相对指标根据反映的具体内容的不同可以分成六种常用的相对指标：计划完成相对指标、结构相对指标、比率相对指标、比较相对指标、动态相对指标、强度相对指标。

6.3.2.3 平均指标

平均指标是总体或样本的所有总体单位在某个指标的平均表现，反映的是总体单位在某方面特征的平均情形。此外，针对不同类型的指标的平均表现的计算，有几何平均指标、调和平均指标。例如，对动态相对指标平均表现的表征，通常使用几何平均指标；而对强度相对指标平均表现的表征，在间接条件下通常采用调和平均指标。

[例6.1] 某个班级有5名学生，他们的体重分别为50、55、60、65、70千克，则此班级学生的平均身高是 $(50+55+60+65+70)/5=60$（千克）。

[例6.2] 某商人先后买入了三批鸡蛋，但花费和购买量均不相同：第一批购买单价为10元/千克，共花费了1 000元人民币；第二批购买单价为8元/千克，共花费了1 600元人民币；第三批购买单价为12元/千克，共花费了1 200元人民币。试问该商人三批鸡蛋的平均进货价格是多少?

解：此时要看价格这种强度相对指标的平均表现，由于所给条件并没有给出每批货品的单价，因此可以用加权调和平均的方法来计算平均价格：

$$平均价格 = \frac{总价值}{总量} = \frac{1\,000 + 1\,600 + 1\,200}{\frac{1\,000}{10} + \frac{1\,600}{8} + \frac{1\,200}{12}} = 9.5(元/千克)$$

［例6.3］某商人先后买入了三批鸡蛋，但花费和购买量均不相同：第一批购买单价为10元/千克，共买了100千克；第二批购买单价为8元/千克，共买了200千克；第三批购买单价为12元/千克，共买了100千克。试问该商人三批鸡蛋的平均进货价格是多少？

解：虽然价格是一种强度相对指标，但这里给出了各个值的具体表现和重要程度，可以利用加权算术平均的求法来计算平均价格：

$$平均价格 = \frac{总价值}{总量} = \frac{10 \times 100 + 8 \times 200 + 12 \times 100}{100 + 200 + 100} = 9.5(元/千克)$$

［例6.4］某商人先后买入了三批鸡蛋，但花费和购买量均不相同：第一批购买了100千克，共花费了1 000元人民币；第二批购买了200千克，共花费了1 600元人民币；第三批购买了100千克，共花费了1 200元人民币。试问该商人三批鸡蛋的平均进货价格是多少？

解：
$$平均价格 = \frac{总价值}{总量} = \frac{1\,000 + 1\,600 + 1\,200}{100 + 200 + 100} = 9.5(元/千克)$$

［例6.5］某地区的地区生产总值2008年是1 000亿元，2009年是1 100亿元，2010年是1 210亿元，2011年是1 360亿元，请问2009—2011年该地区的生产总值平均增长速度是多少？

解：增长速度、发展速度都是动态相对指标，求其平均表现通常要用到几何平均数，因此结果如下：

$$\begin{aligned} 平均增长速度 &= 平均发展速度 - 1 \\ &= \sqrt[3]{\frac{1\,360}{1\,210} \times \frac{1\,210}{1\,100} \times \frac{1\,100}{1\,000}} - 1 = \sqrt[3]{\frac{1\,360}{1\,000}} - 1 = 0.079\,3 = 7.93\% \end{aligned}$$

6.3.2.4　变异度指标

变异度指标就是反映数据取值差异程度信息的指标，最常见的就是极差、方差、标准差和变异系数。

极差又称为全距，是指一个样本或总体当中最大的数据值与最小的数据值之差，反映这个样本或总体集合中各个单位在某个特征上数量表现的最大差异。如前述例6.1，这5名学生体重分别为50、55、60、65、70千克，体重极差就是70－50＝20（千克）。很显然，极差受限于研究集合内的最大值和最小值（极端值）的影响，而忽视了中间数据的取值状况。

方差是在平均差的基础上发展起来的。如果前述 5 名同学体重都是 60 千克，平均体重也是 60 千克，则说明他们每个人的体重都与平均体重一样，没有差异。这样，我们以平均数作为参考基础，看样本或总体中每个数据到平均数的距离（数据值减平均数），这些距离就称为离差（离差有正有负，如果直接把全部的离差相加，正负恰好抵消，所得离差之和为零）。因此，每个数到平均数的离差的绝对值越大，就说明这些数据本身的差别也就很大。为了数学计算上好处理，把样本或总体中每个数据值的离差平方之后再加总，就得到了总的离差平方和。但是这个总和受数据个数的影响，参与计算的数据个数越多，离差数目越多，这样总的离差平方和也可能就越大，所以为了消除数据个数的影响，就将总体的离差平方和除以数据的个数，就得到了所谓的方差了。对总体数据而言，得到的方差是总体方差；而对于样本数据而言，得到的方差称为样本方差。但统计上为了处理方便，在计算样本方差的时候，分母往往用样本数据个数减去 1。标准差就是方差的平方根，是为了避免方差数值的计量单位出现平方的情形，让数据的平均差异表现变得跟数据值本身的计量单位一致。例 6.1 的这 5 名同学的体重方差的计算过程如下：

$$\sigma^2 = \frac{\text{离差平方和}}{\text{数据个数}}$$
$$= \frac{(50-60)^2+(55-60)^2+(60-60)^2+(65-60)^2+(70-60)^2}{5} = 50$$

标准差就是 50 的平方根，为 7.07（千克），这说明这 5 名同学体重到体重均值 60 千克的平均差距为 7.07 千克。

变异系数最常见的形式就是标准差系数，用标准差除以平均数得到的指标，是用来反映相对离散程度信息的。比如上述例子，如果体重计量单位不是千克，而是斤，则 5 名同学的体重数值都要扩大 1 倍，变成 100、110、120、130、140 斤，此时平均体重数值也扩大了 1 倍，变为 120 斤。按照道理来讲，总体还是原来的总体，体重还是原来的体重，体重的差异程度不能因为计量单位的改变而改变，但如果此时来计算方差和标准差，就会发现方差数值扩大了 3 倍，由原来的 50（千克^2）变成了 200（斤^2），标准差也扩大了 1 倍，变成了 14.14（斤），那是不是体重的差异一下子扩大了 3 倍或 1 倍呢？显然不是。因此，为了消除计量单位的不同所造成的方差数值大小的差异，直接用标准差除以相应的平均数，就得到了一种变异系数，即标准差系数，用来反映数据的相对离散程度。在此例当中，无论采用什么计量单位，体重的变异系数都是 7.07/60 = 0.117 8。

6.3.3 统计推断

统计推断是统计学中最具神秘色彩也是最富有魅力的环节：如何利用样本数据特征来对总体特征（参数）进行估计和假设检验，做到“以小见大”，这是很多学习者不容易理解的地方。这部分内容构成统计学的另一个分支——推断统计学。

统计推断的理论基础是随机变量及其概率分布，这部分内容在数学的分支学科——概率论中讲述。概率论将所有的现象分为两大类：随机现象和确定性现象，前者是指可能发生也可能不发生的现象，例如“明天下雨”就是随机现象；后者是指要么一定发生要么一定不发生的现象，如“太阳从东边升起，西边落下”就是确定的一定会发生的现象。进一步将这些现象抽象成随机事件，或随机变量出现某种结果。例如可以将“下雨”就抽象成为“明天天气状况”这个随机变量的一个随机结果，“明天天气状况是下雨”就是一个随机事件。这样随机现象出现的可能性就是随机事件发生的可能性，也就等价于随机变量取某一个随机结果的可能性，这种可能性在概率论中就称为随机现象或随机事件发生的概率。

当我们知道一个随机变量取所有随机结果的概率值之后，就等于得到了这个随机变量的分布状况，全面认识了这个随机变量。例如在桌面上掷一个均匀的正六面体的骰子，考察“正面朝上的点数”这一个随机变量，很显然，该随机变量的取值有“1 点、2 点、3 点、4 点、5 点、6 点”这 6 个结果。如果骰子是均匀的话，那么没有哪一个点数会比其他点数更有理由朝上，因此我们认为这 6 个点朝上的机会是均等的，因此这个随机变量“正面朝上的点数”取值为这 6 个结果的机会或者概率均为 1/6。我们将随机变量的取值及其可能性以表格、图像或者公式形式展示出来，就称为这个随机变量的概率分布。如果随机变量取值是数轴上的某个区间，而不是一个个的间断点，我们就称这个随机变量是连续型随机变量；如果像上面这个“正面朝上的点数”的随机变量，取值是数轴上的间断点，则称这个随机变量为离散型随机变量。连续性随机变量的概率分布通常以概率密度函数和概率密度曲线的形式表现出来，有兴趣的读者可以深入学习概率论的知识。

接下来，统计学就在概率论的基础上来考察随机抽取的样本构建的统计量的概率分布情况，然后据此来对总体的特征参数进行估计和假设检验，这是统计推断的核心内容。

6.3.3.1 参数估计

假如一个总体，包含 5 个元素，取值分别为 1、2、3、4、5，总体的算术平均数 =3，总体方差 = 总离差平方和/5 = $\{(1-3)^2+(2-3)^2+(3-3)^2+(4-3)^2+(5-3)^2\}/5=2$。

现在从这个总体中按照简单随机原则（所谓简单随机原则，就是总体中的每个总体单位都有相等的进入样本的机会）重复抽取容量为 $n=2$ 的样本，这样所有可能的样本数目是 $5\times5=25$，它们分别是：

{1, 1}、{1, 2}、{1, 3}、{1, 4}、{1, 5}；
{2, 1}、{2, 2}、{2, 3}、{2, 4}、{2, 5}；
{3, 1}、{3, 2}、{3, 3}、{3、4}、{3、5}；
{4, 1}、{4, 2}、{4, 3}、{4、4}、{4、5}；
{5, 1}、{5, 2}、{5, 3}、{5、4}、{5、5}。

这 25 个简单随机样本的均值分别是（见表 6－1）：

表 6－1　25 个可能简单随机样本的均值

1	1.5	2	2.5	3
1.5	2	2.5	3	3.5
2	2.5	3	3.5	4
2.5	3	3.5	4	4.5
3	3.5	4	4.5	5

进一步整理就得到了样本均值这个统计量的概率分布表（见表 6－2）：

表 6－2　样本均值统计量的概率分布表

样本均值	1	1.5	2	2.5	3	3.5	4	4.5	5
概率	1/25	2/25	3/25	4/25	5/25	4/25	3/25	2/25	1/25

如此我们按照简单随机重复抽样的方式从该总体中抽取一个容量为 $n=2$ 的样本，就等于从这 25 个可能样本中随机等可能抽取任何一个。但是这个样本的均值只可能取如表 6－2所示的 9 种结果，并且 9 种结果出现的概率是不一样的，与总体均值 3 完全吻合的概率是 1/5，而距离总体均值越远的样本均值结果出现的可能性越低。实际上，通过表 6－1 和表 6－2 可以计算得到这 25 个可能样本的均值的平均数恰好等于总体均值 3，而这 25 个可能样本均值的方差恰好是总体方差的 $1/n$ 倍。

事实上，概率论上可以证明简单随机抽样方案下的容量为 n 的随机样本的样本均值是一个随机变量，且它的均值就是总体平均数，方差就是总体方差的 $1/n$ 倍。这样，如果保证一定的样本量 n，我们用某一个样本的平均值来对总体的平均值进行估计，相应的偏差就处于可以控制的范围之内了。

比如，要想了解一个学生总数为 100 人的班级的学生平均身高这个总体参数，现在为了节省时间和精力，不打算进行全面调查，而是按照简单随机原则从班级中抽取 10 名同学作为样本，测量这 10 名同学的身高，然后利用这 10 名同学的身高样本数据来计算样本平均数（比如是 170cm）来估计全班的平均身高，这样我们就大致了解该班学生的平均身高状况了。一般情况下，样本的平均身高恰好等于总体的平均身高的可能性并不高，因此我们往往需要根据样本平均数按照一定的概率把握程度给出总体平均数的一个区间范围，这就是所谓参数的区间估计。比如，我们可以根据这 10 名同学的身高数据，计算出样本方差和标准差（假如分别是 $25cm^2$ 和 5cm），我们大致可以在 95% 的概率把握程度下，认为班级全体同学的平均身高处于 169～171cm 之间（$170 \pm 2 \times 5/10 = [169, 171]$）。

实际上在本章开篇就已经提到，我们在日常生活中就往往有意或无意地利用这种参数估计思想，比如品尝水果看是否符合自己的口味等。相关详细的参数估计内容，可以参考统计学专业教材。

6.3.3.2　假设检验

假设检验是指利用样本数据提供的信息来对总体参数的状况的某种假定进行检验，其基本理论依据是小概率事件原理。

统计上把发生可能性（概率）小于等于5%（或1%，或10%）的随机事件或现象称为小概率事件，并且认为在一次抽样、观察或实验当中，这种小概率事件不太可能发生，如果发生了，就有理由认为它不是小概率事件。

例如，我们假定一个学生总数为100人的班级的统计学成绩平均分为80分（这是对总体均值给予了某种陈述或假定），现在从这个班内简单重复随机抽取了10名同学构成一个样本，对样本的调查发现，这10名同学统计学成绩平均分为50分。如此，样本均值50分距假定的总体均值80分之间的差距过大，似乎不太可能发生。换句话说，如果整个班的统计学成绩平均分的确是80分，那么这10名同学所构成的随机样本的平均分不太可能离80分太远，即使是真离太远，在一次简单随机抽样当中也不太可能发生，但是现在样本均值是50分，不太可能发生的事情发生了，就有理由相信我们对总体平均分的原假定是错误的。这样，根据样本的信息，我们就会拒绝原来关于总体参数的假定。这就是所谓的假设检验。

很显然，在总体平均分的确是80分的情况下，我们抽取的10名同学所构成的样本，其平均成绩仍然有可能是50分：那可能是被抽中的10名同学恰好都是比较差的学生，这种情况虽然不太可能发生，却还是有一定的可能性发生。而在这情况下，我们根据小概率事件原理又认为不太可能发生的事情发生了，拒绝了原来的假设，如此就犯了一种错误：原假设是正确的，但由于机缘巧合，小概率事件真的发生了，我们拒绝了一个正确的原假设，就称为犯了拒真错误，也称为犯了第一类错误。

另一种情况是，我们随机抽取的10名同学的平均成绩是78分，这时候发现78分距假定的总体平均分80分很近，这种情况非常可能出现，因此我们根据样本信息，就不能拒绝总体平均分为80分这个假定。事实上，这样容易犯第二类错误，也称为取伪错误：因为当总体平均分不是80分而是78分的时候，样本均值为78分的可能性更高，甚至当总体平均分为79、77分等离78分很近的数值时，样本均值出现78分的可能性都非常高，这个时候，我们对任何关于总体均值等于78分左右的假定其实都不能拒绝，如果单单只是接受了总体均值为80分的假定，就等于是接受了一个不真实的原假定，就犯了取伪错误。

可见，在利用样本的数据来对未知的总体参数做出某种假设判断的时候，我们并没有完全的把握：如果拒绝了原假设，我们可能犯拒真错误；如果不拒绝原假设，我们可能犯取伪错误。其中的原因就在于，样本毕竟只是总体的一个部分而不是总体的全部，用一部分信息来对总体特征进行判断，难免会出现一定的差错。但在统计上我们能够通过提升样本量来降低两种差错出现的可能性，让这种可能性处于我们能够容忍的范围。而且，利用样本来对总体进行推断，往往有着许多客观理由。比如，一方面，利用样本来推断总体，往往更加省时、省力、省钱；另一方面，有些情况下总体是无限的或者对总体的认识具有破坏性（如导弹实验、汽车撞车实验），我们只能利用样本来认识总体。

6.3.3.3 回归分析

回归分析是量化地揭示统计指标之间相关关系和因果关系的重要分析方法。在经济学的核心课程——计量经济学中会大篇幅地介绍和应用这些方法。其基本思想很简单，就是利用指标的样本数据来推断指标与指标之间的量化的总体关系，其核心过程包括参数估计和假设检验。

例如，现代中国女性在寻找配偶或恋爱对象的过程中，都希望寻找个子比较高大的男性。据调查分析发现，大多数女性之所以要这样选择，除了寻找心理安全感和炫耀感之外，还有一种潜意识的生物本能，即希望自己的下一代能够长得更高。孩子的身高显然受到父母身高遗传的影响，父母身材高的家庭，生出的孩子身材也高的可能性非常大。但是研究又发现，孩子的身高并不完全取决于遗传，还与性别、营养、锻炼和生长环境有很大关系，此外还受很多随机偶然因素的影响。这里为了简单起见，只考虑男孩身高的情形。如果把男孩的身高记为结果变量 y，父亲身高记为原因变量 x，其他所有的影响因素作为偶然因素记为 e，这样就可以设定如下回归方程：$y = a + bx + e$，a 和 b 就是这个回归方程的参数，我们无法知道确切值，只能根据样本数据来予以估计。如果 $b = 0$，那么父亲身高就在这种线性方程模式下对儿子的身高没有影响；如果 $b \neq 0$，则说明父亲身高的确在这种方程模式下对儿子身高有明显影响。接下来就可以观察大量有男孩的家庭（比如 1 000 个）的成年男孩身高 y（cm）和父亲身高 x（cm）作为样本，统计上利用最小平方和法或最大似然估计法等方法，对这些样本数据进行分析处理，得到 a 和 b 的估计值，假如分别为 100 和 0.5，这样得到估计出来的回归方程为：$y' = 100 + 0.5x$。

接下来的问题是，这里的 b 的估计值 0.5 是显著地不为 0 吗？统计上就需要利用假设检验的方法来判断 b 的样本估计值 0.5 能否拒绝 b 为 0 的原假定，如果拒绝了，我们就认为估计值 0.5 是显著的，估计的方程是显著的、有效的。当然，统计上为了保证这个估计方程有用，还需要进行一系列的假定和假设检验。

最后，如果方程可用，我们就可以根据这个方程，预测任何已知身高的成年男性的儿子的可能身高：比如一位父亲身高是 180cm，就可以根据这个方程预测他儿子的可能身高将是 $100 + 0.5 \times 180 = 190$cm。

回归分析还可以用来考察一个结果变量与多个原因变量之间的定量关系，而且这种关系还可以是非线性的。经典的统计学教科书和计量经济学教科书都对回归分析方法有详细的讲解，回归分析成了统计定量分析方法的典型代表。

综合上述，在对数据进行了描述和推断统计之后，还需要对数据结论给予解释和说明，这就需要结合专业背景和统计理论对不同分析方法下的数据结论给予恰当简洁的说明，这里不再赘述。

补充阅读

儿童恶性肿瘤发病率与高压电线距离的关系

电能系统可产生超低频的电磁场。1979 年以来，人们一直关注这些电磁场可能和肿瘤有关，特别是磁场（非电场）和儿童白血病之间的联系。一项符合特异性质量标准的 9 个汇总分析发现，家庭中 24 小时平均场强大于等于 0.4μT 时，儿童患白血病的风险升高 1 倍。2001 年国际癌症研究机构基于“有限的”流行病证据和“不充足的”动物研究证据将超低频磁场列入“可能致癌物”。

家庭中的磁场主要源于低电压配置线、家庭电线和家用电器。仅仅有一小部分家庭毗邻高架高压电线（传输电线），但对于这些家庭，高压输电线很可能是磁场的主要来源。如果磁场和癌症存在关系的话，尚不知道与哪个年龄阶段相关。我们研究了英格兰和威尔士地区儿童出生时家庭地址毗邻高电压传输线是否增加了其患白血病的发病风险。

研究目的：确定英格兰和威尔士地区儿童白血病及其他癌症发病率是否与其出生时家庭地址与高压电线的距离存在关系。

研究设计：病例—对照研究。

统计学分析：对匹配的病例—对照资料，采用条件逻辑回归方法计算相对危险度和χ^2值。

数据来源：癌症登记处和国家电力供应网的记录。

研究对象：1962—1995 年，英格兰和威尔士地区出生的 0 ~ 14 岁的 29 081 名癌症患儿，包括 9 700 名白血病患儿。对照组依照性别、大致相同的出生日期、出生登记处等予以个体匹配，并不强求积极参与。

主要结果测定：儿童出生时的家庭地址与当时最近的高架高压输电线间的距离（简称为距离）。

研究结果：与生活在距输电线超过 600 米的儿童相比，距输电线 200 米之内的儿童患白血病的相对危险度为 1. 69（95% 可信区间为 1. 13 ~ 2. 53）；200 ~ 600 米间的发病相对危险度为 1. 23（1. 02 ~ 1. 49）。白血病发病风险与输电线相互距离的倒数存在显著相关性（$P<0.01$）。毗邻输电线未发现增加儿童其他癌症的额外发病风险。

研究结论：儿童白血病发病风险与出生时家庭地址距高压电线的远近存在相关关系，且风险程度超出了以往研究的预期。在英格兰和威尔士地区，出生时生活在距离高压输电线 600 米内的白血病患儿约占 4%。如果这种相关是偶然的，那么在该地区约 1% 的儿童白血病是由高压输电线导致的，尽管这种估计在统计学上具有相当的不确定性。没有其他可接受的生物学机制来解释这些流行病学结果；事实上这种联系可能源于偶然或混杂。

讨论：这是迄今为止一项最大的有关儿童癌症和输电线关系的研究。研究发现儿童出生时家庭住址距离高压输电线 200 米之内时，其白血病发病风险高于家庭住址与输电线之间的距离超过 600 米的儿童；距离在 200 ~ 600 米时，其发病风险也有小幅升高。令人惊奇的是，使白血病发病风险明显增高的与输电线间的距离之远，超出了研究者的预计，通常离输电线这样远所产生的磁场是非常低的。

…………

结论：尽管英格兰和威尔士地区很少有儿童在出生时毗邻高压输电线，然而与匹配的对照组相比，儿童在出生时的家庭地址接近输电线时，其患白血病的风险轻度升高。对这种结果，用磁场来说明因果关系，还没有得到满意的解释，也无令人信服的实验室资料或任何可接受的生物学机制来支持这些发现。

假如高压输电线附近的发病风险高确实是由于毗邻输电线造成的后果，那么我们能估计在英格兰和威尔士地区每年由此造成的儿童白血病的发病数量。在每年 400 ~ 420 名儿童白血病发病病例中，大约有 5 名与高压输电线相关，尽管这种估计不十分精确。我们要再次强调关于这种统计学上的联系是否仅代表一种因果关系的不确定性。

——摘自：Gerald Draper，Tim Vincent，Mary E Kroll 等著，李勇等译：《英格兰和威尔士地区儿童恶性肿瘤与高压输电线距离的关系：一项病例—对照研究》，《英国医学杂志》（中文版），2005 年第 6 期。

6.3.4 统计软件

在信息技术飞速发展的今天，几乎所有常规的统计分析方法都有相应的统计软件或计算程序可供使用。而且，很多统计分析方法的应用必须借助现代统计软件和程序的帮助。因此在学好了统计学基本理论、方法和技巧之后，还需要掌握统计软件的操作和应用，才可能在数据处理和定量分析的工作中得心应手。目前最为经常使用的统计分析软件主要包括以下几种：

（1）Microsoft Excel。

严格来讲，微软公司开发的办公系列软件 Microsoft Excel 并不是专业的统计软件，而是用来进行日常办公数据计算、管理和处理的电子表格。由于现在几乎每台个人电脑都装有这个软件，而且用户往往有简单或常规的统计数据分析和处理需求，所以这个软件就开发了一部分统计数据分析计算的功能宏。而且该软件还有另外一个强大的功能就是统计制表和制图，它自带了形式多样、内容丰富的统计图和统计表的模板，用户可以自行套用。事实上，后面要介绍的很多窗口式统计软件的统计图和统计表的输出结果最终都要经过 Microsoft Excel 的重新绘制才能形成比较漂亮的形式。

（2）SPSS。

SPSS 最初是 Statistical Package for the Social Sciences（社会科学统计软件包）的简称，后来改成 Statistical Product and Service Solutions（统计产品与服务解决方案）的简称，是由 SPSS 公司开发的目前最为流行的窗口菜单式统计分析软件之一。SPSS 软件数据管理方便，操作简单，各种功能和分析按钮都以菜单形式给出，而且还可以方便地转换成为程序代码，可以满足常规的描述统计、推断统计分析。因此，特别适用于对社会经济调查数据的编码、录入和常规统计分析处理。目前 SPSS 公司为了适应新形势的需要，对 SPSS 软件功能也进行了升级和扩展，不断地加入了新的统计分析功能。这款软件以其操作简单、界面友好而曾经风靡整个中国，直到今天，该软件还是统计专业人士和社会经济调查人士学习和应用统计处理数据的首选软件。

（3）Eviews。

Eviews 软件是从时间序列分析软件 TSP 发展起来的，借鉴了 SPSS 的窗口菜单操作模式，目前主要用于处理时间序列数据，在金融计量和经济计量分析当中应用最为广泛，也是经济学专业的学生必须掌握的统计软件之一。

（4）SAS。

SAS 统计软件一度在国际上享有盛名，以分析严谨、“身躯庞大”而著称。但由于其只是以租借的方式提供给用户使用，加上租借费用高昂，使得其应用面很受限制和影响。此外，由于SAS软件的编程语言相对原始，其软件所占空间巨大，一般性能较差的计算机只能安装其中部分功能模块。SAS功能十分强大，可以处理海量的数据，同时也提供了多种操作模式，但以编程使用受人推崇，当然用户指导手册也是十分烦琐。基于种种原因，一般的统计专业人士和非专业人士很少用到SAS，但这并不影响它在统计软件中的专业地位。

（5）R语言。

目前网络兴起了一种免费风潮，R语言就是一种开放源代码、供人免费学习使用的并且基于众人力量不断升级更新的统计分析软件，有正式的官方网站可供下载正版软件和相应的学习指导手册。R语言集中了当前很多统计软件的优点，而且可以自行编写统计计算程序，解决独特的统计分析问题，最重要的是它可以免费使用。目前R语言正在成为统计学界的热门和潮流，对统计学感兴趣的同学，可以认真努力学习R语言。

此外，还有很多专业或非专业的统计软件可以使用，比如Stata、Statistica、Minitab、Matlab等，有兴趣的读者可以尝试。

思考题

1. 结合经济学实例，谈谈你对统计学作为定量分析的必备工具的理解。
2. 统计学用来概括描述数据的统计指标分为哪几类？
3. 统计学包含哪些基本内容？
4. 试举例说明你在日常生活当中哪些选择和决策行为用到了统计学的思想和方法？
5. 怎样理解小概率事件？怎样理解它作为假设检验的理论基础？
6. 请结合具体实例来谈谈统计学处理数据的基本思路。

推荐网站

1. 统计之都，http：//cos. name。
2. R语言官方网站，http：//www. r - project. org。
3. R语言中文论坛 http：//rbbs. biosino. org/Rbbs/forums/list. page。
4. 中华人民共和国国家统计局网站，http：//www. stats. gov. cn。

推荐阅读书目

1. 戴维·S. 穆尔著，郑惟厚译：《统计学的世界》，北京：中信出版社，2003年。

2. 贾俊平、何晓群、金勇进：《统计学》（第3版），北京：中国人民大学出版社，2007年。

3. 李金昌、苏为华：《统计学》（修订版），北京：机械工业出版社，2009年。

4. 谢启南、韩兆洲主编：《统计学原理》（第6版），广州：暨南大学出版社，2006年。

参考文献

1. 曼昆著，梁小民、梁砾译：《经济学原理》，北京：北京大学出版社，2015 年。

2. 保罗·萨缪尔森、威廉·诺德豪斯著，萧琛主译：《经济学》（第 18 版），北京：人民邮电出版社，2008 年。

3. 迈克尔·帕金著，张军等译：《经济学》（第 8 版），北京：人民邮电出版社，2009 年。

4. 保罗·克鲁格曼、罗宾·韦尔斯著，黄卫平等译：《微观经济学》，北京：中国人民大学出版社，2009 年。

5. 杰克·赫舒拉发等著，李俊慧、周燕译：《价格理论及其应用：决策、市场与信息》（第 7 版），北京：机械工业出版社，2009 年。

6. 孟凡军、李欣然：《年轻人要懂的经济学》，北京：电子工业出版社，2010 年。

7. 保罗·海恩等著，史晨主译：《经济学思维方式》（修订第 12 版），北京：世界图书出版社，2012 年。

8. 刘慧勇：《宏观投资学》，北京：中国人民大学出版社，1990 年。

9. 徐文通、林森木、李锡奎：《投资知识百科全书》，北京：中国金融出版社，1992 年。

10. 庄俊鸿：《投资学》，北京：中国财政经济出版社，1997 年。

11. 郭信昌：《投资环境分析、评价、优化》，北京：中国物价出版社，1993 年。

12. 杨大楷：《投资技术》，上海：立信会计出版社，1996 年。

13. 高德敏：《投资项目策划与资本运作》，昆明：云南人民出版社，1998 年。

14. 王开国：《投资基金的运作与发展》，上海：上海人民出版社，1998 年。

15. 赫伯特·E. 杜格尔、弗朗西斯·J. 科里根著，任淮秀等译：《投资学》，北京：中国人民大学出版社，1990 年。

16. 罗森、盖亚著，郭庆旺、赵志耘译：《财政学》（第 8 版），北京：中国人民大学出版社，2009 年。

17. 斯蒂格利茨著，郭庆旺等译：《公共部门经济学》，北京：中国人民大学出版社，2005 年。

18. 约翰·利奇著，孔晏、朱萍译：《公共经济学教程》，上海：上海财经大学出版社，2005 年。

19. 费雪著，吴俊培译：《州和地方财政学》，北京：中国人民大学出版社，2000 年。

20. 海曼著，张进昌译：《财政学：理论在政策中的当代应用》，北京：北京大学出版社，2006 年。

21. 布里姆莱、贾弗尔德著，窦卫霖等译：《教育财政学：因应变革时代》，北京：中国人民大学出版社，2007 年。

22. 伍业锋：《统计指标的概念、角色及其抽象》，《暨南大学学报》，2011 年第 11 期。

23. 伍业锋：《生物产业界定及统计制度方法研究》，《统计与决策》，2011 年第 9 期。

24. 伍业锋：《关于统计总体的界定、分类及其特征探讨》，《统计与决策》，2011 年第 16 期。

25. 伍业锋：《统计数据的概念、范式及其角色》，《统计与决策》，2011 年第 14 期。

26. 伍业锋：《常见调查总体变异系数上限及其在样本量快速估计中的应用》，《统计与决策》，2011 年第 3 期。

27. 赵彦云、伍业锋：《GDP：20 世纪最伟大的发明之一》，《统计研究》，2001 年第 7 期。

28. 邓桑：《辞海》（缩印本），上海：上海辞书出版社，1989 年。

29. 陈希孺：《统计学概貌》，北京：科学技术文献出版社，1989 年。

30. 陈希孺：《数理统计学简史》，长沙：湖南教育出版社，2005 年。

31. 李金昌：《关于统计思想若干问题的探讨》，《统计研究》，2006 年第 3 期。

32. 李金昌、程开明：《经济学研究的统计思想探讨》，《商业经济与管理》，2008 年第 8 期。

33. 徐国祥、王德发：《新中国统计思想史》，上海：上海财经大学出版社，1999 年。

34. 张尧庭：《从统计学的历史看现代统计的发展方向》，《统计教育》，1994 年第 3 期。

35. 张应山、茆诗松：《统计学的哲学思想以及起源与发展》，《统计研究》，2004 年第 12 期。

36. 李金昌、苏为华：《统计学》（修订版），北京：机械工业出版社，2009 年。

37. 谢启南、韩兆洲主编：《统计学原理》（第 6 版），广州：暨南大学出版社，2006 年。

38. 贾俊平、何晓群、金勇进：《统计学》（第 3 版），北京：中国人民大学出版社，2007 年。

39. 徐国祥：《统计学》，上海：上海人民出版社，2007 年。

40. 杜子芳：《抽样技术及其应用》，北京：清华大学出版社，2005 年。

41. 戴维 · S. 穆尔著，郑惟厚译：《统计学的世界》，北京：中信出版社，2003 年。